# UM NOVO IVA?
# OS TRIBUTOS SOBRE O CONSUMO E A ECONOMIA DIGITAL

CIP-BRASIL. CATALOGAÇÃO NA PUBLICAÇÃO
SINDICATO NACIONAL DOS EDITORES DE LIVROS, RJ

---

C344n

Castello, Melissa Guimarães
Um novo IVA? : os tributos sobre o consumo e a economia digital / Melissa Guimarães Castello. - 1. ed. - São Paulo : Noeses, 2021.

348 p. ; 23 cm.
Inclui bibliografia
ISBN 978-65-89888-14-7

1. Direito tributário - Brasil. 2. Imposto sobre o valor agregado - Brasil. 3. Imposto sobre circulação de mercadorias e serviços. 4. Comércio eletrônico - Administração. I. Título.

21-71994 CDU: 34:351.713(81)

---

Leandra Felix da Cruz Candido - Bibliotecária - CRB-7/6135

**Melissa Guimarães Castello**

Procuradora do Estado do Rio Grande do Sul.
Doutora em Direito pela PUC-RS.
Mestre em Direito pela Universidade de Oxford
(título revalidado pela UFRGS).

# UM NOVO IVA?
# OS TRIBUTOS SOBRE O CONSUMO E A ECONOMIA DIGITAL

2021

editora e livraria
NOESES

Copyright © Editora Noeses 2021
Fundador e Editor-chefe: Paulo de Barros Carvalho
Gerente de Produção Editorial: Rosangela Santos
Arte e Diagramação: Renato Castro
Revisão: Georgia Evelyn Franco
Designer de Capa: Aliá3 - Marcos Duarte



2021

editora e livraria
NOESES

Editora Noeses Ltda.
Tel/fax: 55 11 3666 6055
www.editoranoeses.com.br

*Ao meu pai, Lineu Castello,
que me "empurrou" para fazer
este livro, em um momento em
que eu estava achando mais
confortável brincar de casinha.*

# PREFÁCIO

É com muita honra e satisfação que recebi o honroso convite da colega e amiga Profa. Dra. *Melissa Guimarães Castello*, para redigir o seu *Prefácio* ao seu livro, fruto da excelente Tese de Doutoramento *"Um novo IVA? Os tributos sobre o consumo e a economia digital"*. Notadamente é um tema atual, inovador e polêmico, como não poderia deixar de ser, por se tratar de uma pesquisa de fronteira da ciência jurídico-tributária.

O livro é fruto de Tese de Doutorado defendida na Pontifícia Universidade Católica do Rio Grande do Sul (PUCRS), conceito 06 na CAPES, perante rigorosa banca composta pelos Professores Doutores Clotilde Palma (FDUL), Flávio Bernardes (PUCMG), André Mendes Moreira (UFMG), Fernando Facury Scaff (USP) e Regina Ruaro (PUCRS). Eu tive o privilégio em ser Orientador, acompanhando o entusiasmo nas disciplinas de Doutorado.

A Profa. Dra. *Melissa Guimarães Castello* participou ativamente do Grupo de Pesquisas Avançadas em Direito Tributário (GTAX), vinculado ao PPGD da PUCRS e coordenado por mim, inicialmente, como uma pesquisadora dedicada, mas logo se destacando e se tornando Coordenadora Executiva de seus Grupos de Estudos em 2019- até o semestre de sua Defesa. De outro lado, se destacou na direção da prestigiosa e importante Fundação Escola Superior de Direito Tributário (FESDT). Participou de eventos, seminários e uma infinidade de atividades acadêmicas, sempre com simpatia e competência técnica, desenvolvendo os temas mais difíceis com desenvoltura ímpar.

A Tese defendida avança pelos umbrais da economia futura e atual; dos pilares atuais e previstos da *tributação indireta* sobre o consumo. O conhecimento destacado da autora, tanto em termos práticos, quanto teóricos, permitiu navegar em temas tão complexos e desafiadores.

A proposta de uma tributação geral sobre o consumo de modo não cumulativo surge quase que concomitante com a Segunda Revolução Industrial. Não é de todo uma mera coincidência que um dos maiores industrialistas europeus tomasse a dianteira e sugerisse uma solução para o problema dos impostos sobre o faturamento, vislumbrando um modelo refinado. *Carl Friedrich von Siemens* iria lançar, em 1921, uma monografia nominada "*Um imposto sobre faturamento refinado*" ("*Veredelte Umsatzsteuer*"), com base nas ideias que seu irmão *Wilhelm von Siemens* havia proposto em 1919.

A Alemanha havia criado um imposto sobre o faturamento bruto durante o período da Grande Guerra. Foi instituído um *Imposto sobre Selo* (*Stempelsteuer*) sobre a circulação de mercadorias (*Warenlieferungen*) na *Reichsstempelsteuergesetz auf Warenlieferungen*. Com o fim da Guerra, a derrota da Alemanha, a necessidade de financiamento do Estado alemão, assistiu-se à instituição do imposto sobre vendas na *Umsatzsteuergesetzes* (UStG), incidente sobre vendas (*Umsätzen*), bens manufaturados (*hergestellte Waren*) e serviços (*Dienstleistungsverkehr*).[1]

*Carl Friedrich* e *Wilhelm von Siemens* eram filhos de *Werner von Siemens*, fundador da atual *Siemens* AG, e se preocupavam com diversos temas de interesse empresarial, inclusive

1. MONFORT, Bertrand. "100 Jahre, Veredelte Umsatzsteuer": die Gebrüder von Siemens und die Erfindung der Mehrwertbesteuerung" *UmsatzsteuerRundschau*, vol. 70, no. 1, 2021, pp. 1-7. Disponível em: https://doi.org/10.9785/ur-2021-700102. Acesso em: 04 jul. 2021.

sobre a tributação. O modelo do *Umsatzsteuergesetzes* (UStG), que perdurou por mais de cinquenta anos, era sobre o faturamento bruto, denominado de *Allphasen-Bruttoumsatzsteuer*. Os desafios e dificuldades desse modelo de tributação foram logo percebidos pelos industrialistas alemães. Infelizmente, foi necessário mais de cinco décadas para o aperfeiçoamento ou "*refinamento*" do modelo fosse adotado na Alemanha, conforme sonhado pelo clã *Siemens*.

No mesmo período, em outra potência industrial, surgiria uma proposta similar.[2] *Thomas S. Adams* era um acadêmico e um economista, não um industrial, mas pensava no mesmo contexto histórico de suas contrapartes europeias. Afirmava o autor que a guerra havia testado duramente o sistema tributário estadunidense e, especialmente, o imposto sobre a renda (*Income Tax*) havia demonstrado as suas virtudes e defeitos. De um lado, era tremendamente elástico e produtivo ("*elastic and marvelously productiv*"), injetando considerável soma financeira aos cofres estatais. O seu resultado teria sido surpreendente e mesmo soberbo ("*In essentials the tax responded superbly, when brought to the test*").

Os seus limites foram desvelados não durante a guerra, mas no período posterior, com o surgimento da depressão econômica. O sistema se tornou complexo em sua maquinaria de arrecadação. A complexidade trouxe evasão, e esta, redução na arrecadação. Parecia ao Congresso Norte-Americano que algo estava muito mal com a tributação sobre a renda ("*something the matter with the income tax*"). Dentre as diversas alternativas maléficas (tributação de dividendos, de dividendos não distribuídos, aumento de alíquotas etc.) iria sugerir algo novo, uma tributação sobre os negócios, nominado de *Business Tax*.

A sua proposta apresentar-se-ia como menos prejudicial (*evil*) e mais adequada ao contexto empresarial e econômico. Seria um meio termo entre a tributação da renda líquida e

2. ADAMS, Thomas S. "Fundamental Problems of Federal Income Taxation," Quarterly Journal of Economics, 35:4, p. 527-56 (1921).

sobre o faturamento (“*the practical choice here is between net income on the one hand and sales or gross income on the other*”). O imposto sobre vendas não substituiria o imposto seletivo, mas seria um substitutivo para o imposto sobre a renda líquida nos negócios (*tax on net business income*).

Tal como a sua contraparte alemã, a proposta foi esquecida e ainda mais impressionante, nunca foi adotada em solo norte-americano. As duas grandes nações industriais da Segunda Revolução Industrial negaram o pioneirismo à forma de tributação que iria conquistar o mundo.

O modelo mais bem-sucedido terá seu surgimento com a obra de *Maurice Lauré* e com a introdução na França do imposto sobre o valor agregado “*taxe sur la valeur ajoutée*” (TVA). Sua adoção rapidamente se espalhou pelo mundo, industrializado ou em vias de industrialização, com uma rapidez surpreendente. Às nações industriais, seguiram-se as economias em desenvolvimento ou subdesenvolvidas, os gigantes continentais (Brasil, Índia, Rússia e China) e mesmo economias planificadas ou socialistas (China).

A expansão territorial irá ser acompanhada de solidificação técnica, com a sua adoção comunitária em 1967, pela então Comunidade Econômica Europeia. Este fato irá demonstrar o caráter harmonizador da tributação sobre o mercado comum. Sua sofisticação irá desenrolar-se até atingir o “*refinamento*” do atual sistema comum do IVA, previsto na Diretiva 2006/112/CE, do Conselho, de 28 de Novembro de 2006.

O desenvolvimento assombroso indicava novos desafios ainda mais portentosos, tais como: conquistar a América reticente ao “tributo europeu”; auxiliar os países de África a industrializarem-se, permitir que gigantes continentais como o Brasil e a Índia destravassem os obstáculos a um mercado interno funcional, melhorar a tecnicidade do sistema de arrecadação, entre tantos outros desafios.

Eis que surge a Quarta Revolução Industrial. Os negócios se desterritorializaram (globalização econômica), se desmaterializaram (comércio de intangíveis), despersonalizaram (inteligência artificial) e se desintermediaram (economia compartilhada). A essa novo contexto se propõe novas designações: economia digital, indústria 4.0, sociedade de custo marginal zero, dentre tantas outras. O que parecia ser meramente uma nova mudança técnica, como na Terceira Revolução Industrial, demonstra-se ser algo inovador, que irrompe os modelos anteriores. Por isso mesmo disruptivo. O IVA parecia apto para lidar com mais uma revolução industrial, bastaria tempo para assimilar as novas formas de negócios, ajustar o Estado aos novos modelos de arrecadação, racionalizar as cadeias produtivas e *voilá*, novamente o IVA seria a locomotiva a promover a engenharia dos negócios e da fiscalidade.

A nova revolução digital é atrevida e irreverente, quase desaforada. A sua velocidade é algo inédito. Não há mais um ritmo de mudanças lineares, agora o novo é exponencial. Mesmo os pioneiros dessa mudança, antes mesmo de se assenhorarem de seus louros, são enterrados por novos protagonistas. Os teóricos do IVA passam a perguntar, incredulamente, não mais como o imposto sobre o valor agregado pode tributar os novos negócios, mas se podem afinal ter vez nessa nova economia.

Com a desterritorialização surge a dificuldade de identificação do critério territorial; com a desmaterialização, o problema da determinação da base de cálculo ou mesmo da hipótese de incidência; os sujeitos passivos ficam enuviados com o uso frequente de mecanismos de inteligência artificial e robótica. Como tributar os negócios em plataformas e na economia compartilhada?

Este é o desafio fundamental da Dra. *Melissa Guimarães Castello*, discorrer sobre os desafios atuais e futuros do IVA na nova economia digital e a transição dos modelos atuais para futuros arranjos. O olhar para estes mares nunca d'antes navegados é a jornada dessa obra, que já nasce importante, imponente e relevante.

Nada tão relevante do ponto de vista prático, quanto os desafios técnicos e teóricos que nos espreitam na esquina da história.

Assim, é com grande honra que recomendo a obra Dra. *Melissa Guimarães Castello*, *"Um novo IVA? Os tributos sobre o consumo e a economia digital"*. Trata-se de uma contribuição inestimável para a doutrina tributária nacional e estrangeira, que dialoga com o que há de mais importante legado pelos mestres do Direito Público e Tributário. Que seus estudos nos auxiliem neste momento histórico frenético, desafiador e esperançoso de tempos melhores.

Porto Alegre, inverno de 2021.

***Prof. Dr. Paulo Caliendo***

Professor titular de Direito Tributário na Pontifícia Universidade Católica do Rio Grande do Sul. Doutor em Direito pela Pontifícia Universidade Católica de São Paulo, com doutorado Sandwich na Ludwig-Maximilians Universität em Munique (Alemanha). Doutor em Filosofia pela Pontifícia Universidade Católica do Rio Grande do Sul.

# APRESENTAÇÃO DA OBRA

Tive o gosto de participar como arguente nas provas públicas da actual Professora Doutora Melissa Guimarães Castello, a convite do meu Colega Professor Doutor Paulo Caliendo, orientador da Tese apresentada como requisito para a obtenção do título de Doutora pelo Programa de Pós-Graduação em Direito da Escola de Direito da Pontifícia Universidade Católica do Rio Grande.

Aceitei de bom grado tal tarefa, para mais tratando-se de um tributo com o qual sempre trabalhei a nível profissional e académico e que me é particularmente querido.

O tema – IVA – Adaptações do Imposto sobre Valor Agregado para a Economia Digital, é extremamente actual, na dupla perspectiva de que o Brasil está empenhado em adoptar um modelo de tributação tipo IVA, generalizado e baseado no método subtractivo indirecto, das facturas ou da liquidação e dedução e, por outro lado, porque aborda esta temática no contexto desafiante da adaptação do imposto à economia digital.

O Imposto sobre o Valor Agregado, ao qual chamamos em Portugal Imposto sobre o Valor Acrescentado (IVA), é um sério e raro caso de sucesso no mundo da fiscalidade. De facto, existem actualmente cerca de 170 países a nível mundial que basearam o seu sistema de tributação das transacções no modelo deste imposto, cuja paternidade se atribui ao francês inspector de finanças Maurice Lauré. O embrião deste imposto encontra-se nos impostos sobre o volume de negócios bruto das empresas adoptados no início do séc. XX em alguns países europeus, entre eles a França e a Alemanha.

Na realidade é um imposto na moda. Nos países de expressão portuguesa, podemos encontrar este tributo em Moçambique, em Cabo Verde e em Angola, estando a respectiva introdução a ser analisada no Brasil. Na Guiné Bissau, existe um modelo de tributação já com algumas adaptações ao modelo IVA e em São Tomé foi apresentado um projecto.

Após diversos projectos de reforma tributária, hoje estão em tramitação no Congresso Nacional brasileiro as Propostas de Emenda à Constituição 45/2019 e 110/2019, sendo que a nova proposta brasileira está alinhada ao que é feito na União Europeia.

O grande sucesso deste imposto deve-se fundamentalmente às suas conhecidas características. Desde logo, trata-se de um imposto geral sobre o consumo que, actuando através do método subtractivo indirecto nas diversas fases do circuito económico, teoricamente apenas sobre o valor acrescentado em cada uma delas, provoca o chamado efeito de anestesia fiscal. A conjugação destas características redunda numa outra grande virtude do IVA: o facto de ser bastante reditício, à qual acresce o mérito de, teoricamente, se tratar de um tributo fácil de administrar dado o controlo cruzado efectuado necessariamente entre sujeitos passivos. Por outro lado, uma das grandes vantagens do IVA relativamente aos demais impostos sobre as transacções assenta na sua neutralidade, quer no plano interno, quer a nível internacional.

Na União Europeia, o nosso modelo de IVA tem subjacente uma matriz comunitária aprovada em 1967, na então Comunidade Económica Europeia, tendo sido então aprovado um primeiro sistema comum obrigatório deste tributo, facto que condiciona a margem de manobra do legislador nacional, dado tratar-se de um imposto de adopção obrigatória pelos Estados membros, encontrando-se o actual sistema comum do IVA (segundo sistema comum) acolhido na chamada Directiva IVA (Directiva 2006/112/CE, do Conselho, de 28 de Novembro de 2006). Temos então, na União Europeia, um imposto fortemente harmonizado, com regras obrigatórias, sendo certo que existe uma zona minoritária de harmonização intermédia na qual os Estados-membros mantêm alguma discricionariedade (caso das alíquotas do imposto) e uma zona ainda mais diminuta onde não existe praticamente harmonização (caso dos aspectos sancionatórios).

O certo é que o IVA consegue a proeza, como nenhum outro imposto, de reunir, numa linguagem comum (a que de forma prosaica costumamos chamar de "IVÊS"), contribuintes, Administrações Fiscais, juízes, consultores, estudiosos, de todos os Estados-membros, ultrapassando a "mera" esfera dos actuais 27 Estados-membros da União Europeia. É, como costumamos dizer, um fascinante mundo a descobrir passo a passo, no qual diariamente nos surgem novas questões para resolver.

Dada talvez a sua complexidade, são poucos os estudiosos que se dedicam a este imposto no geral. Ora, foi com muito agrado que constatámos que a Professora Doutora Melissa Guimarães Castello, na sua obra, manifesta bem o gosto que tem por este tributo que cuidou com grande rigor, juntando-se, assim, ao grupo dos estudiosos entusiastas deste tributo.

O IVA é um tributo complexo que tem atrás de si um enorme acervo que importa estudar. Estudar este tributo implica uma investigação aprofundada, histórica, sistemática e actualista, que implica o estudo aprofundado da sua génese desde logo ao nível da União Europeia e, actualmente, dos importantes desafios que são colocados em contexto de um mundo cada vez mais digital que atravessa uma séria epidemia com relevantes reflexos ao nível da arrecadação das receitas tributárias.

O mérito deste trabalho é, precisamente, o de coligir de forma metódica e crítica todos estes aspectos.

Desde logo, como dissémos, o estudo deste tributo implica a sua análise do ponto de vista do sistema comum do IVA na União Europeia, cuidado este que se manifesta ao longo da sua obra. Acresce que existe um conjunto relevante de orientações da OCDE, igualmente tidas particularmente em consideração pela autora.

Mas é essencialmente de relevar que se trata de uma obra pioneira num país que pretende adoptar este modelo de tributação, numa altura de pandemia em que mundialmente nos confrontamos com os desafios do comércio digital, em exponencial crescimento. E é esta a principal proeza da autora: tratar de um tributo com grandes novidades para o sistema brasileiro e confrontá-lo com os desafios do comércio digital.

E fá-lo com especial esmero e rigor científico ao longo das 344 páginas da sua obra, numa valiosa perspectiva teórico prática, dedicando cerca de 30 páginas a uma lista bibliográfica que inclui os principais autores mundiais de referência nesta temática.

Para o efeito adopta o método sistémico de abordagem, recorrendo aos métodos de procedimento histórico (procedendo a uma breve análise histórica dos tributos sobre o consumo, a fim de definir o sentido que se dá a "Imposto sobre Valor Agregado") e comparativo (efectuando o cotejo entre o ICMS e o IVA europeu), tendo em vista identificar quais os aspectos de cada um desses impostos é que estão mais adequados aos novos padrões de consumo. Em relação ao método de interpretação, é adoptado, de forma preponderante, o método de interpretação sistemático.

Trata-se, pois, de uma obra de grande vulto a recomendar não apenas no Brasil como a nível internacional, dada a natureza transversal deste nosso imposto e dos problemas que a autora coloca, e bem, como, por exemplo, a recente questão da tributação da impressão 3D.

A tese tem por problema central analisar a necessidade de adaptação do Imposto sobre Valor Agregado, como actualmente se encontra acolhido, para incidir sobre os arranjos de consumo da economia digital. Neste contexto, a autora aborda e analisa cuidadosamente os princípios estruturantes e o funcionamento do IVA. Para o efeito, recorre a uma análise do IVA europeu e do ICMS brasileiro, estudando de forma particularmente meticulosa esta técnica de tributação a partir da teoria da regra-matriz de incidência tributária, desenvolvida pelo Professor Doutor Paulo de Barros Carvalho.

Seguidamente, trata da delimitação do que se entende por arranjos de consumo da economia digital, examinando estes novos modelos de negócios à luz da teoria de Schumpeter.

Finalmente, cuida de examinar as necessárias adaptações do IVA à economia digital. Como conclui, devido às alterações dos arranjos de consumo no século XXI, o IVA deve passar por modificações na sua estrutura, mas tal não significa, naturalmente, o fim deste imposto, longe disso, antes pelo contrário. O IVA surge como um tributo de robustez reforçada, devendo ser aperfeiçoado. Neste contexto, a autora conclui, que, em especial, deve ser formulado um IVA com critério material definido de forma ampla – "realizar operações com valor agregado" – e exigido no destino. Como conclui, também devem ser feitos ajustes no critério espacial e na responsabilização de terceiros pela arrecadação do imposto, para garantir a adequada cobrança nas operações internacionais ou internas a mercados integrados.

Ao longo do seu *iter* cognoscitivo, a autora parte da análise de como funciona o IVA hoje.

Vejamos então mais pormenorizadamente.

Neste contexto, no capítulo 1, é levado a cabo um estudo do estado da arte, analisando-se a evolução histórica, os princípios estruturantes e as características fundamentais de um imposto sobre o valor agregado. Para tanto, o IVA europeu e o ICMS brasileiro são utilizados como exemplos concretos. O IPI e o ISS também são objecto de estudo, quando tal se demonstra como necessário para a análise da estrutura jurídico-tributária brasileira. Para a adequada compreensão dos elementos essenciais de um IVA, tal como referimos, esta técnica de tributação é analisada a partir da teoria da regra-matriz, desenvolvida por Paulo de Barros Carvalho.

Neste âmbito, analisa o nascimento do IVA na Europa bem como a evolução da tributação sobre o consumo no Brasil, cuidando das características dos IVAs. Como refere, no Brasil, não há consenso acerca da existência de um IVA, e esta falta de consenso passa exactamente pela análise do critério material.

Seguidamente, analisa o que é que está a mudar nos arranjos de consumo do século XXI, pelo que, no capítulo 2, faz utilização de conceitos das Ciências Económicas, especialmente a teoria de Schumpeter sobre as "ondas de destruição criativa", estudando os factores que tornam as relações de consumo do século XXI diferentes dos modelos de consumo que lhe antecederam. Em especial, são analisadas as seguintes alterações nas relações de consumo: o crescimento do consumo de intangíveis (desmaterialização do consumo); o encurtamento das cadeias produtivas (desintermediação do consumo); e a dificuldade de quantificação do valor agregado (fluidez do valor agregado).

Tal como conclui assertivamente, cada uma destas alterações impacta na aptidão do IVA para incidir de forma neutra e eficiente sobre os novos arranjos de consumo.

Finalmente, coloca-se a questão crucial de saber como adaptar o IVA aos arranjos de consumo do século XXI. Assim, nos dois capítulos propositivos da tese, partindo dos estudos da OCDE sobre a matéria, passa à análise das adaptações necessárias para que o IVA seja um imposto adequado às relações de consumo do século XXI.

O capítulo 3 é dedicado aos problemas ocasionados pela intangibilidade dos novos bens de consumo, analisando-se a dificuldade de diferenciar bens e serviços nos novos arranjos de consumo (pressionando o critério material da hipótese tributária dos impostos sobre o consumo brasileiros); das técnicas para assegurar a efectiva incidência do IVA no destino, aquando da circulação de intangíveis digitais; e da dificuldade de identificar o valor individualmente agregado em cada etapa da cadeia de consumo.

O capítulo 4 analisa os problemas decorrentes da mobilidade – tanto de bens tangíveis, quanto de intangíveis – nos novos arranjos de consumo. Como salienta, o incremento do consumo transfronteiriço implica um novo olhar sobre os critérios espacial e pessoal dos IVAs, e a modificação das cadeias de circulação de bens e serviços, evidencia as limitações quer do critério material dos impostos brasileiros, quer da definição de sujeitos activo e passivo dos IVAs.

Como conclui, percebe-se que a experiência internacional indica que o critério espacial da hipótese tributária dos IVAs deve estar relacionado com o território onde o consumo ocorre, assim entendido como o local onde está estabelecido o destinatário do bem ou serviço transacionado. A recente experiência brasileira com a tributação de mercadorias adquiridas através de plataformas de comércio eletrônico também parece se orientar para o princípio do destino. Não obstante, a opção pelo estado de destino gera complexidade para os contribuintes, e coloca as administrações tributárias em posição de vulnerabilidade, principalmente quando se deparam com o fornecimento dos bens de consumo do século XXI. É neste contexto que conclui que o IVA europeu deve convergir para a adopção de uma alíquota única. Quanto ao Brasil, conclui que, por outro lado, a selectividade do imposto, em função da essencialidade dos produtos, parece ser ainda necessária, motivo pelo qual se mostra recomendável a utilização de mais de uma alíquota no ICMS e no IPI. Não obstante, para evitar o incremento da complexidade destes tributos, seria recomendável o estabelecimento de uma quantidade máxima de alíquotas adoptadas pelos impostos não cumulativos incidentes sobre o consumo no Brasil.

Como salienta, é mais complexo individualizar o valor agregado dos bens de consumo do século XXI, facto que implicará problemas arrecadatórios para os países que cobram IVAs sobre uma base de incidência ampla, mas será ainda mais grave para o Brasil, dada a repartição de competências para cobrar os impostos sobre consumo.

Em paralelo à desmaterialização dos bens de consumo, a nova economia digital tem permitido o encurtamento das cadeias produtivas, colocando o consumidor mais próximo do fornecedor do produto.

Um importante desafio consiste nas implicações da alteração no fluxo de distribuição dos bens e serviços para a tributação em IVA.

Como nota, a falta de materialidade dos intangíveis torna extremamente complexa a sua avaliação, e, consequentemente, a mensuração do valor por eles agregado na cadeia produtiva, sendo especialmente abordado o tema da guerra fiscal e o conflito de competências entre estados e municípios para tributar os intangíveis digitais no Brasil.

É neste contexto que conclui fundadamente que, actualmente, o IVA não está preparado para incidir sobre a economia digital de forma neutra, eficiente e não cumulativa, sendo necessário adaptar o IVA, corrigir algumas das suas deformações, para que seja um imposto operacional frente aos novos arranjos de consumo.

Assim, é após responder a cada uma das perguntas suscitadas que conclui que a sua hipótese inicial foi comprovada: devido às alterações dos arranjos de consumo no século XXI, o IVA deve passar por modificações na sua estrutura, sob pena de se afastar dos princípios da neutralidade e da eficiência. Contudo, essas alterações são pontuais, de modo que o IVA subsiste como uma técnica de tributação útil, não sendo possível afirmar que se está perante o fim deste tributo.

Terminamos como começámos. Estamos face a uma obra de grande vulto a recomendar não apenas no Brasil como a nível internacional, dada a natureza transversal deste nosso imposto e dos problemas que a autora coloca, tendo sido um gosto participar como arguente num trabalho que representa um marco na história de um verdadeiro IVA no Brasil.

Lisboa, 21 de junho de 2021.

***Prof. Dra. Clotilde Celorico Palma***

Doutora em Ciências Jurídico Económicas pela Faculdade de Direito de Lisboa.

Árbitro e advogada em matéria tributária.

Professora universitária.

Ex-consultora da Comissão Europeia para a reforma do IVA.

# NOTA DA AUTORA

Este livro nasceu da minha tese de doutorado. Depois de dez anos afastada da vida acadêmica, resolvi que chegara a hora de voltar a estudar. Decidi isso durante a licença-maternidade para cuidar do Pedro, meu parceiro desde o início desse projeto. Naquele momento, contei com o apoio dos meus pais, Iára e Lineu, do Guilherme, e da Vovó Cata, que foram intimados a se encarregar das crianças nas incontáveis noites de estudos que estavam por vir. Eles imediatamente embarcaram no plano, e, entre mamadas e trocas de fraldas, escrevi o projeto de tese, que submeti aos professores da PUCRS.

Acabei selecionada, e, com um pouco de medo, fui!

Que delícia aquelas horas dos seminários, discutindo com novos colegas, e aprofundando novas ideias! Que maravilha retomar a pesquisa acadêmica, ser constantemente estimulada a estudar mais e mais! Já na primeira aula, do Professor Molinaro, ele me ajudou a perceber que o projeto de tese que eu tinha submetido estava um pouco datado, e me provocou com novas ideias. Cheguei em casa, e mudei tudo: fui do ambiental para as novas tecnologias, sem nunca esquecer o direito tributário. Como sou grata ao Professor Molinaro por esse choque de realidade.

Ao longo das aulas, o Professor Juarez Freitas me apresentou as *bitcoins*, e eu gostei tanto dos impactos jurídicos desse novo fenômeno, que, por algum tempo, meus colegas de Procuradoria do Estado me viam, e pensavam "lá vem a *miss bitcoin*!".

Dentre o quadro de brilhantes professores e alunos da PUCRS, que sorte a minha em ter o Professor Paulo Caliendo como orientador! Escolhi o Programa da PUCRS por causa do trabalho consistente dele, que consegue analisar o direito tributário de forma neutra e imparcial. O Professor Caliendo sempre esteve disponível para discutir minhas angústias, e produzimos muito juntos, ao longo dos quatro anos do Doutorado. Obrigada, Caliendo, sua atenção foi especial!

Vários outros professores e colegas foram importantíssimos nessa trajetória, e tenho muito carinho por eles, em especial pelos integrantes do GTAX – Grupo de Estudos Avançados de Tributação. Não posso deixar de agradecer, também, aos meus colegas de trabalho, bem como à Procuradoria-Geral do Estado, que permitiram que eu compatibilizasse minha atividade profissional com as pesquisas acadêmicas.

E, fechando com chave de ouro todo esse processo, a tese foi examinada por uma banca qualificadíssima, sendo aprovada com voto de louvor. Os professores doutores André Mendes Moreira (UFMG), Clotilde Celorico Palma (FDUL), Fernando Facury Scaff (USP), Flávio Couto Bernardes (PUC/MG) e Regina Linden Ruaro (PUC/RS), cada qual a sua maneira, contribuíram muitíssimo para o refinamento do trabalho. Analisei e refleti com carinho sobre cada comentário deles durante a sessão de defesa de doutorado, incorporando as sugestões ao texto deste livro.

Mas especiais, mesmo, são o Guilherme, a Dora e o Pedro, que seguraram comigo a barra de escrever na quarentena. No início de março de 2020, eu entrei em *lockdown* voluntário, para me dedicar à tese. O que não esperávamos é que, quinze dias depois, toda a família estaria em casa, entre aulas *on-line* e *home office*. E assim foi o processo de criação da tese, junto com a alfabetização da Dora, que esses dias me disse, cheia de curiosidade: "Mamãe, essas letras pequeninhas no fim da página da tua tese, são o mesmo que está escrito na capa do livro que está na tua mão, não é? Já sei, tu estás copiando o título do livro!" Será que já está se formando uma futura pesquisadora?

# SUMÁRIO

# INTRODUÇÃO

É crescente a percepção, tanto nos meios acadêmicos, quanto nos meios de inter-relação social, de que os padrões de consumo serão profundamente reformulados ao longo do século XXI. Algumas dessas mudanças já são realidade: o comércio eletrônico encurtou distâncias entre produtor e consumidor, eliminando uma série de intermediários neste processo; e as novas tecnologias levaram à reformulação de diversos bens, tais como músicas e filmes, que perderam sua materialidade física, passando a ser puramente intangíveis. Outras reestruturações dos padrões de consumo certamente virão, ocasionadas pelos avanços nas áreas de robótica e inteligência artificial (a automação dos serviços de advocacia de massa, decorrentes dos avanços das tecnologias de inteligência artificial, é algo que já está acontecendo hoje), ou pela evolução de tecnologias verdes (a possibilidade de geração de energia renovável em pequena quantidade, para uso doméstico, impactará no consumo global de eletricidade, por exemplo).

Assim, neste livro, as "alterações das relações de consumo do século XXI" são as alterações nos padrões de consumo da sociedade, percebidas desde o advento do novo milênio. Este é o marco adotado para o nascimento da chamada "sociedade digital", em que todos estão permanentemente interconectados através da internet, trocando dados pessoais de forma consciente e, às vezes, também sem sabê-lo.[1] Nesta sociedade digital, a tecnologia da informação se incorpora às atividades rotineiras de uma parcela substancial da população.

A sociedade digital é uma evolução – ou uma nova etapa – da sociedade da informação, tão bem estudada por Castells,[2] Webster[3] e Beniger.[4] Na sociedade digital, o fenômeno mais relevante deixa de ser a coleta e o controle de informações (aspecto primordial da sociedade de informação, segundo Beniger[5]), passando a ser a interação social digital viabilizada pela internet, bem como a automação no processamento de dados propiciada pela inteligência artificial. Sabe-se que a sociedade da informação não é nova – os autores citados acima concordam que o processo se iniciou na virada do séc. XIX para o séc. XX, acentuando-se no pós-Segunda Guerra Mundial[6] – e que há diversas correntes teóricas acerca do sentido do termo "sociedade da informação".[7]

---

1. Para um detalhamento do conceito de sociedade digital, vide VSNU. The Digital Society - The Netherlands and its universities: international pioneers in human--centered information technology. Set. 2016. Disponível em: https://bit.ly/2UoGqmN Acesso em: 06 jun. 2019.

2. CASTELLS, Manuel. *A Sociedade em Rede* – A Era da Informação: Economia, Sociedade e Cultura. Vol. 1. SP: Paz e Terra, 2010.

3. WEBSTER traz uma análise crítica da chamada sociedade da informação, analisando as deficiências sistêmicas dos principais teóricos que se dedicaram ao seu estudo, e concluindo que o incremento da quantidade de informação disponível atualmente nada mais é do que consequência da gradual evolução histórica. Não há uma ruptura, ou uma "revolução da informação", no seu entender (WEBSTER, Frank. *Theories of the Information Society*. 3ª ed. London: Routledge, 2006. p. 266).

4. BENIGER, James R. *The Control Revolution* – Technological and Economic Origins of the Information Society. Cambridge: Harvard University Press, 1986.

5. Ibid. p. 434.

6. Nesse sentido, BENIGER (*The Control Revolution*, p. 435) destaca que, ao contrário da opinião em voga, o microprocessamento e a tecnologia da computação não representaram uma nova força para a sociedade da informação, mas apenas mais uma etapa da evolução desta.

7. Para uma análise crítica desta diversidade conceitual, vide: WEBSTER. *Theories of the Information Society*; e MANSELL, Robin. The life and times of the information society. *Prometheus*, vol. 28, n. 2, p. 165-186, 2010.

No entanto, parece indiscutível que a sociedade digital é um fenômeno novo e distinto do que ocorria no século passado. Adotando-se a terminologia de Zygmunt Bauman, é possível sustentar que a sociedade digital tornou mais líquidas as fronteiras até então sólidas entre espaço e tempo,[8] na medida em que o espaço passa a ser irrelevante para viabilizar nossas interações sociais e econômicas.[9] Ainda segundo Bauman, o tempo instantâneo das relações virtuais, por sua vez, representa a ausência/inutilidade do tempo como elemento no cálculo do valor dos bens econômicos,[10] o que traz impactos significativos para este livro, na medida em que se propõe o estudo de um imposto que incide precisamente sobre o valor agregado ao longo do processo produtivo.

Portanto, é esta sociedade digital o objeto de análise do livro. Mas deve ficar claro que não se pretende aprofundar a análise da vasta literatura sobre sociedade da informação, uma vez que desnecessária para o desenvolvimento do argumento aqui proposto.

As mudanças na forma como consumimos, decorrentes da nova sociedade digital, já vêm sendo estudadas sob os enfoques da Economia, do Marketing, da Antropologia e até mesmo do Direito. Em relação a esta última área do conhecimento, há diversos artigos acadêmicos que se dedicam a analisar as consequências jurídicas de uma ou de outra dessas alterações nos padrões de consumo. A responsabilidade civil no comércio eletrônico, a regulação da produção de energia elétrica gerada através de pequenas centrais hidrelétricas e a possibilidade, ou não, de tributar as mídias digitais (Netflix e Spotify, dentre tantos outros) a partir dos tributos existentes hoje no Brasil são todos fenômenos que já foram amplamente estudados pelos juristas brasileiros.

---

8. BAUMAN, Zygmunt. *Modernidade líquida* [recurso eletrônico]. RJ: Zahar, 2001. p. 131-2.

9. Ibid. p. 140.

10. Ibid. p. 141.

Contudo, não se conhece um estudo que pretenda enfrentar a questão tributária de forma mais ampla: como tributar o consumo no século XXI? Essa análise pode ser feita de forma sistêmica, analisando as grandes modificações nos padrões de consumo, e não pontualmente, a cada nova invenção tecnológica, como até agora foi feito. Estudar como tributar o serviço de *streaming*, depois que esse fenômeno já está bem consolidado no mercado, importa em uma abordagem reativa, e que passa por uma inevitável percepção negativa por parte da sociedade: como a imposição tributária implica novos custos, que devem ser repassados ao consumidor, aumentando o valor desses bens, a sociedade pergunta: por que tributar? Só para encarecer esse novo bem?

A pergunta correta, de um ponto de vista sistêmico, deveria ser: por que não tributar? Tem lógica não tributar o serviço de *streaming*, simplesmente porque o sistema tributário não está preparado para lidar com esse fenômeno, e, em paralelo, tributar o consumo de produtos essenciais? A análise sistêmica evidencia a falta de coerência gerada pelo modelo reativo.

Diante deste cenário, no livro se estuda a necessidade de adaptação do Imposto sobre Valor Agregado (IVA), aqui entendido como o gênero que abrange as diversas nuances de impostos não cumulativos sobre consumo, para que o tributo esteja apto a incidir sobre o consumo do século XXI, evitando-se, na medida do possível, a postura reativa que vem ocorrendo nos últimos anos, especialmente no Brasil.

A relevância econômica da pesquisa é evidente: na medida em que os padrões de consumo estão se modificando, a base sobre a qual incidem os tributos sobre o consumo está diferente, e, possivelmente, cada vez menor, pois a tributação não alcança os novos bens digitais. Como consequência, os Estados se veem pressionados a aumentar a carga tributária sobre uma base de incidência menor, onerando bens que muitas vezes são mais essenciais do que os novos bens de consumo.

A relevância social da análise decorre da própria relevância econômica: um IVA mais apto a incidir sobre os novos bens de consumo permite uma distribuição da carga tributária de forma mais equilibrada, evitando-se a sobrecarga de setores relevantes da economia.

Por fim, a relevância jurídica da obra é consequência da natural postura reativa desta área de conhecimento: os juristas já vêm enfrentando, de forma casuística, problemas decorrentes da tributação das novas formas de consumo. Analisar esse fenômeno de forma sistêmica, propondo uma reestruturação de toda a tributação sobre o consumo, pode ser útil para subsidiar uma reforma tributária mais coerente e organizada.

Portanto, o Imposto sobre Valor Agregado deve ser estudado. O primeiro capítulo do livro avalia as características estruturantes do imposto. Considerando que a pesquisa se desenvolve no Brasil, a análise do estado da arte parte do estudo dos tributos não cumulativos brasileiros, em especial o Imposto sobre Operações Relativas à Circulação de Mercadorias e sobre Prestações de Serviços de Transporte Interestadual e Intermunicipal e de Comunicação (ICMS), que, mesmo que não seja um imposto sobre valor agregado, no sentido mais estrito do termo, é o tributo não cumulativo de maior complexidade no país.[11] Tendo em vista que há grandes dificuldades em distinguir uma mercadoria de um serviço nos bens de consumo do século XXI, é inevitável estudar, ainda que de forma menos aprofundada, o Imposto sobre Serviços de Qualquer Natureza (ISS).

Ainda na parte conceitual tributária, o modelo do IVA europeu deve ser abordado, na medida em que esta forma de arrecadação tributária se originou no bloco europeu, e também porque os países-membros da União Europeia vêm se preocupando há mais tempo com a erosão da base tributária sobre a qual incide o IVA, em decorrência das novas tecnologias.

Na sequência, o segundo capítulo analisa os arranjos de consumo do século XXI. Aqui, parte-se da premissa de que estão ocorrendo profundas modificações nas relações de consumo,

11. A obra de referência nesse tema é: CARRAZZA, Roque Antonio. *ICMS*. São Paulo: Malheiros, 18ª ed. 2020.

devido às inovações tecnológicas, que inevitavelmente reestruturam as cadeias produtivas. Essa hipótese secundária é objeto do segundo capítulo do livro, e parte das modificações que já são realidade: nos últimos dez anos, a forma através da qual as pessoas têm acesso a bens culturais, tais como músicas ou filmes, foi absolutamente alterada, para citar apenas um exemplo.

O estudo do fenômeno *alterações das relações de consumo* é feito sob uma perspectiva econômica – e não sociológica, de marketing ou antropológica – pois o interesse está nas alterações de valor e de forma de aquisição que alguns bens de consumo estão sofrendo, em virtude das novas relações de consumo. Essas alterações terão impacto na capacidade que o Estado tem de arrecadar tributos sobre o consumo. Considerando que a formação da autora não é na área da economia, a análise econômica se limita ao suficiente para testar a hipótese secundária aqui apresentada. Para tanto, parte-se dos estudos de Schumpeter,[12] mas também se recorre à doutrina mais recente, que tem estudado as novas relações de consumo, passando pela progressiva virtualização dessas relações. Também se aborda o fenômeno da *economia compartilhada*, que tem importado na profunda redução do valor monetário que costumava se atribuir a alguns bens, com a migração de um sistema de posse/propriedade para um sistema de acesso.

Chega-se, então, ao problema central analisado no livro, que pode ser posto nos seguintes termos: *o Imposto sobre Valor Agregado, tal qual ele está formatado hoje, está adequado aos arranjos de consumo do século XXI?*

Para bem responder a este problema, o capítulo 3 parte dos estudos da OCDE sobre a matéria, e aborda as adaptações necessárias para que o IVA seja um imposto adequado às relações de consumo do século XXI. Assim, o capítulo 3 é dedicado aos problemas ocasionados pela *intangibilidade dos novos bens de consumo*. Aqui, o debate gira em torno da dificuldade

12. SCHUMPETER, Joseph A. *Capitalismo, Socialismo e Democracia* [recurso eletrônico]. SP: Unesp Digital, 2017.

de diferenciar bens e serviços nos novos arranjos de consumo (pressionando o critério material da hipótese tributária dos impostos sobre o consumo brasileiros); das técnicas para assegurar a efetiva incidência do IVA no destino, quando da circulação de intangíveis digitais; e da dificuldade de identificar o valor individualmente agregado em cada etapa da cadeia de consumo (que, sob a perspectiva jurídica, traz como maior problema a não incidência do imposto nas operações entre estabelecimentos de uma mesma empresa – um problema de verificação da efetiva ocorrência do fato imponível, portanto).

O capítulo 4, por sua vez, analisa os problemas decorrentes da *mobilidade – tanto de bens tangíveis, quanto de intangíveis – nos novos arranjos de consumo*. Nesse ponto, o incremento do consumo transfronteiriço (que demanda um novo olhar sobre os critérios espacial e pessoal dos IVAs) e a modificação das cadeias de circulação de bens e serviços (que evidencia as limitações tanto do critério material dos impostos brasileiros, quanto da definição de sujeitos ativo e passivo dos IVAs) são contrapostos à realidade do IVA, tal qual ele está formatado hoje.

Chega-se, então, à conclusão: devido às alterações dos arranjos de consumo no século XXI, o IVA deve passar por modificações na sua estrutura, sob pena de se afastar dos princípios da neutralidade e da eficiência. Contudo, essas alterações são pontuais, de modo que o IVA subsiste como uma técnica de tributação útil, não sendo possível afirmar que se está diante do fim do IVA.

Encerrando este capítulo introdutório, resta deixar claro que não se faz, nesta obra, uma análise histórica aprofundada dos tributos não cumulativos, e tampouco se estuda detidamente todos os tributos não cumulativos existentes no Brasil. Como mencionado acima, e como se passa a abordar no próximo capítulo, a parte descritiva-conceitual enfocará linhas gerais do ICMS, em seu panorama atual, com abordagem pontual do IPI e do ISS.

# 1. COMO FUNCIONA O IVA HOJE?

No presente capítulo, o Imposto sobre Valor Agregado será estudado, efetuando-se uma análise de suas características estruturantes. Este é o ponto de partida para compreender se o IVA, tal qual formatado hoje, está adequado às relações de consumo do século XXI, que são aquelas relações de consumo desencadeadas na economia digital.[13]

Portanto, aqui serão estudados os tributos que têm por base de incidência o consumo, e não a renda ou o capital. Sobre as bases da tributação, Alfredo Augusto Becker afirma que "no mundo pré-jurídico (plano econômico), todo o tributo incide (incidência econômica), em última análise, sobre a renda ou sobre o capital".[14] Não obstante, o autor pontua que a política fiscal pode discriminar diferentes espécies econômicas de renda e de capital, que são delimitadas pelo legislador, para formar o Direito Tributário,[15] configurando as bases de incidência tributária.

Ainda no "mundo pré-jurídico", Adam Smith, considerado o "pai fundador da economia",[16] já afirmava que todos os

13. Tema que será aprofundado no capítulo 2.

14. BECKER, Alfredo Augusto. *Teoria Geral do Direito Tributário*. 6ª ed. SP: Noeses, 2013, p. 384.

15. Ibid. p. 385.

16. Conforme pontuado por Carlos Alexandre de Azevedo Campos, além de

impostos provêm, ao fim e ao cabo, da renda, seja ela oriunda da remuneração do trabalho, dos lucros sobre investimento, ou da exploração da propriedade (terra).[17] Segundo Baleeiro, que parte dos ensinamentos de Smith, o que varia são "as situações ou oportunidades em que a renda dos particulares pode ser espreitada e atingida pelo Fisco": no caso de imposto de renda, quando ela é recebida; e no caso de imposto sobre o consumo, quando a renda é gasta.[18] No caso dos impostos sobre o capital, estes usualmente são medidos pelo capital, mas pagos com a renda.[19] Logo, a única base de tributação, efetivamente, seria a renda.

Com enfoque mais amplo, Ricardo Lobo Torres esclarece que, sob a perspectiva econômica, há várias formas de classificar os impostos.[20] Tipke e Lang, por exemplo, classificam-nos em impostos sobre a renda (incremento patrimonial), impostos sobre o patrimônio (fundo de consumo e investimento) e impostos sobre o consumo (consumação de bens).[21] Segundo os autores, os impostos sobre o consumo são percebidos como mais adequados para a economia do final do século XX, por refletir de forma mais precisa o resultado da economia nacional.[22] Mehl, citado por Torres, agrupa os impostos em impostos sobre

prestigiado economista, Adam Smith atribuía grande importância ao estudo dos princípios gerais do direito, tendo lecionado direito e jurisprudência nas Universidades de Edimburgo e Glasgow (CAMPOS, Carlos Alexandre de Azevedo. Adam Smith. *In*: CAMPOS, Carlos Alexandre de Azevedo; CAVALCANTE, Denise Lucena; e CALIENDO, Paulo. *Leituras Clássicas de Direito Tributário*. Salvador: JusPodivm, 2018. p. 49 e 66).

17. SMITH, Adam. *An Inquiry into the Nature and Causes of the Wealth of Nations* [recurso eletrônico]. 1776. Disponível em: https://bit.ly/3rjcOni Acesso em: 19 . 2021. Cap. VI.

18. BALEEIRO, Aliomar. *Uma Introdução à Ciência das Finanças*.18ª ed. RJ: Forense, 2012. p. 338.

19. Ibid. p. 338-9.

20. TORRES, Ricardo Lobo. *Tratado de Direito Constitucional Financeiro e Tributário*. v. IV, RJ: Renovar, 2007. p. 84.

21. TIPKE, Klaus; LANG, Joachim. *Direito Tributário* (Steuerrecht). Vol. I, 18ª ed, POA: Sergio Antonio Fabris Editor, 2008. p. 210.

22. Ibid. p. 208.

a renda, sobre o capital e sobre o gasto (circulação e consumo).[23] Ou seja, não há consenso acerca da classificação econômica das bases de tributação, ainda que os conceitos se aproximem.

Adotando-se a classificação de Baleeiro sobre o momento em que o fisco atinge a renda dos particulares, percebe-se que a tributação sobre o consumo – que é a que interessa ao presente trabalho – é enquadrada dentro do gênero tributação sobre a renda, mas com a particularidade de incidir de forma indireta, após o auferimento de renda pelo contribuinte de fato. Os tributos indiretos são os relevantes para o desenvolvimento do raciocínio desenvolvido neste livro, portanto. Por sua natureza, estes tributos têm impacto na formação dos preços de venda ao consumidor final.

Assim, são irrelevantes para o problema objeto desta pesquisa os tributos que incidem diretamente sobre a renda, motivo pelo qual não serão estudados. Neste capítulo, serão analisados os princípios estruturantes dos tributos indiretos incidentes sobre o consumo; depois, passa-se ao histórico de consolidação internacional dos IVAs; e, por fim, ao estudo das características essenciais destes impostos.

Na análise de situações concretas, o tributo que será objeto de estudo mais aprofundado será o Imposto sobre Operações Relativas à Circulação de Mercadorias e sobre Prestações de Serviços de Transporte Interestadual e Intermunicipal e de Comunicação. Mesmo que não haja consenso acerca da classificação do ICMS como um imposto sobre valor agregado, no sentido mais estrito do termo, é o tributo incidente sobre o consumo de maior complexidade no país, e também o que mais se aproxima de um IVA, conforme relembra Flávio Couto Bernardes.[24] Estes dois motivos justificam seu estudo.

23. TORRES, Ricardo Lobo. *Tratado de Direito Constitucional Financeiro e Tributário*. v. IV, RJ: Renovar, 2007. p. 84.

24. BERNARDES, Flávio Couto. Conflito de Competência no ICMS: os Convênios, o Princípio da Legalidade e a Reforma Tributária. *In:* SILVA, Paulo Roberto Coimbra; BERNARDES, Flávio Couto; e FONSECA, Maria Juliana. *Tributação sobre o Consumo*. SP: Quartier Latin, 2008. p. 143.

Também será objeto de análise, ainda que não tão aprofundada, o Imposto sobre Produtos Industrializados (IPI), imposto este que se comporta como um IVA federal, mas que não incide sobre toda a cadeia produtiva. Por fim, e devido às dificuldades em distinguir uma mercadoria de um serviço nos bens de consumo do século XXI, será necessário estudar, ainda que de forma superficial, um tributo brasileiro cumulativo incidente sobre o consumo: o Imposto sobre Serviços de Qualquer Natureza (ISS).

Ainda no que toca ao estado da arte, o modelo do IVA europeu será abordado, na medida em que a técnica de arrecadação tributária sobre o valor agregado se originou no bloco europeu, e também porque os países-membros da União Europeia vêm se preocupando há mais tempo com a erosão da base tributária sobre a qual incide o IVA, em decorrência das novas tecnologias.[25]

## 1.1 Princípios estruturantes do Imposto sobre Valor Agregado

Neste livro, os princípios estruturantes do Imposto sobre Valor Agregado são as suas características essenciais, os requisitos mínimos que dão a um tributo a estrutura de IVA. Logo, o termo "princípios" não é utilizado, aqui, como sinônimo de valores ponderáveis, os quais usualmente são contrapostos às regras.[26] Tampouco se está a referir aos princípios gerais do direito, que podem ser implicitamente depreendidos do sistema jurídico.[27] Neste livro, há quatro princípios es-

25. PALMA, Clotilde Celorico. A tributação da economia digital e a evolução recente na União Europeia. *In:* PISCITELLI, Tathiane. *Tributação da economia digital* [recurso eletrônico]. SP: RT, 2021. cap. 8.1.

26. Vide, sobre este tema: DWORKIN, Ronald. *Taking Rights Seriously*. Londres: Duckworth, 1977; ÁVILA, Humberto. *Teoria dos Princípios* – da Definição à Aplicação dos Princípios Jurídicos. 19ª ed. SP: Malheiros, 2019.

27. MAXIMILIANO, Carlos. *Hermenêutica e Aplicação do Direito*. 20ª ed. RJ: Forense, 2011. p. 355; BONAVIDES, Paulo. *Curso de Direito Constitucional*. 34ª ed. SP: Malheiros. 2019. p. 229 e ss.

truturantes de um IVA: a repercussão jurídico-econômica, a incidência plurifásica, a não cumulatividade e a neutralidade.

A Organização para a Cooperação e Desenvolvimento Econômico (OCDE) identifica outros princípios para estruturar os IVAs. São eles: neutralidade (da qual se tratará no tópico 1.1.4); eficiência (compreendida como minimizar os custos de *compliance* tributário); certeza e simplicidade (que determinam que o sistema tributário seja compreensível e claro ao contribuinte); efetividade e justiça (que orientam à minimização do potencial de evasão fiscal) e flexibilidade (que permite a adaptação do sistema tributário às novas realidades econômicas).[28] Muitos destes princípios serão analisados ao longo do livro, ainda que não tenham posição de destaque neste tópico.

### *1.1.1 A repercussão jurídico-econômica dos IVAs*

A repercussão do encargo econômico está intrinsecamente relacionada à distinção entre tributos diretos e indiretos, distinção esta que é muito antiga, tanto no Direito, quanto na Economia. Ainda no séc. XIX, John Stuart Mill apresentava esta diferenciação, afirmando que o tributo direto é aquele exigido da própria pessoa que deve pagá-lo, ao passo que o tributo indireto é exigido de uma pessoa, na expectativa de que ela se indenize à custa de outra, usualmente a consumidora da mercadoria transacionada.[29]

Em análise mais atual, Paulo Caliendo destaca que a distinção entre tributação direta e indireta possui um significado econômico e um significado jurídico, mas que a doutrina jurídica brasileira tradicionalmente lhe deu pouca atenção.[30]

---

28. ORGANIZATION FOR ECONOMIC CO-OPERATION AND DEVELOPMENT (OCDE). Committee on Fiscal Affairs. *Electronic Commerce: Taxation Framework Conditions*. Paris, 1998. Disponível em: https://bit.ly/3yyPXqe Acesso em: 30 abr. 2020. p. 4.

29. MILL, John Stuart. *Principles of Political Economy*. 1885. Disponível em: https://bit.ly/36hoMV5 Acesso em: 09 mar. 2020. Livro 5, cap. 3.

30. CALIENDO, Paulo. *Curso de Direito Tributário*. 3ª ed. SP: Saraiva, 2020. p. 340.

Mais do que isso, até: Alfredo Augusto Becker, de forma categórica, afirma que a classificação dos tributos em diretos e indiretos – de acordo com a ocorrência ou não de sua repercussão econômica – é falsa.[31] Para Becker, não há nenhum critério científico para sustentar o pressuposto de que sempre há repercussão econômica dos tributos indiretos[32] (os quais, segundo Mill,[33] seriam repassados pelo contribuinte *de jure* para o contribuinte de fato[34]), o que invalidaria o sentido econômico desta classificação.

Corroborando as críticas a esta classificação, John Tiley ressalta que a distinção econômica entre tributos diretos e indiretos se tornou menos clara, na medida em que os economistas aprofundaram os estudos sobre tributação de lucros, concluindo que os impostos sobre lucros são, muitas vezes, repassados ao consumidor final.[35] Dessa forma, haveria repercussão econômica de um tributo direto. No outro extremo, muitas vezes, o contribuinte de direito de um imposto indireto não consegue repassar o encargo econômico ao contribuinte de fato. Nesta situação, Caliendo entende que há repercussão jurídico-econômica do imposto – que decorre de lei – mas não há sua repercussão meramente econômica.[36]

Nesse contexto, não se está a debater somente sobre a incidência econômica do tributo, mas sobre um critério jurídico.[37]

---

31. BECKER. *Teoria Geral do Direito Tributário*. p. 572. Com o mesmo viés crítico, vide: CARVALHO, Paulo de Barros. *Direito Tributário, Linguagem e Método*. SP: Noeses, 2008. p. 298.

32. BECKER. *Teoria Geral do Direito Tributário*. p. 575

33. MILL. *Principles of Political Economy*. Livro 5, cap. 3.

34. Sobre a existência de dois contribuintes nos tributos indiretos – um de direito, outro de fato – vide: SOUSA, Rubens Gomes de. *Compêndio de Legislação Tributária*. SP: Resenha Tributária, 1975. p. 170.

35. TILEY, John. *Revenue Law*. 5ª ed. Portland: Hart Publishing, 2005. p. 18.

36. CALIENDO, Paulo. PIS e COFINS nas faturas de energia elétrica e telefonia. *Revista de Direito do Consumidor* [recurso eletrônico], vol. 90/2013, p. 141-165, nov-dez/2013.

37. Ibid. loc. cit.

E é sob este viés que deve ser compreendida a observação de Tiley sobre a falta de clareza da distinção entre tributos diretos e indiretos, que aponta outra diferença entre o repasse do imposto sobre lucros e o repasse dos tributos indiretos: os tributos indiretos são transferidos ao consumidor de forma transparente e objetiva (já que esta transferência decorre de lei), frequentemente na forma de uma percentagem sobre o preço.[38]

Ainda segundo Tiley, esta classificação é aceita pelos Tribunais anglo-saxões, para definir o significado jurídico de tributos diretos e indiretos.[39] Na mesma linha, Joachim English afirma que a classificação entre tributos diretos e indiretos decorre, primariamente, da concepção legislativa, já que não há garantias de que os tributos indiretos sejam sempre repassados ao consumidor de fato, ou mesmo que os tributos diretos sejam arcados pelo contribuinte de direito.[40] Efetivamente, e como reconhecido pelo próprio Becker, muitos juristas utilizam a classificação, devido à sua conveniência didática, ainda que reconheçam suas limitações na seara econômica.[41]

Caliendo, por exemplo, sustenta que há duas situações específicas em que a distinção entre tributos diretos e indiretos tem relevância jurídica: nos estudos de não cumulatividade – como o estudo aqui realizado – e na repetição de indébito.[42] Portanto, é dentro deste contexto que os conceitos de tributos diretos e indiretos são utilizados neste livro: reconhecendo a limitação da classificação, mas levando em conta a facilidade de sua compreensão.

---

38. TILEY. *Revenue Law*. p. 18. Em sentido contrário, Borbála Kolozs afirma que os IVAs são pouco visíveis, na medida em que são embutidos no preço, sem destaque na nota (KOLOZS. Borbála. Neutrality in VAT. In: LANG, Michael; MELZ, Peter; KRISTOFFERSSON, Eleonor. *Value Added Tax and Direct Taxation* - Similarities and Differences. Amsterdam: IBFD, 2009, p. 202).

39. TILEY. *Revenue Law*. p. 18.

40. ENGLISCH, Joachim. VAT/GST and Direct Taxes: Different Purposes. *In*: LANG; MELZ; KRISTOFFERSSON. *Value Added Tax and Direct Taxation*, p. 1.

41. BECKER. *Teoria Geral do Direito Tributário*. p. 573.

42. CALIENDO. *Curso de Direito Tributário*. p. 344.

Dentro deste cenário, e seguindo os ensinamentos de Caliendo, tributos indiretos "são aqueles em que existe uma operação mercantil, envolvendo uma dualidade de sujeitos de direito e uma translação do encargo econômico ao consumidor final".[43] Nestes casos de translação do encargo econômico, Ricardo Lobo Torres chega a afirmar que há um "princípio da repercussão legal obrigatória", pois a carga econômica dos tributos *deve* repercutir sobre o contribuinte de fato.[44]

Tiley enumera os principais tributos indiretos, de acordo com a *common law* anglo-saxã: os tributos aduaneiros, os tributos sobre consumo e os tributos sobre receita bruta.[45] Todos eles devem repercutir sobre o contribuinte de fato. Portanto, percebe-se que são os tributos indiretos que interessam para esta obra, pois são eles que usualmente incidem sobre as operações de consumo. Ademais, os tributos sobre consumo são um gênero jurídico,[46] podendo ser monofásicos ou plurifásicos; cumulativos ou não cumulativos, como se passa a expor.

### *1.1.2 A incidência plurifásica*

Indo um passo além no corte conceitual, têm especial interesse para esta pesquisa os tributos plurifásicos, ou seja, aqueles que são arrecadados em múltiplos estágios da cadeia produtiva do consumo (indústria – atacado – varejo – consumo final), consoante a definição de Paulo Caliendo.[47]

Contudo, nem todos os tributos sobre consumo são plurifásicos, podendo também ocorrer a tributação monofásica, que acontece quando apenas um dos estágios da cadeia produtiva sofre a incidência tributária. Marcos Valadão indica

43. Ibid. p. 345.

44. TORRES, Ricardo Lobo. *Tratado de Direito Constitucional Financeiro e Tributário*. vol. II. RJ: Renovar, 2014. p. 347.

45. TILEY. *Revenue Law*. p. 18-9.

46. BECKER. *Teoria Geral do Direito Tributário*. p. 442.

47. CALIENDO. *Curso de Direito Tributário*. p. 213.

que os tributos monofásicos, incidentes sobre consumo, podem ser cobrados na etapa industrial, nas vendas por atacado, ou nas vendas a varejo, sendo a incidência no varejo a mais comum.[48] De fato, em grande parte dos Estados Unidos, a tributação sobre o consumo até hoje se dá através de imposto monofásico, incidente sobre as vendas a varejo.[49]

Tanto Alcides Jorge Costa,[50] quanto Evaristo Paulo Gouveia,[51] consideram o imposto monofásico, cobrado nas vendas a consumidor final, de difícil fiscalização, motivo pelo qual propõem a incidência plurifásica. Com efeito, o tributo monofásico importa em maiores riscos para o Poder Público, devido à grande possibilidade de inadimplemento do imposto pelo comerciante, o que deixaria o fisco sem o respectivo crédito tributário.[52]

O fracionamento do fato gerador mitiga este risco, especialmente quando o tributo é cobrado na forma de IVA. Isso porque, como bem pontua Vasco Branco Guimarães, o IVA gera um processo de autorregulação da cobrança do imposto, na medida em que os adquirentes exigem o faturamento do tributo na etapa anterior, como forma de assegurar o

---

48. VALADÃO, Marcos. Comparative analysis of the Value Added Tax (VAT) and Retail Sales Tax (RST): a contribution to tax reform studies in the U.S. *In*: SARAIVA FILHO, Oswaldo Othon de Pontes; VASQUES, Sérgio; GUIMARÃES, Vasco Branco. *IVA para o Brasil* – Contributos para a Reforma da Tributação do Consumo. BH: Fórum, 2007. p. 379.

49. TAIT, Alan A. *Value Added Tax* – International Practice and Problems [recurso eletrônico]. Washington: IMF, 1988; EBRILL, Liam *et al. The Modern VAT*. Washington: IMF. 2001. cap. 8.

50. COSTA, Alcides J. Impôsto de Vendas e Consignações: Análise dos Sistemas de Arrecadação. *Revista de Administração de Empresas*. RJ: FGV, vol. 3, n. 6, p. 65, jan-mar/1963.

51. GOUVEIA, Evaristo Paulo. *Imposto sobre o Valor Agregado*. SP: José Bushatsky, 1976. p. 19.

52. FALCÃO, Maurin Almeida. Da tributação cumulativa ao Imposto sobre o Valor Agregado: o percurso notável da inovação tributária do século XX. *In*: SARAIVA FILHO, Oswaldo Othon de Pontes; VASQUES, Sérgio; GUIMARÃES, Vasco Branco. *IVA para o Brasil* – Contributos para a Reforma da Tributação do Consumo. BH: Fórum, 2007. p. 616.

aproveitamento do crédito, quando efetuarem a venda de seus bens.[53] Por outro lado, até mesmo quando o tributo não é estruturado na forma de IVA, a plurifasia é benéfica ao Poder Público, na medida em que a pulverização dos contribuintes diminui o impacto de eventual inadimplemento, e também antecipa receitas ao fisco,[54] motivo pelo qual a adoção de impostos monofásicos sobre o consumo não é muito comum.

Outra dificuldade decorrente da adoção de um tributo monofásico, incidente sobre vendas a varejo (no modelo *retail sales tax*), deriva do fato de que este tributo usualmente não incide sobre as prestações de serviços.[55] Em um cenário de economia digital, esta não incidência causa uma série de problemas, pois a distinção entre bens e serviços se torna muito mais fluída.[56]

Além disso, mesmo quando o tributo monofásico incide no final da cadeia produtiva, ele tende a ter efeitos em cascata,[57] uma vez que há muitas vendas efetuadas por varejistas que são feitas para empresas, contribuintes do imposto. Essas vendas usualmente pagam o imposto sobre vendas a varejo, pois seria muito complexo isentá-las,[58] gerando cumulatividade tributária. Com efeito, Valadão afirma que 40% da receita

---

53. GUIMARÃES, Vasco Branco. A tributação do consumo no Brasil: uma visão europeia. *In*: SARAIVA FILHO, Oswaldo Othon de Pontes; VASQUES, Sérgio; GUIMARÃES, Vasco Branco. *IVA para o Brasil* – Contributos para a Reforma da Tributação do Consumo. BH: Fórum, 2007. p. 53. No mesmo sentido, vide: MOREIRA, André Mendes. Não-cumulatividade tributária no Brasil e no mundo: origens, conceito e pressupostos. *In*: CARVALHO, Paulo de Barros e SOUZA, Priscila de. *Sistema Tributário Brasileiro e a Crise Atual* – VI Congresso Nacional de Estudos Tributários. SP: Noeses/IBET, 2009, p. 56.

54. DERZI, Misabel Abreu Machado; SANTIAGO, Igor Mauler. A harmonização dos IVAs do Brasil para o desenvolvimento produtivo. *In*: SARAIVA FILHO, Oswaldo Othon de Pontes; VASQUES, Sérgio; GUIMARÃES, Vasco Branco. *IVA para o Brasil* – Contributos para a Reforma da Tributação do Consumo. BH: Fórum, 2007. p. 541.

55. VALADÃO. *Comparative analysis of the Value Added Tax (VAT) and Retail Sales Tax (RST)*... p. 381.

56. Sobre a fluidez da distinção, vide o tópico 1.3.1.1.

57. VALADÃO. *Comparative analysis of the Value Added Tax (VAT) and Retail Sales Tax (RST)*... p. 380-1.

58. Ibid. p. 380-1.

dos impostos sobre vendas a varejo, nos Estados Unidos, decorrem de compras por empresas.[59] Segundo Misabel Derzi e Igor Santiago, este efeito em cascata é especialmente gravoso quando da aquisição de bens para o ativo fixo.[60] Diante de todos esses defeitos da tributação monofásica sobre o consumo, a maioria dos países adota um modelo de imposto plurifásico.

Contudo, nem todos os tributos plurifásicos incidem sobre toda a cadeia produtiva, o que pode representar um problema de *design* normativo. O IPI, por exemplo, foge do padrão internacional, sendo um imposto cobrado somente na etapa industrial.[61] Ocorre que, segundo Sijbren Cnossen, um bom IVA deve se estender até o varejo.[62] Parar a cadeia de incidências na manufatura ou nas vendas por atacado acaba criando distorções econômicas[63] e dificuldades administrativas.[64] O IVA incidente somente sobre a etapa industrial tende a favorecer produtos importados e serviços (que não sofrem com a tributação), causando distorções na neutralidade tributária.[65]

Para encerrar o tópico atinente à incidência plurifásica, é pertinente a lição de André Mendes Moreira. O autor esclarece que, para que ocorra a incidência plurifásica, não basta a incidência plúrima, mas se faz necessário que os fatos alcançados pelo tributo sejam encadeados entre si, tal como ocorre

---

59. VALADÃO. *Comparative analysis of the Value Added Tax (VAT) and Retail Sales Tax (RST)...* p. 392.

60. DERZI; e SANTIAGO. A harmonização dos IVAs do Brasil para o desenvolvimento produtivo. p. 536-7.

61. No levantamento feito por Cnossen, o autor identificou sete países que têm IVAs restritos à etapa industrial, e outros três que cobram IVAs até o comércio atacadista. Os outros 95 países analisados têm IVAs até o comércio varejista (CNOSSEN, Sijbren. Global Trends and Issues in Value Added Taxation. *International Tax and Public Finance*. Netherlands: Kluwer, nº 5, p. 415-20, 1998).

62. CNOSSEN, Sijbren. Global Trends and Issues in Value Added Taxation. p. 400.

63. LAURÉ, Maurice. *La Taxe sur la Valeur Ajoutée*. Paris: Librairie du Recueil Sirey, 1953. p. 15.

64. CNOSSEN, Sijbren. *Global Trends and Issues in Value Added Taxation*. p. 400.

65. Ibid. p. 401.

na circulação de bens e serviços.[66] Esta circulação, vista de fora, é uma operação só, "com seus vários estádios concatenados, possibilitando a circulação do bem desde a extração da matéria-prima (quando necessário) até a entrega do produto ou serviço ao consumidor final".[67] Por este motivo, Moreira não considera plurifásicas as contribuições sobre receita e faturamento das empresas, pois, ainda que incidam de forma plúrima, ao longo da cadeia produtiva, inexiste o "encadeamento lógico e factual necessário para a tributação plurifásica".[68] Nessa acepção, o conceito de tributo plurifásico acaba servindo de suporte para o desenvolvimento do princípio da não cumulatividade, pois somente um tributo plurifásico poderá ser não cumulativo, conforme estudado a seguir.

### *1.1.3 A não cumulatividade tributária*

Segundo Ricardo Lobo Torres, o princípio da não cumulatividade é um subprincípio do princípio da repercussão legal obrigatória.[69] O autor distingue os aspectos econômico e jurídico da não cumulatividade, afirmando que, para os economistas, haverá não cumulatividade quando a incidência tributária se der sobre o valor acrescido em cada operação de circulação, "de modo que a incidência global é idêntica à multiplicação da alíquota pela base de cálculo final".[70] Já para os juristas, o tributo incide sobre o valor total de cada operação, abatendo-se o crédito gerado na etapa anterior da cadeia de circulação.[71]

Devido a esta sistemática de créditos e débitos, Alcides Jorge Costa afirma que os impostos sobre valor acrescido representam uma combinação dos sistemas plurifásico e

---

66. MOREIRA. Não-cumulatividade tributária no Brasil e no mundo:... p. 79.

67. Ibid. loc. cit.

68. Ibid. loc. cit.

69. TORRES. *Tratado de Direito Constitucional Financeiro e Tributário*. vol. II. p. 350.

70. Ibid. loc. cit.

71. Ibid. loc. cit.

monofásico. Se assemelham ao sistema plurifásico, na medida em que incidem sobre todas as etapas do ciclo produtivo, mas se aproximam do modelo monofásico, na medida em que a incidência é uma só: a carga tributária final independe da quantidade de etapas na cadeia produtiva.[72]

Por estas características, com a ampla adoção de IVAs na prática internacional,[73] os tributos indiretos e plurifásicos geralmente são – ou pretendem ser – não cumulativos. Assim, permitem a compensação dos impostos pagos em uma operação com o tributo devido na etapa subsequente,[74] como forma de assegurar a neutralidade fiscal,[75] a qual é considerada uma diretriz dos princípios da economia de mercado pela OCDE.[76] Logo, a não cumulatividade é um dos meios correntemente utilizados para assegurar a neutralidade nos tributos plurifásicos.[77] A não cumulatividade assegura a neutralidade, na medida em que evita não só a integração vertical do processo empresarial, como também impede a incidência de carga tributária maior sobre produtos com cadeias industriais mais longas,[78] o que acaba acontecendo quando há incidência plurifásica cumulativa.

Acerca dos efeitos nefastos da integração vertical no processo produtivo, é pertinente a análise de Alcides Jorge Costa, em estudo sobre o Imposto sobre Vendas e Consignações – IVC. Segundo o autor, os impostos plurifásicos cumulativos estimulam a verticalização não só no processo industrial

---

72. COSTA. Impôsto de Vendas e Consignações:... p. 67.

73. Vide o tópico 1.2.3.

74. CALIENDO. *Curso de Direito Tributário*. p. 218.

75. Ibid. p. 215.

76. FALCÃO. Da tributação cumulativa ao Imposto sobre o Valor Agregado... p. 618; ORGANIZATION FOR ECONOMIC CO-OPERATION AND DEVELOPMENT (OCDE). Committee on Fiscal Affairs. *OECD International VAT/GST Guidelines on Neutrality*. 28 jun. 2011. Disponível em: https://bit.ly/2SSleVZ Acesso em: 20 abr. 2020.

77. FALCÃO. Da tributação cumulativa ao Imposto sobre o Valor Agregado... p. 612.

78. CALIENDO. *Curso de Direito Tributário*. p. 213-4.

– com indústrias deixando de encomendar, de fornecedores, peças necessárias para seu processo produtivo, passando a produzi-las internamente –, como também no ciclo da comercialização – com a eliminação do atacadista.[79] Para evitar este processo de integração vertical em um imposto cumulativo como o IVC – e a consequente eliminação das empresas intermediárias – as legislações estaduais brasileiras sobre este imposto começaram a conceder uma série de isenções pontuais ao longo da cadeia produtiva, conforme exemplificado pelo autor.[80] E, ao conceder estas isenções pontuais (que foram necessárias para assegurar a neutralidade da tributação), as leis acabaram por destruir a maior vantagem do imposto plurifásico cumulativo: sua simplicidade.[81]

Devido à necessidade destes ajustes pontuais nos tributos cumulativos, conjugada com a ineficiência do tratamento casuístico, a sistemática da não cumulatividade foi desenvolvida. Com ela, evitou-se uma série de inconsistências econômicas, relacionadas à incidência em cascata de impostos cumulativos sobre o consumo, tais como: estímulo à verticalização empresarial; desindustrialização; ausência de neutralidade fiscal; incidência de tributos na exportação; dentre outras citadas por Caliendo.[82] Como indicado acima, em tese, eliminadas essas inconsistências, se chega ao tributo sobre o consumo ideal: aquele que é neutro.[83]

Sobre a neutralidade, é pertinente a observação de Maurice Lauré, que deixa claro que um tributo neutro não distorce o processo produtivo. Segundo Lauré, entre 1936 e a data de

79. COSTA. Impôsto de Vendas e Consignações:... p. 58.

80. Ibid. p. 59.

81. Ibid. p. 61.

82. CALIENDO. *Curso de Direito Tributário*. p. 213-4. No mesmo sentido, vide: TAIT. *Value Added Tax*. cap. 1.

83. TAIT. *Value Added Tax*. cap. 5; CNOSSEN. Global Trends and Issues in Value Added Taxation, p. 399; CALIENDO. *Curso de Direito Tributário*. p. 199; TORRES. *Tratado de Direito Constitucional Financeiro e Tributário*. vol. II. p. 345; dentre muitos outros.

redação do seu livro, na década de 1950, o Imposto sobre a Produção francês (que já era um imposto não cumulativo, mas incidente somente na etapa industrial) triplicou sua alíquota efetiva. Para o autor, este fato prova que o Imposto sobre a Produção causava poucos problemas econômicos aos quais os produtores eram sensíveis. Caso contrário, seria insustentável sua majoração de alíquota. Contudo, o Imposto sobre a Produção apresentava outras deformações em relação às quais o autor era crítico.[84] Adotando-se uma linguagem mais moderna, a possibilidade de triplicar a alíquota do imposto, em curto período de tempo, seria evidência de sua neutralidade, devido à sua não cumulatividade.

Contudo, não há consenso acerca das vantagens do tributo indireto, plurifásico e não cumulativo. Apesar de reconhecer as inconsistências econômicas dos tributos cumulativos sobre o consumo, Marcos Cintra entende que a simplicidade desta sistemática tributária se sobrepõe aos seus problemas,[85] e ressalta que boa parte dos tributos, que são hoje considerados não cumulativos, apresenta várias formas de incidência cumulativa.[86]

Na mesma linha, Sukumar Mukhopadhyay refuta as principais vantagens que usualmente são associadas aos tributos não cumulativos. Escrevendo em um contexto de introdução do imposto sobre o valor agregado na Índia, o autor afirma que o erro mais comum é comparar um tributo não cumulativo perfeito (aquele ideal teórico desenhado nos bancos acadêmicos) com um tributo cumulativo imperfeito (a transposição da teoria para a prática).[87] O mesmo autor entende que o tributo não cumulativo real – imperfeito – tem os seguintes defeitos: não é neutro (pois não há neutralidade entre despesas de capital e despesas com salário); não é a única forma

84. LAURÉ. *La Taxe sur la Valeur Ajoutée*. p. 15.

85. CINTRA, Marcos. *A verdade sobre o Imposto Único*. SP: LCTE, 2003, p. XVIII.

86. Ibid. p. 65.

87. MUKHOPADHYAY, Sukumar. VAT: a Closer Look. *Economic and Political Weekly*, Mumbai, vol. 36, n. 7, 17-23 fev. 2001. p. 522.

de evitar a cobrança em cascata (já que é possível cobrar um imposto monofásico, sobre o consumo, no varejo); e não é a única forma de desonerar exportações (é possível utilizar *drawback* e créditos fiscais na exportação).[88]

Não obstante, e conforme se depreende da leitura deste capítulo, a doutrina majoritária aponta vantagens na tributação não cumulativa das relações de consumo, motivo pelo qual, aliás, a não cumulatividade tem *status* constitucional no sistema jurídico brasileiro.[89]

### *1.1.4 A neutralidade tributária*

Como é possível inferir do que se expôs no tópico anterior, e como define José Xavier de Basto[90] com precisão, a neutralidade é uma propriedade fundamental do IVA, enquanto modelo de tributação geral do consumo. A não cumulatividade é essencial para que se alcance a neutralidade vertical, ou seja, a neutralidade ao longo da cadeia de consumo de um bem.[91] Mas a neutralidade pode ter conceito mais amplo do que a não cumulatividade, servindo de parâmetro não só para a tributação sobre o consumo, como também para as demais técnicas de tributação. Através da neutralidade horizontal, todas as rendas, bens e serviços devem ser tributados de forma isonômica.[92] Nessa linha de neutralidade ampla, e em análise

---

88. Ibid. p. 522-3.

89. Vide, nesse sentido, na Constituição Brasileira: o art. 153, § 3º, II, que estabelece a não cumulatividade do Imposto sobre Produtos Industrializados; o art. 154, I, que determina que os impostos instituídos pela União, no exercício de sua competência residual, sejam não cumulativos; e o art. 155, § 2º, I, que determina a não cumulatividade do ICMS Constituição da República Federativa do Brasil de 1988. Texto consolidado até a Emenda Constitucional nº 107 de 02 jul. 2020. Disponível em: https://bit.ly/3hpv2R0 Acesso em: 26 nov. 2020).

90. BASTO, José Xavier de. Livros são papéis pintados com tinta – a propósito de um Acórdão do Tribunal de Justiça da União Europeia. *Revista de Finanças Públicas e Direito Fiscal*. Lisboa: IDEFFF, ano 7, n. 4, jul-2015. p. 25.

91. MOREIRA, André Mendes. *Neutralidade, Valor Acrescido e Tributação*. BH: Fórum, 2019. p. 45.

92. Ibid. loc. Cit.

específica da economia digital, a OCDE, desde 1998, sustenta que o sistema tributário como um todo deve ser neutro entre o comércio eletrônico e o comércio convencional,[93] premissa que deve ser atendida também pelos IVAs.

Segundo Kolozs – para quem a neutralidade é a principal diretriz dos IVAs – um tributo é neutro quando não há diferenças: 1) no tratamento dado aos fornecedores (o tratamento dado a fornecedores de bens e serviços é idêntico); 2) na categorização dos produtos (não há diferenciação entre bens nacionais e importados); ou 3) no estabelecimento de alíquotas (que são idênticas para todos os bens tributados).[94] Parâmetros semelhantes são delineados no estudo da OCDE, que elenca a neutralidade e a eficiência como princípios fundamentais dos IVAs.[95]

A partir destes parâmetros, percebe-se que a não cumulatividade é um dos componentes da neutralidade tributária, sendo fator essencial – mas não exclusivo – para assegurar a incidência neutra de tributos indiretos sobre o consumo. Nessa linha, Kolozs afirma que o primeiro passo para criar um IVA perfeitamente neutro é a eliminação da incidência em cascata dos tributos sobre o consumo.[96] Ou seja, alcançar a não cumulatividade é o início do processo de neutralidade.

Especificamente sobre a neutralidade fiscal dos IVAs, Ricardo Lobo Torres esclarece que, do ponto de vista organizacional, esta não favorece a integração vertical; e do ponto de vista do processo de circulação de riquezas, ela não distorce a formação de preços.[97] Do ponto de vista organizacional, quando o tributo é neutro, o mesmo imposto é cobrado, independentemente do número de operações que ocorrem na cadeia produtiva. É o que Cnossen chama de "neutralidade relati-

---

93. OCDE. *Electronic Commerce: Taxation Framework Conditions*. p. 4.

94. KOLOZS. Neutrality in VAT. p. 203.

95. OECD. *OECD International VAT/GST Guidelines on Neutrality.*

96. KOLOZS. Neutrality in VAT. p. 205.

97. TORRES, Ricardo Lobo. *Tratado de Direito Constitucional Financeiro e Tributário*. vol. I. RJ: Renovar, 2009. p. 342.

vamente à produção".[98] A ausência de distorção dos preços, por sua vez, ocorre quando há "neutralidade relativamente ao consumo", segundo o mesmo autor.[99] E é sob este enfoque que a neutralidade deixa transparecer suas limitações.

Com efeito, ainda que a neutralidade sirva – e deva servir – de norte ao desenvolvimento do sistema tributário, é pertinente a advertência de Rubens Gomes de Sousa, para quem "temos de nos guardar da falácia de que existem impostos 'neutros', ou seja, impostos que geram receita sem produzir outros efeitos econômicos paralelos".[100] Efetivamente, a busca pelo tributo neutro tem limitações fáticas, já que algum nível de distorção nos comportamentos dos agentes econômicos parece inerente à incidência tributária. Isso porque, consoante ensina José Xavier de Basto, sempre serão concedidas isenções, e, por motivos de política fiscal, é provável a graduação das alíquotas.[101]

Por consequência, ao tratar da neutralidade relativamente ao consumo, José Xavier de Basto restringe o escopo desta à neutralidade concorrencial entre mercadorias ou serviços que satisfaçam as mesmas necessidades.[102] Isso porque, ainda que seja inviável, do ponto de vista prático, a não discriminação entre *todos* os bens de consumo – devido à necessidade de graduar alíquotas ou conceder isenções[103] – é coerente coibir a discriminação tributária entre produtos semelhantes (aqueles que servem à mesma função ou concorrem entre si).

Radu Bufan e Aurelian Opre vão um passo além na análise da neutralidade dos impostos não cumulativos sobre o consumo: devido à complexidade do sistema de créditos e débitos

---

98. *Apud* BASTO. Livros são papéis pintados com tinta... p. 26.

99. Ibid. loc. cit.

100. SOUSA, Rubens Gomes de. Os Impostos sobre o Valor Acrescido no Sistema Tributário. *Revista de Direito Administrativo*. RJ: FGV, nº 110, p. 20, out/dez. 1972.

101. BASTO. Livros são papéis pintados com tinta... p. 26.

102. Ibid. loc. cit.

103. Sobre o tema, vide o tópico 1.3.2.2.2.

destes, os autores afirmam que não basta aferir a neutralidade na legislação, sendo necessário analisar as práticas da fiscalização tributária.[104] Isso porque a demora ou a rapidez com que a autoridade tributária analisa e restitui créditos acumulados, por exemplo, afeta a neutralidade dos tributos, motivo pelo qual o estudo dos efeitos práticos da neutralidade não se deve limitar ao marco legal. Contudo, para os fins deste livro, em que se pretende analisar a estrutura legislativa dos impostos sobre valor agregado, basta a neutralidade na lei.

Ainda acerca da neutralidade tributária, Kolozs afirma que esta só pode ser interpretada dentro das fronteiras de determinado território:[105] dentro deste território, onde a legislação tributária é a mesma, um tributo neutro não afeta o comportamento do contribuinte.[106] Não obstante, também é possível falar na faceta internacional da neutralidade.[107] Sob este enfoque, um tributo é neutro quando desonera as exportações, a partir da adoção do princípio do destino.[108]

Percebe-se, portanto, que é fundamental para o bom funcionamento dos IVAs a neutralidade concorrencial, para assegurar que o imposto não gere distorções de competitividade entre bens ou serviços que sirvam à mesma função.

---

104. BUFAN, Radu; OPRE, Aurelian. The Principle of Tax Neutrality in the Field of Direct and Indirect Taxation. *In*: LANG, Michael; MELZ, Peter; KRISTOFFERSSON, Eleonor. *Value Added Tax and Direct Taxation* - Similarities and Differences. Amsterdam: IBFD, 2009, p. 233-4.

105. KOLOZS. Neutrality in VAT. p. 204.

106. Ibid. p. 205.

107. Analisando a neutralidade nos tributos diretos, Radu Bufan e Aurelian Opre afirmam que, em relação a estes tributos, deve haver neutralidade também na esfera internacional, seja na forma de neutralidade para a remessa de capital para o exterior, seja na forma de neutralidade para atração de investimento estrangeiro (BUFAN; OPRE. *The Principle of Tax Neutrality in the Field of Direct and Indirect Taxation*. p. 231).

108. CNOSSEN. Global Trends and Issues in *Value Added Taxation*. p. 399. Vide, sobre o tema, o tópico 1.3.1.2.

## 1.2 Perspectiva histórica e incidência global dos IVAs

Tanto Ebrill[109] quanto Tait[110] inauguram seus livros destacando a velocidade com que os impostos sobre valor agregado foram disseminados no mundo, ao longo da segunda metade do século XX. Segundo Tait, a ascendência dos IVAs foi um fenômeno sem paralelos no sistema tributário.[111] Rapidamente, cerca de 120 países adotaram esta técnica de tributação, e, em 2001, a arrecadação dos IVAs representava aproximadamente um quarto de toda a receita dos governos, e cinco por cento do produto interno bruto destes (PIB).[112] Com dados mais atualizados, o sítio eletrônico do Fundo Monetário Internacional indica que, hoje, há mais de 160 países cobrando IVAs, e que esta arrecadação representa cerca de seis por cento do PIB.[113] Maurin Almeida Falcão credita esta rápida expansão à globalização, na medida em que a lógica dos fluxos de investimentos internacionais e a transnacionalização das empresas evidenciaram as limitações da tributação sobre renda e patrimônio, fomentando a expansão da tributação indireta.[114]

Essa expansão surpreendente tornou os IVAs a grande inovação tributária do século XX.[115] A concepção de um tributo sobre valor adicionado tem um século: a ideia nasceu na década de 1920, quando o empresário alemão von Siemens escreveu sobre este imposto,[116] mas a sistematização desta técnica

109. EBRILL *et al. The Modern VAT*. p. xi.

110. TAIT. *Value Added Tax*. cap. 1.

111. Ibid. loc. cit.

112. EBRILL *et al. The Modern VAT*. p. xi e p. 8.

113. INTERNATIONAL MONETARY FUND. Disponível em: https://bit.ly/3yxEZkZ Acesso em: 16 mar. 2020.

114. FALCÃO. Da tributação cumulativa ao Imposto sobre o Valor Agregado... p. 612-4.

115. Ibid. p. 611.

116. EBRILL *et al. The Modern VAT*. p. 4. No mesmo sentido, vide: BALTHAZAR, Ubaldo Cesar. A gênese do imposto sobre o valor agregado. *Revista Sequência*. Florianópolis: UFSC, nº 56, p. 246-7, jun. 2008.

de tributação só ocorreu com a publicação, em 1953, da obra de Maurice Lauré,[117] considerado por muitos o pai dos IVAs.[118]

Passa-se, nos dois tópicos a seguir, a traçar um breve panorama histórico do IVA na Europa e no Brasil, respectivamente.

### *1.2.1 O nascimento do IVA na Europa*

O IVA, enquanto técnica de tributação adotada de forma ampla e consistente, nasceu na Europa. Mais precisamente, nasceu na França, onde Maurice Lauré transpôs a incipiente teoria econômica para a prática. Considerando que Lauré era funcionário da administração tributária francesa, é possível afirmar que o protagonismo francês é consequência direta da atuação das autoridades fiscais, que foram gradualmente pensando e moldando o novo tributo.

Em apertada síntese, em 1917, a França instituiu uma "taxa sobre os pagamentos", incidente sobre faturas, e que, após algumas reformas (passando pelo estabelecimento do Imposto sobre a Produção em 1936[119]), redundou no IVA.[120] Ebrill indica o ano de 1948 como o ano de nascimento do IVA francês, o qual originalmente incidia somente sobre as atividades industriais, e não dava créditos para bens de capital.[121] Balthazar detalha um pouco mais a sistemática deste tributo, chamado de Imposto sobre a Produção, esclarecendo que ele

---

117. LAURÉ. *La Taxe sur la Valeur Ajoutée*. Sobre o protagonismo francês, vide o artigo de Ubaldo Cesar Balthazar, em que o autor sustenta que o princípio das deduções não foi pensado originalmente na França, tendo Maurice Lauré se socorrido dos trabalhos do autor norte-americano Carl Shoup, e se inspirado em experiências pontuais de outros países (BALTHAZAR. A gênese do imposto sobre o valor agregado. p. 246).

118. EBRILL *et al. The Modern VAT*. p. 4. Rubens Gomes de Sousa ressalta, por outro lado, que Maurice Lauré nunca invocou a paternidade do IVA (SOUSA. Os Impostos sobre o Valor Acrescido no Sistema Tributário. p. 17).

119. LAURÉ. *La Taxe sur la Valeur Ajoutée*. p. 15-6.

120. LAURÉ. *La Taxe sur la Valeur Ajoutée*. p. 13-4; BALTHAZAR. A gênese do imposto sobre o valor agregado. p. 246 e 249.

121. EBRILL *et al. The Modern VAT*. p. 4.

incidia sobre o valor das vendas, permitindo-se a dedução do tributo pago sobre compras de matérias-primas e produtos similares.[122] Portanto, o Imposto sobre a Produção instituiu um dos princípios fundamentais do IVA, o da não cumulatividade, ainda que, naquele momento, esta fosse mais limitada do que no modelo atual.[123]

Com a reforma de 1954, o imposto francês passou a permitir deduções dos tributos pagos quando da realização de investimentos, como forma de viabilizar a retomada do crescimento econômico.[124] Assim, em 1954, com base no trabalho de Lauré,[125] que propunha um imposto de base ampla, incidente sobre indústria, comércio e serviços,[126] o tributo francês já havia alargado sua incidência, convertendo-se em verdadeiro tributo sobre o consumo.[127]

Naquele momento, o imposto já conjugava os elementos essenciais que caracterizam os IVAs até hoje – hipótese de incidência e exigibilidade, base de cálculo, campo de aplicação, definição do contribuinte e formulação de mecanismo próprio de deduções,[128] mas ainda não tinha base de incidência ampla, pois não incidia sobre as vendas a varejo.[129] Conforme André Mendes Moreira, em 1968, se criou a *Taxe sur le Valeur Ajoutée* (TVA) de base ampla, alcançando as operações com bens (inclusive locações e arrendamentos mercantis) e prestações de serviços em geral.[130]

---

122. BALTHAZAR. *A gênese do imposto sobre o valor agregado*. p. 252.

123. Ibid. loc. cit.

124. Ibid. p. 255.

125. SOUSA. *Os Impostos sobre o Valor Acrescido no Sistema Tributário*. p. 18.

126. LAURÉ. *La Taxe sur la Valeur Ajoutée*. p. 85.

127. EBRILL *et al*. *The Modern VAT*. p. 4.

128. BALTHAZAR. *A gênese do imposto sobre o valor agregado*. p. 247-8.

129. FALCÃO. *Da tributação cumulativa ao Imposto sobre o Valor Agregado*... p. 615.

130. MOREIRA. *Não-cumulatividade tributária no Brasil e no mundo*:... p. 59.

Na Europa como um todo, por outro lado, a expansão dos IVAs foi impulsionada pela criação do Mercado Comum Europeu,[131] que tornou a adoção deste tributo um requisito para adesão ao bloco econômico.[132] Segundo Maurin Almeida Falcão, o IVA seria o único mecanismo capaz de permitir a abolição das fronteiras comunitárias, permitindo a livre circulação de bens dentro do Mercado Comum.[133] Por consequência, em 1967, o Conselho da Comunidade Econômica Europeia publicou duas Diretivas relativas "à harmonização das legislações dos estados-membros respeitantes aos impostos sobre o volume de negócios". A Primeira Diretiva determinava a substituição do sistema de imposto sobre o volume de negócios pelo sistema de imposto sobre valor acrescentado,[134] e a Segunda Diretiva definia "estrutura e modalidades de aplicação do sistema comum de imposto sobre o valor acrescentado".[135]

Mas a adoção da nova técnica de tributação no Mercado Comum não foi livre de resistências. Como informa Rubens Gomes de Sousa, quando de sua criação, o IVA europeu foi objeto de duras críticas por parte de juristas dos países-membros do Mercado Comum, notadamente da Itália.[136]

---

131. SOUSA. Os Impostos sobre o Valor Acrescido no Sistema Tributário. p. 18; COÊLHO, Sacha Calmon Navarro. O IVA brasileiro. *In*: SARAIVA FILHO, Oswaldo Othon de Pontes; VASQUES, Sérgio; GUIMARÃES, Vasco Branco. *IVA para o Brasil* – Contributos para a Reforma da Tributação do Consumo. BH: Fórum, 2007. p. 579.

132. CNOSSEN. Global Trends and Issues in *Value Added Taxation*. p. 400.

133. FALCÃO. *Da tributação cumulativa ao Imposto sobre o Valor Agregado...* p. 612.

134. UNIÃO EUROPEIA. Primeira Directiva 67/227/CEE do Conselho, de 11 abr. 1967. Relativa à harmonização das legislações dos Estados-Membros respeitantes aos impostos sobre o volume de negócios. JO 11 abr. 1967. Disponível em: https://bit.ly/3htfITv Acesso em: 17 nov. 2020.

135. UNIÃO EUROPEIA. Segunda Directiva 67/228/CEE do Conselho, de 11 abr. 1967. Relativa à harmonização das legislações dos Estados-membros respeitantes aos impostos sobre o volume de negócios - estrutura e modalidades de aplicação do sistema comum de imposto sobre o valor acrescentado. JO 11 abr. 1967. Disponível em: https://bit.ly/3yvT4zb Acesso em: 17 nov. 2020.

136. SOUSA. *Os Impostos sobre o Valor Acrescido no Sistema Tributário*. p. 18.

Contudo, esta técnica de tributação foi gradualmente se consolidando, com um detalhamento bem maior da estrutura tributária na Sexta Diretiva, de 1977,[137] que deu ao tributo boa parte dos contornos que ele tem ainda hoje. Desde o seu nascimento, o princípio estruturante do IVA europeu é a neutralidade concorrencial, de modo que produtos equivalentes devem ser submetidos à mesma carga tributária, como se depreende da Primeira Diretiva IVA, de 1967.[138] Por outro lado, as Diretivas não se referem expressamente ao princípio da não cumulatividade, que, como indicado no tópico a seguir, tem papel proeminente na modelagem jurídica brasileira. Na União Europeia, o direito à dedução do imposto incidente na etapa anterior da cadeia de consumo é tutelado como consequência natural da neutralidade do imposto.[139]

Além disso, é relevante indicar que a versão original do IVA europeu tinha base mais limitada do que a atualmente em vigor, na medida em que não englobava obrigatoriamente todos os serviços.[140] Com efeito, a Segunda Diretiva tinha um Anexo B, no qual enumerava os dez serviços submetidos ao IVA, deixando os demais de fora do âmbito de incidência. Os serviços passaram a integrar o critério material do IVA europeu, de modo amplo, somente em 1977, a partir da Sexta Diretiva.

Hoje, as regras gerais do IVA europeu são estabelecidas pela Diretiva 2006/112/CE do Conselho,[141]que servirá de base

137. UNIÃO EUROPEIA. Sexta Directiva 77/388/CEE do Conselho, de 17 maio 1977. Relativa à harmonização das legislações dos Estados-Membros respeitantes aos impostos sobre o volume de negócios - sistema comum do imposto sobre o valor acrescentado: matéria colectável uniforme. JO 13 jun. 1977. Disponível em: https://bit.ly/36j8LxJ Acesso em: 13 abr. 2020.

138. BASTO. Livros são papéis pintados com tinta... p. 26.

139. Sobre a correlação entre os princípios da neutralidade e da não cumulatividade, vide o tópico 1.1.4.

140. BASTO. Livros são papéis pintados com tinta... p. 27.

141. UNIÃO EUROPEIA. Directiva 2006/112/CE do Conselho, de 28 nov. 2006 [versão consolidada até 01 jan. 2020]. Relativa ao sistema comum do imposto sobre o valor acrescentado. JO 11 dez. 2006. Disponível em: https://bit.ly/3wiAn0A Acesso em: 09 mar. 2020.

para os estudos desenvolvidos ao longo deste livro. Conforme Clotilde Celorico Palma, o sistema, na essência, é o mesmo de há 40 anos, mas tornou-se cada vez mais complexo.[142]

### *1.2.2 A evolução da tributação sobre o consumo no Brasil*

Na mesma época em que o IVA nascia na França, a tributação não cumulativa sobre o consumo começava a ser desenvolvida no Brasil. Isso porque, desde 1956, o Imposto de Consumo de Mercadorias, de competência da União, já era submetido à sistemática da não cumulatividade. Foi a Lei 2.974/1956[143] que estabeleceu esta técnica de cálculo para o imposto.[144] O Imposto sobre Vendas e Consignações, atribuído aos Estados pelas Constituições de 1934, 1937 e 1946, por outro lado, era cumulativo.

O princípio da não cumulatividade adquiriu *status* constitucional[145] já em 1965, com o advento da Emenda Constitucional (EC) 18/1965,[146] que instituiu o Imposto Estadual sobre Operações Relativas à Circulação de Mercadorias (ICM), em substituição ao IVC; e o IPI, em substituição ao Imposto Federal de Consumo de Mercadorias. A Constituição de 1967[147]

---

142. PALMA, Clotilde Celorico. A recente comunicação da Comissão sobre o futuro do IVA. *Revista TOC*. Ano XII, p. 48, mar-2012. Disponível em: https://bit.ly/2UsvRPN Acesso em: 24 nov. 2020.

143. BRASIL. Lei nº 2.974, de 26 de novembro de 1956. Altera disposições do Decreto nº 26.149, de 5 de janeiro de 1949 (Consolidação das Leis do Imposto de Consumo), e dá outras providências. DOU: 26 nov. 1956. Disponível em: https://bit.ly/2UsvZ1J Acesso em: 17 mar. 2020.

144. DIEFENTHAELER, Ricardo. Os caminhos do IVA no Brasil. *Direito Tributário em Questão – Revista da FESDT*. POA: FESDT, nº 7, p. 171, jan/jun. 2011; SOUSA. Os Impostos sobre o Valor Acrescido no Sistema Tributário. p. 22-3.

145. DIEFENTHAELER. Os caminhos do IVA no Brasil, p. 171.

146. BRASIL. [Constituição (1946)]. Emenda Constitucional nº 18, de 1º de dezembro de 1965. Reforma do Sistema Tributário. DOU: 06 dez. 1965. Disponível em: https://bit.ly/36k7vui Acesso em: 17 mar. 2020.

147. BRASIL. [Constituição (1967)]. *Constituição da República Federativa do Brasil de 1967*. Disponível em: https://bit.ly/3xBxtoU Acesso em: 23 nov. 2020.

incorporou o princípio da não cumulatividade para o IPI (art. 22, § 4º) e para o ICM (art. 24, § 5º).

Em relação ao ICM, este foi detalhado no Código Tributário Nacional,[148] e passou a ser cobrado em 1967. Shoup afirma que este imposto foi o primeiro IVA incidente sobre o consumo do mundo.[149] Isso porque a *Taxe sur le Valeur Ajoutée* (TVA) francesa ainda não incidia sobre as vendas a varejo quando o ICM foi desenvolvido, limitando-se ao mercado atacadista.[150] Portanto, ainda que os brasileiros tenham adotado como modelo a TVA francesa,[151]a instituição do ICM assegurou ao Brasil o protagonismo na América Latina,[152] sendo formulado, no país, um imposto de vanguarda para a época.

No que toca aos serviços, a Constituição de 1967 manteve com os municípios a competência para tributar os serviços não compreendidos nas competências dos Estados e da União, através do ISS (art. 25), um imposto cumulativo introduzido no sistema tributário nacional pela Emenda Constitucional 18/1965. Antes da referida emenda, desde 1946, os Municípios já tributavam os serviços, através do "Imposto de Indústrias e Profissões", que passou à competência municipal pelo art. 29, III, da Constituição de 1946.[153] Ou seja, desde 1946, a competência para tributar o consumo é repartida entre União, Estados e Municípios.

---

148. BRASIL. Lei nº 5.172, de 25 de outubro de 1966. Dispõe sobre o Sistema Tributário Nacional e institui normas gerais de direito tributário aplicáveis à União, Estados e Municípios. DOU: 27 out. 1966. Disponível em: https://bit.ly/3hISmI7 Acesso em: 17 mar. 2020.

149. *Apud* EBRILL *et al. The Modern VAT*. p. 5. Os autores afirmam que não está claro porque Shoup não considera o IVA francês, de 1954, um tributo sobre o consumo.

150. FALCÃO. Da tributação cumulativa ao Imposto sobre o Valor Agregado... p. 615.

151. DIEFENTHAELER. *Os caminhos do IVA no Brasil*. p. 171.

152. EBRILL *et al. The Modern VAT*. p. 5. Vide, também: DIEFENTHAELER. Os caminhos do IVA no Brasil. p. 170.

153. BRASIL. [Constituição (1946)]. *Constituição dos Estados Unidos do Brasil (de 18 de setembro de 1946)*. Disponível em: https://bit.ly/3dSYH2A Acesso em: 23 nov. 2020.

Com o advento da Constituição de 1988, consolidou-se, com alguns ajustes, o modelo de competência tripartida para tributar o consumo. A partir de 1988, manteve-se a competência da União para tributar produtos industrializados, com o IPI. Os Estados passaram a tributar não só as operações de circulação de mercadorias, como também a prestação de serviços de transporte intermunicipal e interestadual, e de serviços de comunicação, através do ICMS. Em ambos os casos, os tributos devem ser não cumulativos. Os municípios mantiveram a competência para tributar os demais serviços, com o ISS, um imposto cumulativo.

### *1.2.3 O alcance global dos IVAs*

Segundo Ebrill, os países da Europa ocidental e da América Latina foram os primeiros a utilizar IVAs, sendo que a maioria já cobrava estes impostos antes dos anos 1980.[154] A partir dos anos 1980, as economias em transição do extinto regime comunista, os países em desenvolvimento da África e alguns países insulares passaram a adotar o imposto,[155] o que ocasionou a expansão global que se percebe hoje.

Ebrill destaca, ainda, que, com exceção dos Estados Unidos e da Índia, todos os países que não adotavam IVAs em 2001 eram ou países muito pequenos (com população inferior a dois milhões de habitantes), ou os países do norte da África e do Oriente Médio, que asseguravam o custeio do governo a partir da exploração de recursos naturais.[156] Com a recente adoção de IVAs pela Índia[157] e pelos países do Conselho de

154. EBRILL *et al. The Modern VAT*. p. 6.

155. Ibid. loc. cit.

156. Ibid. p. 7-8. Vide, também: CNOSSEN. *Global Trends and Issues in Value Added Taxation*. p. 401.

157. A Índia instituiu um Imposto sobre Bens e Serviços em 2017. Este tributo adota a modalidade dual, com pagamento em separado, pelo vendedor dos bens e serviços, para o governo central e para os estados (INDIA GST. Disponível em: https://bit.ly/3qRdccH Acesso em: 16 mar. 2020).

Cooperação do Golfo,[158] restaram somente os Estados Unidos e os países muito pequenos alheios a esta técnica de tributação, que se tornou praticamente universal.

A realidade norte-americana é muito complexa, dado o pacto federativo estabelecido no país. Como destacado por Cnossen, a oposição a um IVA federal, naquele país, decorre da possibilidade de que este invada a esfera de competência dos estados, que, em sua maior parte, cobram um imposto monofásico, sobre vendas a varejo.[159] Segundo Tait, o principal problema da concomitância de um IVA federal com o imposto monofásico sobre vendas a varejo seria o elevado custo de *compliance* para os contribuintes norte-americanos.[160] Além disso, o impacto da tributação em cascata, que naturalmente acontece nos tributos monofásicos,[161] seria acentuado.[162] Por outro lado, o país não se estruturou para cobrar IVAs estaduais:[163] para Tait, a adoção desta técnica pelos estados norte-americanos representaria uma barreira ao comércio interestadual, equivalente à barreira hoje existente para o comércio entre os estados-membros da União Europeia,[164] o que não é recomendável em um estado-nação.

Portanto, a tributação por IVA é amplamente utilizada, e normalmente é uma escolha da qual os países não se

---

158. Os países integrantes do *Gulf Cooperation Council* estão instituindo Impostos sobre o Valor Agregado, seguindo compromisso adotado em tratado internacional celebrado entre os integrantes desta organização internacional em 2016 (REGAN, Tom. VAT is GCC countries' preparation for the future. TheArabWeekly. 2019. Disponível em: https://bit.ly/3k6sYPF Acesso em: 26 ago. 2019).

159. CNOSSEN. *Global Trends and Issues in Value Added Taxation*. p. 401.

160. TAIT. *Value Added Tax*. cap. 8.

161. Como já apontado no tópico 1.1.2.

162. TAIT. *Value Added Tax*. cap. 8.

163. Ebrill menciona tentativas isoladas, por parte de Michigan e New Hampshire, de estabelecimento de IVAs (EBRILL *et al. The Modern VAT*. p. 20).

164. TAIT. *Value Added Tax*. cap. 8. Sobre a barreira ao comércio intrabloco na União Europeia, vide também: PALMA. A recente comunicação da Comissão sobre o futuro do IVA. p. 48.

arrependem. Com efeito, até 2001, apenas cinco países haviam, depois de instituir IVAs, deixado de cobrá-los (Vietnam, Granada, Gana, Malta e Belize), sendo que três deles voltaram a instituir tributo nesta modalidade alguns anos depois do cancelamento da cobrança (Gana, Malta e Vietnam).[165]

Após este breve relato do histórico e da rápida expansão dos IVAs, passa-se, no tópico a seguir – que certamente será o mais extenso do capítulo – a analisar as características essenciais dos IVAs, tomando como exemplos tanto os tributos brasileiros sobre o consumo, quanto o IVA europeu.

## 1.3 Características dos IVAs

Na busca por uma base imponível ampla, que assegure que a carga tributária seja arcada por largo espectro de contribuintes, de forma neutra e não cumulativa, foi desenvolvido o Imposto sobre Valor Agregado, um imposto que, no modelo ideal, incide sobre todas as transações e operações em que há transferência de riqueza.[166] Conforme exposto no tópico 1.2, o IVA é um imposto relativamente recente (idealizado há cerca de cem anos), que só pode ser desenvolvido pelos avanços da ciência econômica ao longo do século XX,[167] mas que acabou sendo adotado por parcela extremamente significativa dos países do mundo.

Esta adesão à tributação sobre o valor agregado decorre das vantagens desta técnica em relação aos outros modelos de tributação. Ademais, a ampla adesão permitiu que a estrutura do IVA fosse testada e aperfeiçoada, de modo que as recomendações teóricas originais passaram por adaptações consideráveis, apresentando-se, hoje, muito distintas nos modelos em vigor na maior parte dos países aqui analisados. Isso

165. EBRILL *et al. The Modern VAT*. p. 14.

166. GOUVEIA. *Imposto sobre o Valor Agregado*. p. 17.

167. Ibid. p. 31.

será demonstrado pelo cotejo do IVA, enquanto modelo teórico, com os IVAs brasileiro e europeu.

Passa-se, portanto, à descrição dos requisitos básicos de um imposto sobre valor agregado, de acordo com os principais autores que se dedicam a estudar esta técnica de tributação. Para sistematizar a análise dos requisitos dos IVAs, toma-se de empréstimo a teoria de Paulo de Barros Carvalho sobre regra-matriz de incidência tributária.[168]

Em brevíssima síntese, para o autor, a norma jurídica tributária prevê uma hipótese (um antecedente), a que se conjuga uma consequência (um mandamento).[169] A hipótese deve descrever os critérios material, espacial e temporal; e a consequência deve prescrever os critérios pessoal (sujeito ativo e passivo) e quantitativo (base de cálculo e alíquota).[170] Todos esses critérios serão analisados no presente tópico, com especial enfoque naqueles mais impactados pelas relações de consumo do século XXI: o critério material, o critério espacial e o critério pessoal.

### *1.3.1 A hipótese tributária dos IVAs*

Para Paulo de Barros Carvalho, a hipótese tributária é "um evento que, concretizado no nível das realidades materiais e relatado no antecedente da norma individual e concreta, fará irromper o vínculo abstrato que o legislador estipulou na consequência".[171] Partindo-se deste conceito, é de se questionar qual é o evento que faz irromper a incidência dos IVAs.

Em uma leitura literal, pode-se pressupor que seu critério material, como o próprio nome do tributo indica, seria efetuar operações passíveis de valor agregado, pressuposto que

168. CARVALHO, Paulo de Barros. *Curso de Direito Tributário*. 30ª ed. SP: Saraiva, 2019. p. 267.

169. Ibid. loc. cit.

170. Ibid. p. 268.

171. Ibid. p. 285.

será analisado a seguir. Acerca do critério espacial dos IVAs, o debate gira em torno do local onde deve ocorrer a incidência tributária – se na origem ou no destino. A adequada delimitação deste critério se mostra crucial para compreender as dificuldades de incidência do IVA sobre a economia digital. O critério temporal, por sua vez, se mostra menos relevante ao presente estudo, pois a periodicidade de cobrança do tributo não parece ser impactada pelas relações de consumo do século XXI. Passa-se à análise de cada um desses critérios.

#### *1.3.1.1 O critério material da hipótese tributária dos IVAs*

O critério material da hipótese tributária, segundo Paulo de Barros Carvalho, deve ser visualizado abstraindo-se as coordenadas de espaço e tempo,[172] e será formado, invariavelmente, por um verbo, seguido de seu complemento.[173] Seguindo este modelo, propõe-se delimitar o critério material dos IVAs como "efetuar operações passíveis de valor agregado",[174] ou seja, aquelas operações comerciais que tendem a gerar valor agregado para o fornecedor do objeto transacionado. Para bem compreender este critério, é necessária uma rápida digressão sobre o que é valor agregado, e suas formas de apuração.

Para Tait, valor agregado é o valor que uma empresa (seja ela manufatura, distribuidora, prestadora de serviços, produtora agrícola ou qualquer outra) adiciona às suas matérias-primas ou contratações, exceto o valor da contratação de trabalho.[175] Partindo-se desta definição, temos várias formas de calcular o valor agregado.

---

172. CARVALHO, Paulo de Barros. *Curso de Direito Tributário*. 30ª ed. SP: Saraiva, 2019, p. 293.

173. Ibid. p. 294.

174. Nessa linha, Mônica Pereira Coelho de Vasconcellos define o fato gerador dos IVAs como "o valor que o agente econômico agrega/acrescenta" (VASCONCELLOS, Mônica Pereira Coelho de. *ICMS* – Distorções e Medidas de Reforma. SP: Quartier Latin, 2014. p. 33).

175. TAIT. *Value Added Tax*. cap. 1.

Rubens Gomes de Sousa explica que o valor agregado se apura por dois sistemas: o método de adição, pelo qual valor agregado é a soma dos custos (investimentos, salários e custos financeiros) com as receitas de quaisquer origens; ou o método da subtração, segundo o qual valor agregado é a diferença entre o total de vendas e o total de compras.[176] O autor prefere o método da adição, que, no seu entender, estava mais alinhado ao sistema tributário do país, por apurar o valor agregado da empresa como um todo, e não de cada operação desta.[177]

Detalhando um pouco mais a forma de apuração do tributo, Evaristo Paulo Gouveia afirma que as técnicas de cálculo dos IVAs são adição (tipo "renda") e subtração (tipo "consumo"). A técnica da subtração pode ser feita pelo método "vendas" (subtrair o total de compras do total de vendas) ou pelo método "crédito fiscal" (subtrair o imposto pago nas compras do imposto pago nas vendas).[178] Tait denomina o primeiro método de subtração-direta, pois o valor agregado é calculado diretamente, e depois se apura o tributo devido; e o segundo método de subtração-indireta, pois o valor agregado, em si, não chega a ser apurado.[179] Segundo Tait, a técnica de adição também pode ser feita de forma direta ou indireta, calculando-se, no primeiro caso, o IVA sobre "salários + lucros"; e, no segundo caso, o imposto sobre salários e o imposto sobre lucros de forma separada, somando-se os dois valores para apurar o IVA.[180]

Para Gouveia, o método "subtração-vendas" só funcionaria quando fosse adotada alíquota única do IVA,[181] pois o cálculo do imposto ocorre depois de apurado o saldo entre va-

---

176. SOUSA. *Os Impostos sobre o Valor Acrescido no Sistema Tributário*. p. 22.

177. Ibid. loc. cit.

178. GOUVEIA. *Imposto sobre o Valor Agregado*. p. 24-25.

179. TAIT. *Value Added Tax*. cap. 1.

180. Ibid. loc. cit.

181. GOUVEIA. *Imposto sobre o Valor Agregado*. p. 25.

lor de vendas e valor de compras, não sendo feito operação a operação. No mesmo sentido, Varsano esclarece que o método "subtração-vendas" é adequado somente caso se pretenda implementar um imposto sobre a produção. Isso porque, caso se tentasse implementar um imposto de consumo com este método, o valor do imposto sobre um dado produto iria depender de quais empresas estão envolvidas em seu processo produtivo, já que a alíquota pode variar de produto a produto, mas o encontro de contas é feito pelos valores totais.[182] O método de crédito fiscal, por outro lado, seria apropriado para um imposto sobre o consumo, no entender de Varsano, pois é a alíquota aplicada à última venda que define o valor do imposto a pagar.[183]

Por isso, tanto Gouveia, quanto Gomes de Souza preferem a técnica de adição, pela qual o valor agregado é apurado a partir da soma dos vários itens contábeis correspondentes à remuneração dos fatores de produção.[184] Apesar destas preferências doutrinárias, a maioria dos IVAs utiliza a técnica de subtração, pelo método crédito fiscal.[185] Isso porque o método de adição acaba se assemelhando muito a um imposto de renda, como bem pontua Varsano.[186]

Nota-se que, caso o critério material da hipótese tributária seja efetivamente "efetuar operações passíveis de valor agregado", deveria o legislador delimitar a forma de apuração deste valor agregado. Não obstante, ao efetuar esta delimitação, já se passaria à análise da base de cálculo do tributo, tema que será explorado no tópico 1.3.2.2.1.

---

182. VARSANO, Ricardo. A tributação do valor adicionado, o ICMS e as reformas necessárias para conformá-lo às melhores práticas internacionais. *Documento para Discussão # IDB-DP-335*, fev. 2014. Disponível em: https://bit.ly/3ADoFkx Acesso em: 26 nov. 2019. p. 6.

183. Ibid. loc. cit.

184. GOUVEIA. *Imposto sobre o Valor Agregado*. p. 25-6.

185. TAIT. *Value Added Tax*. cap. 1.

186. VARSANO. A tributação do valor adicionado, o ICMS e as reformas necessárias para conformá-lo às melhores práticas internacionais. p. 5.

Estabelecido o que se entende por valor agregado, e mantendo-se, por ora, a premissa de que o critério material da hipótese tributária dos IVAs deve ser "efetuar operações passíveis de valor agregado", passa-se à análise dos tributos tradicionalmente considerados IVAs, a fim de verificar se, efetivamente, eles têm este critério material. Como indicado na Introdução, serão analisados os tributos sobre o consumo brasileiros e o IVA europeu.

No Brasil, não há consenso acerca da existência de um IVA, e esta falta de consenso passa exatamente pela análise do critério material. Misabel Derzi e Igor Santiago mencionam que o país tem cinco "IVAs paralelos", em alusão aos cinco impostos cobrados sobre o consumo no país:[187] o Imposto sobre Produtos Industrializados (IPI), as duas contribuições incidentes sobre o faturamento (Contribuições para o Programa de Integração Social e para o Programa de Formação do Patrimônio do Servidor Público – PIS/PASEP – e Contribuição para Financiamento da Seguridade Social – COFINS), o Imposto sobre Operações Relativas à Circulação de Mercadorias e sobre Prestações de Serviços de Transporte Interestadual e Intermunicipal e de Comunicação (ICMS), e o Imposto sobre Serviços de Qualquer Natureza (ISS).[188] No mesmo sentido, Caliendo afirma que existe "um IVA fatiado, dividido e, em alguns casos, compartilhado".[189]

De todos estes tributos, Diefenthaeler considera que o IPI e o ICMS são os que têm maior aderência ao modelo do IVA, sendo verdadeiros impostos sobre valor agregado, muito

187. DERZI; e SANTIAGO. A harmonização dos IVAs do Brasil para o desenvolvimento produtivo. p. 530.

188. Diefenthaeler inclui nesta relação, ainda, o Imposto sobre a Importação e a Contribuição de Intervenção no Domínio Econômico – combustíveis – CIDE-combustíveis, ambos tributos de natureza extrafiscal (DIEFENTHAELER. Os caminhos do IVA no Brasil. p. 170-1).

189. CALIENDO, Paulo. Reforma tributária e a necessária equação da tributação da renda, do patrimônio e do consumo. *In*: SCAFF, Fernando Facury *et al*. *Reformas ou Deformas Tributárias e Financeiras*. Belo Horizonte: Letramento, 2020. p. 849.

embora sofram com muitas distorções.[190] Na mesma linha, Sacha Calmon Navarro Coêlho considera que o IPI e o ICMS são os "rebentos do IVA no Brasil, como irmãos gêmeos".[191]

Ocorre que o critério material da hipótese tributária destes dois impostos não é efetuar operações com valor agregado. O critério material do ICMS é efetuar operações relativas à circulação de mercadorias, ou prestar serviços de transporte interestadual e intermunicipal e de comunicação, como se depreende do próprio art. 155 da Constituição;[192] e o do IPI é industrializar produtos, como se lê no art. 153 da Constituição.[193] Ou seja, ainda que a técnica de apuração dos impostos se dê a partir do valor agregado,[194] o critério material deles é mais restrito, não abrangendo toda e qualquer operação da qual pode surgir o valor agregado.

Esta delimitação estrita do critério material pode excluir tanto o ICMS, quanto o IPI, da classe dos IVAs. Nos estudos da OCDE, por exemplo, a organização internacional é clara, ao delimitar que considera IVAs todos os tributos de base de incidência ampla, que tributem indiretamente o consumidor final, ainda que tenham por contribuinte de direito as empresas que circulem bens e serviços ao longo da cadeia produtiva.[195] Para a OCDE, não será considerado IVA um tributo

---

190. DIEFENTHAELER. Os caminhos do IVA no Brasil. p.171-2. Sua posição está respaldada na jurisprudência do Supremo Tribunal Federal, como se depreende dos Recursos Extraordinários 212.484 e 350.446, ambos citados pelo autor.

191. COÊLHO, Sacha Calmon Navarro. O Imposto sobre Produtos Industrializados e o direito à compensação de créditos presumidos. *In*: COÊLHO, Sacha Calmon Navarro. *Grandes questões atuais do direito tributário*. SP: Dialética, 1998. 2v. p. 288. Em sentido semelhante, Rubens Gomes de Sousa afirma que a Emenda Constitucional nº 18/1965 deixou subsistir dois impostos iguais, atribuídos a entes diferentes – o ICM estadual e o IPI federal (SOUSA. Os Impostos sobre o Valor Acrescido no Sistema Tributário. p. 25).

192. JESUS, Fernando Bonfá de. *ICMS* – Aspectos Pontuais. SP: Quartier Latin, 2007. p. 26.

193. CARVALHO. *Direito Tributário, Linguagem e Método*. p. 608.

194. Pressuposto que será analisado no tópico 1.3.2.2.1.

195. ORGANIZATION FOR ECONOMIC CO-OPERATION AND DEVELOPMENT

que não incida sobre o consumo,[196] como é o caso do IPI, por exemplo. De forma semelhante, Caliendo entende que não há um IVA no país, que se limitou a aceitar os princípios gerais desta técnica de tributação, em especial o da não cumulatividade, pois o IVA é bem mais do que este princípio.[197]

Acerca da limitação do critério material do ICMS, aliás, é pertinente a lição de Roque Antonio Carrazza, para quem o imposto criado pelo art. 155 da Constituição brasileira alberga "pelo menos, três impostos diferentes" (isto é, que têm hipóteses de incidência e bases de cálculo distintas): 1) um imposto que tem por critério material realizar operações mercantis, 2) um imposto que tem por critério material prestar serviços de transporte interestadual e intermunicipal, e 3) um imposto que tem por critério material prestar serviços de comunicação.[198] Para Carrazza, a aglutinação destes impostos carece de rigor científico, e causa grandes confusões, na medida em que não se mostra adequado dar o mesmo tratamento jurídico a um imposto incidente sobre obrigação de dar mercadoria e outro incidente sobre obrigação de fazer um serviço.[199]

Por outro lado, a limitação do critério material dos impostos não cumulativos sobre o consumo no Brasil é um dos grandes impulsionadores das diversas propostas de reforma tributária brasileira. Há muitos anos, o país tenta reestruturar

---

(OCDE). *International VAT/GST Guidelines*. Paris: OECD Publishing, 2017. p. 11.

196. Ibid. loc. cit.

197. CALIENDO. *Reforma tributária e a necessária equação...* p. 849.

198. CARRAZZA. *ICMS*. p. 43. O autor revisou seu entendimento na nova edição da obra. Até a 17ª edição, entendia haver cinco impostos diferentes, incluindo um imposto que tem por critério material vender lubrificantes, combustíveis líquidos e gasosos e energia elétrica, e um imposto que tem por critério material realizar operações com minerais.

199. CARRAZZA. *ICMS*. p. 43. Em sentido semelhante, Andrei Pitten Velloso entende conveniente diferenciar o ICMS-Mercadorias do ICMS-Serviços, gênero que se subdivide no ICMS-Transporte e no ICMS-Comunicação, segundo o autor (VELLOSO, Andrei Pitten. *Constituição Tributária Interpretada*. 3ª ed. POA: Livraria do Advogado, 2016. p. 429).

o subsistema de tributação do consumo,[200] mas ainda não logrou êxito nesta empreitada. Após diversos projetos de reforma tributária, hoje estão em tramitação no Congresso Nacional as Propostas de Emenda à Constituição 45/2019 e 110/2019.[201] A PEC 45/2019 não deixa claro o critério material do imposto no texto constitucional, limitando-se a instituir, no que viria a ser o art. 152-A da Constituição, um "imposto sobre bens e serviços", sem delimitar o verbo que leva à incidência tributária.[202] A PEC 110/2019, por outro lado, tem maior precisão técnica neste aspecto, propondo a instituição de um imposto sobre "operações com bens e serviços", nos termos do que viria a ser a nova redação do art. 155, IV, da Constituição. Seja como for, parece correto afirmar que, em ambos os casos, o critério material do Imposto sobre Bens e Serviços (IBS) passará a ser mais amplo do que o atual, abarcando as diversas formas de circulação de riqueza que podem ocorrer quando há o consumo.

A nova proposta brasileira está alinhada ao que é feito na União Europeia. Neste bloco econômico, a opção legislativa foi precisamente de aglutinar diversas situações em um mesmo tributo: o critério material do IVA é definido de forma ampla, consistindo em exercer "qualquer actividade de produção, de comercialização ou de prestação de serviços, incluindo

200. Para um breve apanhado histórico acerca das propostas de reforma tributária, vide: RONZANI, Guilherme Della Garza. Princípios da Tributação na Origem e da Tributação no Destino no Contexto da "Guerra Fiscal". *In:* SILVA, Paulo Roberto Coimbra; BERNARDES, Flávio Couto; e FONSECA, Maria Juliana. *Tributação sobre o Consumo*. SP: Quartier Latin, 2008. p. 186-8.

201. BRASIL. Câmara dos Deputados. *Proposta de Emenda à Constituição nº 45/2019*. Altera o Sistema Tributário Nacional e dá outras providências. Autoria do Deputado Baleia Rossi (MDB/SP). Disponível em: https://bit.ly/3yDC8XT Acesso em: 27 maio 2020; BRASIL. Senado Federal. *Proposta de Emenda à Constituição nº 110/2019*. Altera o Sistema Tributário Nacional e dá outras providências. Autoria do Senador Davi Alcolumbre (DEM/AP). Disponível em: https://bit.ly/3qR1hve Acesso em 27 maio 2020.

202. BATISTA JÚNIOR, Onofre Alves; SILVA, Paulo Roberto Coimbra; e RODRIGUES, Marianne Dolher Souza Becker. A Reforma das Promessas. *In:* SCAFF, Fernando Facury *et al.* *Reformas ou Deformas Tributárias e Financeiras*. Belo Horizonte: Letramento, 2020. p. 182-4.

as actividades extractivas, agrícolas e as das profissões liberais ou equiparadas", conforme se lê no art. 9º.1 da Diretiva 2006/112/CE do Conselho.[203] Ademais, e conforme destacado por Alberto Comelli,[204] o fato gerador do IVA é definido de forma abstrata no art. 10º da Sexta Diretiva do Conselho, como "o facto mediante o qual são preenchidas as condições legais necessárias à exigibilidade do imposto".[205] Ainda que a Sexta Diretiva tenha sido revogada pela Diretiva 2006/112/CE do Conselho,[206] esta definição ampla do fato gerador do tributo foi mantida no art. 62º da nova legislação.

Para bem compreender a hipótese tributária do IVA europeu, portanto, não basta ler o art. 62º da Diretiva 2006/112/CE do Conselho, mas interpretar o fato gerador do tributo em conjunto com os demais aspectos de sua regra-matriz, tais como a alíquota, o direito de creditamento, e outros fatores indicados por Comelli.[207] De qualquer forma, o critério material do IVA europeu, tomado isoladamente, tem maior semelhança com o sugerido acima, de "efetuar operações passíveis de valor agregado", do que o critério material do ICMS e do IPI.

No Brasil, por outro lado, além do critério material ser delimitado de forma estrita na Constituição, houve divisão da base imponível dos impostos não cumulativos sobre o consumo. No entender de Diefenthaeler, o IVA brasileiro (o ICMS) "apequenou-se", cedendo espaço para o IPI federal e o ISS municipal,[208] o que gerou uma série de problemas estruturais e complexidade sistêmica.[209] Com efeito, de acordo com Cnos-

203. Disponível em: https://bit.ly/2Uq1VUR Acesso em: 19 jul. 2021.

204. COMELLI, Alberto. *IVA Comunitaria e IVA Nazionale* – Contributo alla teoria generale dell'imposta sul valore aggiunto. Milão: CEDAM, 2000. p. 358.

205. UNIÃO EUROPEIA. Sexta Directiva 77/388/CEE do Conselho.

206. UNIÃO EUROPEIA. O sistema comum do imposto sobre o valor acrescentado (IVA) da União Europeia. Disponível em: https://bit.ly/36khvUmAcesso em: 13 abr. 2020.

207. COMELLI. *IVA Comunitaria e IVA Nazionale*. p. 357-8.

208. DIEFENTHAELER. *Os caminhos do IVA no Brasil*. p. 172.

209. CALIENDO. *Curso de Direito Tributário*. p. 918.

sen, a base imponível de um IVA deve ser a mais ampla possível, abrangendo todos os bens e serviços.[210] Dessa forma, se assegura que não haja cumulatividade residual nas operações com bens intermediários, pois haverá crédito integral em todas as etapas subsequentes.[211]

Na mesma linha, Sérgio André Rocha sustenta que a base ampla dos IVAs é uma consequência da pretensão destes impostos de tributar, de forma absolutamente neutra, as relações econômicas.[212] Não bastasse isso, a inclusão dos serviços na base dos IVAs é um reflexo do fato de que a dicotomia entre atividades cíveis e comerciais vem perdendo sua razão de existir, já que todas são atividades empresariais, motivo pelo qual deveriam ser tributadas de modo uniforme.[213]

Para assegurar essa amplitude da base de cálculo, o IVA deve ter critério material amplo, incidindo sobre todas as etapas da cadeia produtiva, inclusive vendas a varejo,[214] ao contrário do que ocorre no IPI, por exemplo, que incide somente no início da cadeia produtiva de bens industrializados. Cnossen ressalta, também, que a incidência dos IVAs somente nas etapas intermediárias da cadeia produtiva (indústria ou vendas por atacado) acaba excluindo a maior parte dos serviços de sua base de incidência,[215] quebrando a unidade do sistema.

Além disso, a exclusão dos serviços do critério material da hipótese de incidência dos IVAs importa em distorções na não cumulatividade do tributo, notadamente porque a contratação desses serviços por um contribuinte do IVA não dá direito a crédito.[216] Por consequência, o imposto incidente so-

---

210. CNOSSEN. Global Trends and Issues in Value Added Taxation. p. 403.

211. Ibid. loc. cit.

212. ROCHA, Sérgio André. *Tributação Internacional*. SP: Quartier Latin, 2013. p. 390.

213. Ibid. loc. cit.

214. EBRILL *et al. The Modern VAT*. p. 64.

215. CNOSSEN. Global *Trends and Issues in Value Added Taxation*. p. 403.

216. Ibid. loc. cit.

bre a aquisição do serviço acaba sendo embutido no preço do produto vendido pelo contribuinte do IVA, como um resíduo tributário, como já apontava Maurice Lauré.[217]

É exatamente o que ocorre no Brasil, onde a cobrança de ISS representa uma exceção em relação ao padrão internacional. Conforme Cnossen, a maioria dos países inclui serviços na base de cálculo dos IVAs, até porque o IVA foi o primeiro tributo incidente sobre o consumo que conseguiu satisfatoriamente incidir sobre bens e serviços, de forma integrada.[218] Não obstante, no levantamento efetuado por Cnossen em 1998, ele identificou dezoito países que tributavam os serviços de forma seletiva, e que enumeravam taxativamente quais serviços seriam objeto de incidência por IVA.[219] Somente dois países deixavam os serviços de fora da base de cálculo do IVA: o Brasil e Mali.[220]

Essa posição excepcional do Brasil deve ser compreendida dentro do contexto histórico em que o sistema tributário brasileiro foi desenhado, como brevemente indicado no tópico dedicado ao histórico dos IVAs. Como bem pontuado por Luciano Garcia Miguel, "em meados dos anos 60 do século anterior, vivíamos em uma economia fechada, que tinha na produção e comércio de bens a sua principal atividade".[221] Portanto, parecia adequado apartar os serviços do critério material do IVA, assegurando um modelo de tributação mais simples, monofásico, para as operações deste setor.

Hoje, esta segregação do critério material representa uma partição artificial da base de incidência, conforme Vasco Branco Guimarães. [222] E, se tivermos presente que 56% do

---

217. LAURÉ. *La Taxe sur la Valeur Ajoutée*. p. 76.

218. CNOSSEN. *Global Trends and Issues in Value Added Taxation*. p. 400.

219. Ibid. p. 404.

220. Ibid. p. 415-21.

221. MIGUEL, Luciano Garcia. Impressão em 3D: um novo desafio para o ICMS? In: PISCITELLI, Tathiane. *Tributação da economia digital* [recurso eletrônico]. SP: RT, 2021. cap. 4.3.

222. GUIMARÃES. *A tributação do consumo no Brasil*... p. 39.

PIB brasileiro é formado por serviços,[223] percebemos que a maior parte do PIB nacional é pouco tributada, pois não paga o principal imposto não cumulativo sobre consumo. Ademais, o sistema não permite direito aos créditos decorrentes dos impostos pagos pelo setor de serviços.

Especificamente no que interessa à presente obra, a segregação entre a base de incidência bens e a base de incidência serviços causa muitas dificuldades na economia digital – em que a linha classificatória entre uma prestação de serviço ou uma venda de bem intangível é tênue e pouco precisa.[224]

Não bastassem os problemas classificatórios, a segregação do critério material serviços também pode levar à sonegação fiscal, consoante indica Guimarães.[225] Isso porque os prestadores de serviços não têm estímulo para comprar seus insumos no mercado formal, pois não tomam crédito sobre os produtos adquiridos, e tampouco são incentivados por seus tomadores de serviços a declarar suas operações, já que não há a autorregulação do sistema de que se tratou acima, estimulando-se a informalidade.

Além de todas estas dificuldades, que impedem a incidência ampla e neutra do ICMS, seu critério material – que já era delimitado de forma restrita na legislação como "efetuar operações relativas à circulação de mercadorias" ou "prestar alguns serviços" – foi ainda mais fechado pela jurisprudência. Conforme consolidado dentre os doutrinadores brasileiros[226]

223. Ibid. p. 63. Segundo Ana Clarissa Masuko, o comércio exterior de serviços já representa 65% do total das operações internacionais (MASUKO, Ana Clarissa. O Conceito de Serviço como "Obrigação de Fazer" no Direito Tributário Brasileiro, seus Reflexos para a Reforma Tributária e Economia Digital. *In*: AFONSO, José Roberto R.; SANTANA, Hadassah Laís. *Tributação 4.0* [recurso eletrônico], SP: Almedina, 2020. p. 267).

224. Como será demonstrado no tópico 3.1.

225. GUIMARÃES. A tributação do consumo no Brasil... p. 64-5.

226. Sacha Calmon Navarro Côelho menciona que esta é a opinião de Souto Maio Borges, Aliomar Baleeiro, Geraldo Ataliba, Fernando Brockstedt, Paulo de Barros Carvalho, José Eduardo Soares de Melo, Roque Antônio Carrazza, Alberto Xavier e Hugo de Brito Machado, dentre outros (COÊLHO. O IVA brasileiro. p. 575-6).

de orientação formalista-positivista,[227] com respaldo na jurisprudência do Superior Tribunal de Justiça e do Supremo Tribunal Federal, a hipótese de incidência do ICMS só ocorre quando há efetiva circulação jurídica da mercadoria, compreendida esta como a transferência da propriedade. Assim, não ocorre circulação de mercadoria pela mera saída física desta do estabelecimento, se a saída não configurar a transferência do domínio e da posse.[228] Contudo, não é só a compra e venda que importa na incidência do imposto, mas também a troca, a doação, a dação em pagamento etc.[229]

A interpretação restritiva, que vincula a hipótese de incidência do ICMS à efetiva transferência jurídica de propriedade, importa em dificuldades para a economia digital: como será demonstrado no capítulo 2, estes intangíveis são não competitivos e não excludentes, e tendem a circular mediante cessão de direito de uso, sem a efetiva transferência do domínio, o que inviabilizaria a incidência do ICMS, já que o fato imponível do ICMS só ocorre quando há efetiva transferência de titularidade da mercadoria.[230] Acerca da incidência de ICMS nos casos em que há cessão de direitos, aliás, Carrazza é expresso ao afastar essa possibilidade, entendendo que não há circulação de mercadoria.[231]

No IVA europeu, a cessão de um bem incorpóreo é expressamente prevista como fato imponível do imposto, conforme o art. 25º.a da Diretiva 2006/112/CE do Conselho, que lhe enquadra como se prestação de serviços fosse. Não obstante, e como bem pontuado por Alberto Comelli, as cessões

---

227. Sobre a oposição entre a interpretação jurídico-econômica e a tese formalista sobre o núcleo do fato gerador do ICMS, vide: TORRES. *Tratado de Direito Constitucional Financeiro e Tributário*. v. IV. p. 243-52.

228. CALIENDO. *Curso de Direito Tributário*. p. 921-2.

229. Nesse sentido, vide: BORGES *apud* MELO, José Eduardo Soares de. *ICMS* – Teoria e Prática. 15ª ed. POA: Livraria do Advogado, 2019. p. 14.

230. CARRAZZA. *ICMS*. p. 59.

231. Ibid. p. 168.

de bens incorpóreos ficam em uma linha de fronteira entre as cessões de bens, propriamente ditas, e as prestações de serviço.[232] Ainda que, no caso europeu, ambas se submetam ao mesmo imposto, a adequada classificação como uma coisa ou outra tem reflexos práticos, pois impacta no aspecto espacial do tributo, na alíquota aplicável, entre diversas outras nuances indicadas por Comelli.[233]

Segundo Comelli, haverá cessão de bem – isto é, a "entrega de bens" prevista no art. 14º.1 da Diretiva 2006/112/CE do Conselho[234] – se houver a transferência da propriedade/do direito real sobre o bem, caso em que incide o IVA sobre entregas de bens. Não obstante, e como bem pontua Luís Aires, não é necessário que o transmitente seja o proprietário do bem para que o IVA incida com base no art. 14º, bastando que ele esteja na condição de possuidor/detentor, e que tenha disponibilidade econômica sobre o mesmo, conforme já decidido pelo Tribunal de Justiça da União Europeia no caso C-320/88.[235]

Segundo Comelli, nos casos não enquadráveis no conceito de "entrega de bens", por outro lado, o IVA pode incidir sobre a cessão de direitos, desde que esta possa ser classificada como uma prestação de serviços, tal como ocorre no caso das locações de meios de transporte.[236] Isso porque o art. 24º da Diretiva 2006/112/CE do Conselho[237] tem uma redação abrangente, classificando como prestações de serviços "qualquer operação que não constitua uma entrega de bens". Nota-se que, mesmo quando o aspecto material da hipótese tributária é definido de forma ampla, tal como ocorre na União Europeia,

---

232. COMELLI. *IVA Comunitaria e IVA Nazionale*. p. 522-3.

233. Ibid. p. 523.

234. Disponível em: https://bit.ly/3kyXYrr Acesso em: 19 jul.2021.

235. AIRES, Luís. O labirinto tributário na nova economia: da transformação digital à odisseia fiscal. *Julgar online*, jul-2019. Disponível em: https://bit.ly/3yxfqAn Acesso em: 23 nov. 2020. p. 34.

236. COMELLI. *IVA Comunitaria e IVA Nazionale*. p. 525.

237. Disponível em: https://bit.ly/3rjAEzr Acesso em: 19 jul. 2021.

diversas nuances nas relações comerciais entre particulares impactam na aptidão do IVA para incidir sobre operações de cessão de direitos.

Ainda acerca da adequada delimitação do critério material da hipótese tributária no caso do ICMS, Carrazza pontua que mercadoria é o bem móvel submetido à mercancia.[238] Logo, nem todos os bens móveis possuem esse atributo, pois, se não forem colocados à venda, perdem o caráter de mercadoria. Ou, conforme Paulo de Barros Carvalho, "a natureza mercantil do produto não está, absolutamente, entre os requisitos que lhe são intrínsecos, mas na destinação que se lhe dê".[239] Carrazza vai além: caso um bem móvel de uso pessoal seja vendido por seu proprietário, não ocorre a hipótese de incidência do ICMS, pois não ocorre a operação mercantil.[240] Mais uma vez, essa interpretação restritiva limita a aptidão do ICMS para adequadamente tributar as relações de consumo do século XXI, notadamente no caso da economia compartilhada,[241] uma vez que estas operações nem sempre têm clara natureza mercantil.

Na União Europeia, por sua vez, esta distinção não parece adquirir relevância, não só devido à amplitude com que definidos os sujeitos passivos do IVA, mas também porque o fato imponível é a "entrega de bens", conforme o art. 14º.1 da Diretiva 2006/112/CE do Conselho, sem qualificar este bem como mercadoria.

Percebe-se que os impostos brasileiros têm hipóteses tributárias bem mais fechadas do que o IVA europeu, o que leva a uma série de situações de não incidência, bem como de cumulatividade residual, decorrente da exigência, pelos diversos entes da Federação, de impostos que se sobrepõem. Não obstante, o fato de o ICMS e o IPI adotarem critérios

---

238. CARRAZZA. *ICMS*. p. 49.

239. CARVALHO. *Direito Tributário, Linguagem e Método*. p. 648.

240. CARRAZZA. *ICMS*. p. 50.

241. Vide o tópico 2.2.3.

materiais mais restritos não parece suficiente, por si só, para lhes retirar a natureza de IVAs. Isso porque não há nada que impeça que impostos específicos sobre o consumo de alguns bens e serviços – tal como são o IPI e o ICMS – adotem a sistemática de incidência sobre o valor agregado, como bem indica Jeferson Teodorovicz ao tratar do IPI.[242] Dessa forma, eles podem ser considerados IVAs, ainda que não adotem todos os pressupostos desta técnica de tributação.[243]

Ademais, como bem adverte Ricardo Lobo Torres, a interpretação restritiva adotada por parcela dos autores brasileiros acabou por segregar o ICMS do conjunto de impostos não cumulativos adotados no Ocidente, de modo que fomos gradualmente construindo nossa doutrina e nossa jurisprudência afastando-nos dos princípios que informam os IVAs,[244] e nos colocando em posição de isolamento. Hoje, esta posição de isolamento causa problemas de integração comercial e reduz a competitividade das empresas brasileiras, como será gradualmente demonstrado ao longo do livro.

#### *1.3.1.2 O critério espacial da hipótese tributária dos IVAs*

O critério espacial da hipótese tributária consiste na definição do local onde o fato deve ocorrer, para que sobrevenha a incidência do tributo.[245] No caso de tributos no estilo do IPI e do ICMS, Paulo de Barros Carvalho afirma que o critério espacial é definido de forma genérica, coincidindo com o âmbito

---

242. TEODOROVICZ, Jeferson. Políticas Públicas (Tributárias), o Imposto sobre o Valor Agregado na Experiência Estrangeira e Perspectivas de Implantação do IVA na Realidade Brasileira. *Revista de Direito Internacional Econômico e Tributário*, Brasília, v. 13, nº 1, p. 169, Jan-Jun/2018.

243. Vide, sobre o tema, TAIT. *Value Added Tax*. cap. 1.

244. TORRES, Ricardo Lobo. É possível a criação do IVA no Brasil? *In*: SARAIVA FILHO, Oswaldo Othon de Pontes; VASQUES, Sérgio; GUIMARÃES, Vasco Branco. *IVA para o Brasil* – Contributos para a Reforma da Tributação do Consumo. BH: Fórum, 2007. p. 23.

245. CARVALHO. *Curso de Direito Tributário*. p. 296.

de validade territorial da lei.[246] Detalhando um pouco mais o critério espacial do ICMS, José Eduardo Soares de Melo afirma que este imposto deve ser cobrado no local onde está o estabelecimento, ou seja, o local onde "a *profissão* vai ser exercida ou o *negócio* vai ser instalado".[247] Colocado o problema nestas balizas, ele não parece dar margens a maiores questionamentos. Mas, na prática, são diversos os conflitos de competência.

Com efeito, são inúmeras as situações que suscitam dúvidas acerca do critério espacial dos IVAs, notadamente quando ocorrem operações em que mercadorias circulam pelo território de mais de um ente tributante, ou quando serviços são prestados remotamente. Nas relações de consumo do século XXI, houve o incremento destas operações transfronteiriças, na medida em que os novos bens são dotados de acentuada mobilidade, e geralmente não obedecem às fronteiras nacionais,[248] aumentando os potenciais conflitos de competência. Tanto é assim que Ebrill já antevia que as questões mais controvertidas sobre o *design* dos IVAs seriam precisamente aquelas decorrentes da intensificação da integração econômica.[249]

O debate de fundo destes conflitos diz respeito à definição do local de ocorrência do fato imponível dos IVAs – se na origem, onde está estabelecido o fornecedor; ou no destino, onde reside o adquirente do bem ou do serviço. Se a tributação ocorrer no destino, todos os fornecedores terão as mesmas condições de competitividade para acessar um determinado consumidor; e se a tributação ocorrer na origem, serão os consumidores que estarão em posição de igualdade.[250]

Ebrill afirma que, enquanto há consenso sobre o significado do princípio do destino – o IVA deve ser cobrado no local

246. Ibid. loc. cit.

247. MELO. *ICMS*. p. 23.

248. Vide o tópico 2.1.1.

249. EBRILL.*et al. The Modern VAT*. p. 176.

250. OCDE. *International VAT/GST Guidelines*. p. 15.

onde está o adquirente – o significado do princípio da origem é menos claro.[251] Na União Europeia, por exemplo, classifica-se a tributação como "na origem" mesmo nos casos em que o estado de origem se limita a arrecadar o IVA, e redistribuir o produto da arrecadação para o estado de destino,[252] mas os autores tendem a classificar a tributação como "na origem" quando os recursos decorrentes da arrecadação pertencem ao estado onde está estabelecido o fornecedor.[253]

Nas operações internacionais, Cnossen afirma que a grande vantagem dos IVAs é que eles permitem a implementação do princípio do destino, desonerando as exportações, e permitindo a incidência tributária sobre produtos importados, quando do desembaraço aduaneiro.[254] Ocorre que o controle alfandegário dificilmente se aplica aos bens de consumo do século XXI, dada a sua falta de materialidade, motivo pelo qual o debate sobre a definição do local de ocorrência do fato imponível é de extrema relevância para a economia digital.

Nesse particular, deve ser feita a distinção entre duas situações semelhantes, mas diversas: quando se está a tratar de operações de comércio internacional propriamente dito, geralmente se defende que o estado de origem deixe de arrecadar o IVA, permitindo a incidência no estado de destino.[255] Dessa forma, há um estímulo à exportação – devido à

251. EBRILL.*et al. The Modern VAT*. p. 176.

252. Ibid. loc. cit. A OCDE também adota este conceito alargado de "tributação na origem" (OCDE. *International VAT/GST Guidelines*. p. 16). Vide também: de la FERIA, Rita. Place where the Supply/Activity is Effectively Carried Out as an Allocation Rule: VAT vs. Direct Taxation. *Oxford University Centre for Business Taxation WP 09/06*. Disponível em: https://bit.ly/3ABP9mo Acesso em: 15 abr. 2020. p. 8-9.

253. EBRILL.*et al. The Modern VAT*. p. 176-7.

254. CNOSSEN. *Global Trends and Issues in Value Added Taxation*. p. 411.

255. A Organização Mundial do Comércio, por exemplo, adota o princípio do destino como regra para as transações internacionais (OLIVEIRA, Maria Odete; RUÃO, Joana Bourbon Aguiar Branco. A Tributação do Consumo no Comércio Internacional: da Falta de Coesão à Necessidade de Concertação. *Revista da Faculdade de Direito da Universidade Lusófona do Porto*. v. 7, n. 7, p. 80, 2015). Vide também: TAIT. *Value Added Tax*. cap. 11.

desoneração da cadeia de consumo na origem – e os produtos ingressam no mercado de destino pagando precisamente a mesma carga tributária do que os similares nacionais, pois o IVA é cobrado no desembaraço aduaneiro.[256] Contudo, na economia digital, o princípio do estado de destino enfrenta as dificuldades que serão apresentadas no tópico 3.2 até mesmo quando se está diante do comércio internacional *stricto sensu*, tendo em vista a inviabilidade de controle aduaneiro.

Mas o debate entre tributação na origem e no destino se torna mais complexo em mercados integrados, tais como a União Europeia e o Brasil (que têm no ICMS um IVA subnacional, com os estados competindo por arrecadação). Nesse caso, Guilherme Della Garza Ronzani afirma que os preceitos constitucionais que determinam a tributação na origem e/ou no destino compõem o arcabouço do princípio federativo,[257] motivo pelo qual a definição entre origem e destino está intrinsecamente associada ao modelo de integração pretendido pelo constituinte.

Nos mercados integrados, o problema do critério espacial se subdivide: deve ser analisado não só o aspecto financeiro da arrecadação (qual estado tem direito de receber os recursos oriundos do IVA incidente na operação), mas também as obrigações acessórias impostas ao contribuinte (para qual estado ele deve declarar e pagar o imposto). O modelo de integração pretendido será severamente impactado pela escolha do local em que deve ocorrer a tributação.

Em relação ao aspecto financeiro, a tributação na origem é defendida como modelo que resguarda os interesses do estado

---

256. Reafirmando a não incidência do ICMS sobre exportações, o Superior Tribunal de Justiça aprovou a Súmula 649, que afasta o imposto sobre o serviço de transporte interestadual de mercadorias destinadas ao exterior (BRASIL, Superior Tribunal de Justiça. 1ª Seção. *Súmula 649*. "Não incide ICMS sobre o serviço de transporte interestadual de mercadorias destinadas ao exterior". Julgado em 28 abr. 2021, DJe 03 maio 2021).

257. RONZANI. *Princípios da Tributação na Origem e da Tributação no Destino no Contexto da "Guerra Fiscal"*. p. 190.

produtor, na medida em que o resultado da arrecadação é mantido no estado que tem maior produção econômica. Não obstante, Aliomar Baleeiro já apontava a iniquidade deste modelo: os cidadãos do estado de destino acabam pagando tributos para a manutenção de serviços públicos no estado de origem, serviços estes que eles nunca utilizarão.[258] Com raciocínio semelhante, Vasco Branco Guimarães entende que o ICMS – um tributo que costumava ser cobrado exclusivamente na origem, nos casos de venda para consumidor final, não contribuinte do imposto – não é um IVA, justamente porque não é cobrado no estado de destino. Para Guimarães, IVAs são impostos sobre o consumo, devendo ser arrecadados para o local em que ocorre o consumo.[259] O ICMS, pelo contrário, adota um modelo híbrido entre origem e destino, com preponderância da cobrança no local de produção, e não no de consumo.[260]

Com efeito, no Brasil, a competência para tributar é dividida entre os estados de origem e de destino. Há situações em que o país segue o critério do destino – operações internacionais e operações interestaduais previstas no art. 155, § 2º, X, *b*, da Constituição – e outras em que o critério é misto.[261] Com o critério misto, ocorre a divisão de receitas entre os estados de origem e de destino, através da cobrança de uma alíquota interestadual reduzida, exigindo-se a diferença entre a alíquota cheia e a interestadual no estado de destino.[262]

Na redação original do art. 155, § 2º, VII, da Constituição, este critério misto era utilizado exclusivamente nos casos de vendas interestaduais de mercadorias para contribuinte do imposto. Nesse caso, o alienante da mercadoria arrecadava ICMS para o estado de origem, com alíquota reduzida, e o

258. BALEEIRO. *Uma Introdução à Ciência das Finanças*. p. 489.

259. GUIMARÃES. *A tributação do consumo no Brasil*... p. 41.

260. Com argumentos semelhantes, vide: EBRILL.*et al*. *The Modern VAT*. p. 180.

261. DIEFENTHAELER. *Os caminhos do IVA no Brasil*. p. 175.

262. CARRAZZA. *ICMS*. p. 491-2.

adquirente se creditava deste valor, recolhendo a diferença para o estado de destino, na etapa subsequente.

A limitação do critério misto às operações entre contribuintes do ICMS partia do pressuposto de que a transferência interestadual de mercadorias usualmente seria efetuada entre dois contribuintes. Ocorre que, com o incremento do comércio eletrônico, as operações de compra e venda interestaduais diretamente para consumidor final (não contribuinte de ICMS) se tornaram mais frequentes.[263] Estas vendas geraram o encurtamento da cadeia produtiva, ao possibilitar a eliminação do varejista, que usualmente está estabelecido no estado em que ocorre o consumo.[264] Na redação original da Constituição, o ICMS destas vendas por plataformas de comércio eletrônico seria integralmente devido ao estado de origem, e o estado de destino acabava perdendo a arrecadação que costumava auferir com a adoção do critério misto originalmente previsto na Constituição.[265]

Para evitar este desequilíbrio na repartição de receitas, foi promulgada a Emenda Constitucional 87/2015,[266] que determinou que, nas operações que remetam bens para consumidor final, cabe ao estado de destino o imposto correspondente à diferença entre a alíquota interna do estado de origem e a alíquota interestadual. Quando a operação se der com contribuinte de ICMS, este recolhe o tributo ao estado de destino; e quando o consumidor for não contribuinte, a obrigação tributária perante o estado de destino é do fornecedor,

---

263. VAGETTI, Daniel Piga; e SEPULCRI, Nayara Tataren. Análise crítica da EC 87/2015 e seus reflexos na denominada guerra fiscal de ICMS. *Revista de Direito Tributário Contemporâneo* [recurso eletrônico]. V. 3, SP: RT, nov-dez. 2016.

264. Como demonstrado no tópico 2.2.1.

265. BERGAMINI, Adolpho. *ICMS* [recurso eletrônico]. 2ª ed. SP: Fiscosoft, 2015. cap. 3.

266. BRASIL. [Constituição (1988)]. Emenda Constitucional n. 87, de 16 de abril de 2015. Altera o § 2º do art. 155 da Constituição Federal e inclui o art. 99 no Ato das Disposições Constitucionais Transitórias, para tratar da sistemática de cobrança do ICMS incidente sobre as operações e prestações que destinem bens e serviços a consumidor final, contribuinte ou não do imposto, localizado em outro Estado. D.O.U.: 17 abr. 2015.

nos exatos termos do art. 155, § 2º, VIII, da Constituição, na redação dada pela EC 87/2015.[267] Conforme previa o Convênio ICMS 93/2015, o fornecedor deveria recolher o tributo devido ao estado de destino por guia nacional de recolhimento de tributos estaduais (GNRE).[268] Contudo, este Convênio teve algumas de suas cláusulas declaradas inconstitucionais pelo Supremo Tribunal Federal,[269] de modo que, a partir de 2022, as regras da EC 87/2015 não serão aplicadas, aguardando-se a aprovação de lei complementar para dar uniformidade ao tratamento da matéria entre os estados da Federação.[270]

De qualquer forma, a EC 87/2015 agregou mais complexidade a um sistema já notoriamente confuso, ao impor, aos

---

267. MELO. *ICMS*. p. 245.

268. BRASIL, Conselho Nacional de Política Fazendária. Convênio ICMS 93, de 17 de setembro de 2015. Dispõe sobre os procedimentos a serem observados nas operações e prestações que destinem bens e serviços a consumidor final não contribuinte do ICMS, localizado em outra unidade federada. D.O.U.: 11 mar. 2016.

269. O Convênio ICMS 93/2015 teve sua constitucionalidade questionada nas ADIs 5.464 e 5.469. Na primeira, foi deferida a liminar, para suspender a eficácia do artigo que estendia as obrigações estabelecidas pelo Convênio às empresas optantes pelo Regime do Simples Nacional. A segunda ADI, que questiona a integralidade do Convênio, foi julgada em 24 fev. 2021, sendo declarada a inconstitucionalidade formal das cláusulas primeira, segunda, terceira, sexta e nona do Convênio ICMS nº 93, de 17 de setembro de 2015, do Conselho Nacional de Política Fazendária (CONFAZ), por invasão de campo próprio de lei complementar federal. Vide: BRASIL, Supremo Tribunal Federal (Tribunal Pleno). *Decisão Monocrática na ADI 5.464*, Min. Dias Toffoli, julgado em 12 fev. 2016, DJe 19 fev. 2016; BRASIL, Supremo Tribunal Federal (Tribunal Pleno). *ADI 5.469*, Rel. Min. Dias Toffoli. Julgado em 24 fev. 2021, DJe 03 mar. 2021.

270. O Projeto de Lei Complementar 32/2021 altera a LC 87/1996, precisamente para legislar sobre as vendas remotas de mercadorias, detalhando os critérios de incidência previstos na EC 87/2015 (BRASIL. Senado Federal. *Projeto de Lei Complementar nº 32/2021*. Altera a Lei Complementar nº 87, de 13 de setembro de 1996, que dispõe sobre o imposto dos Estados e do Distrito Federal sobre operações relativas à circulação de mercadorias e sobre prestações de serviços de transporte interestadual e intermunicipal e de comunicação, e dá outras providências. Disponível em: https://bit.ly/2TjEWtY Acesso em: 19 jul. 2021; BRASIL. Lei Complementar nº 87, de 13 de setembro de 1996. Dispõe sobre o imposto dos Estados e do Distrito Federal sobre operações relativas à circulação de mercadorias e sobre prestações de serviços de transporte interestadual e intermunicipal e de comunicação, e dá outras providências. (LEI KANDIR). DOU 13 set. 1996. Disponível em: https://bit.ly/36hxylX Acesso em: 27 mar. 2020).

fornecedores de mercadorias, a obrigação de pagar tributo no estado de destino.[271] Estes fornecedores muitas vezes não têm inscrição estadual no estado de destino, e tampouco conhecem as especificidades da legislação local, de modo que impor-lhes a obrigação de arrecadação no destino efetivamente configura uma barreira ao comércio. Contudo, esta barreira pode ser mitigada com integração entre os sistemas de arrecadação dos diferentes estados, como será explanado a seguir, tomando-se por base o modelo europeu.

O critério brasileiro anterior à EC 87/2015 tem particularidades que devem ser bem compreendidas. De um lado, tem elementos do princípio do estado de origem, tanto que a maior parte do tributo era cobrado pelo estado de origem. Contudo, a compensação do crédito, na etapa subsequente, difere do modelo tradicional de tributação na origem, pois o crédito é integralmente compensável no estado de destino, o qual não tem margem de liberdade para definir o montante de créditos a ser autorizado.[272] Segundo Ebrill, ao adotar esta técnica de compensação integral, o modelo brasileiro tem impacto econômico semelhante ao do princípio do destino, pois a tributação paga ao final da cadeia de consumo acaba sendo exatamente aquela do estado de destino.[273]

Ou seja, em tese, o país conjugou a facilidade administrativa de permitir que o contribuinte pague o imposto no estado de origem – onde está seu estabelecimento – com uma técnica de creditamento que asseguraria a neutralidade tributária – ao permitir que o adquirente compensasse integralmente o imposto pago no estado de origem. O modelo ainda permitiu que parte da receita tributária fosse mantida no estado de origem, o que reflete a opção do pacto federativo brasileiro. Não obstante, os resultados práticos deste modelo foram

---

271. VAGETTI e SEPULCRI. Análise crítica da EC 87/2015 e seus reflexos na denominada guerra fiscal de ICMS.

272. EBRILL.*et al. The Modern VAT*. p. 194.

273. Ibid. p. 195.

largamente insatisfatórios, tanto que o modelo do Brasil é indicado internacionalmente como uma prática disfuncional.[274]

Nesse ponto, é interessante indicar que, antes mesmo do advento do ICM, Alcides Jorge Costa já afirmava que "o impôsto de vendas do tipo do valor acrescido é inaplicável no Brasil pela impossibilidade prática de um estado fiscalizar com eficiência o desconto relativo ao impôsto pago em outros estados".[275] De fato, analisando-se com atenção os principais problemas identificados no ICMS – tais como guerra fiscal, cobrança de diferencial de alíquota, ou mesmo o não deferimento de crédito por imposto pago em outro estado – praticamente todos eles guardam relação, de uma forma ou de outra, com o critério de cobrança do ICMS nas operações interestaduais.

Na tentativa de neutralizar os impactos negativos do critério espacial do ICMS, as propostas de reforma tributária brasileira propõem duas alterações substanciais. A PEC 45/2019 introduz o novo art. 152-A, § 5º, à Constituição, unificando a arrecadação do IBS, de modo que todos os contribuintes brasileiros passariam a arrecadar o novo imposto para um órgão central, ainda que as receitas do IBS sejam distribuídas entre a União, os Estados, o Distrito Federal e os Municípios. Por consequência, a complexidade decorrente da necessidade de arrecadar o imposto em diferentes estados deixaria de existir. Ademais, a PEC 45/2019 faz clara opção pelo princípio do estado de destino, ao determinar, no proposto § 3º do art. 152-A, que as operações intermunicipais e interestaduais se submetem à alíquota definida pelo estado ou município do destino, e o imposto pertencerá a estes.

A PEC 110/2019 traz propostas semelhantes, no que viria a ser o novo art. 155, § 7º, VII, da Constituição, determinando que o produto da arrecadação do IBS pertencerá ao estado de destino. A diferença substancial diz respeito à centralização

274. CNOSSEN. Global Trends and Issues in Value Added Taxation.. p. 411, EBRILL. *et al. The Modern VAT*. p. 194.

275. COSTA. *Impôsto de Vendas e Consignações:...* p. 68.

da cobrança do imposto. Neste particular, a PEC 110/2019 deixa duas alternativas ao legislador complementar: este, ao regulamentar o novo imposto, pode determinar a centralização da cobrança (como propõe a PEC 45/2019), ou exigir integralmente o imposto no estado de origem, com repasse para o estado de destino. De certa forma, esta segunda alternativa repete a proposta original de integração sistêmica da União Europeia, como exposto logo a seguir.

Retornando ao quadro normativo atualmente vigente no Brasil, a opção original do legislador constituinte brasileiro, que estabeleceu o critério híbrido, com ênfase no princípio da origem, estava alinhada à orientação teórica existente para IVAs subnacionais. Misabel Derzi e Igor Santiago, por exemplo, sustentam que a tributação exclusiva no destino é solução própria dos mercados não integrados, sendo adequada para o comércio internacional.[276] Mas, no entender dos autores, a única solução ajustada aos mercados perfeitamente integrados seria a tributação no estado de origem, com distribuição das receitas entre os dois estados envolvidos.[277] Isso porque, ao tributar na origem, o sistema assegura a inexistência de qualquer óbice à circulação dos bens,[278] na medida em que o fornecedor paga o imposto do mesmo modo (para o estado onde está estabelecido), independentemente de quem é o destinatário do bem fornecido.

Partindo da mesma premissa, na década de 1980, a União Europeia passou a propor, para as operações intracomunitárias, o que denominou "critério da origem", com repartição de receitas entre os estados-membros,[279] como destaca Clotilde

276. DERZI; e SANTIAGO. A harmonização dos IVAs do Brasil para o desenvolvimento produtivo. p. 546. No mesmo sentido: VASCONCELLOS. *ICMS*. p. 41.

277. Ibid. loc. cit.

278. RONZANI. *Princípios da Tributação na Origem e da Tributação no Destino...* p. 198.

279. PALMA, Clotilde Celorico. A harmonização comunitária do Imposto sobre o Valor Acrescentado: *quo vadis*? *In*: SARAIVA FILHO, Oswaldo Othon de Pontes; VASQUES, Sérgio; GUIMARÃES, Vasco Branco. *IVA para o Brasil* – Contributos para a Reforma da Tributação do Consumo. BH: Fórum, 2007. p. 182; TAIT. *Value Added Tax*. cap. 8.

Celorico Palma. Como exposto na abertura deste tópico, Rita de la Feria questiona até que ponto a União Europeia estava efetivamente propondo a adoção do princípio da origem, uma vez que as receitas decorrentes da incidência tributária não pertenceriam ao estado de origem, sendo canalizadas para o estado de destino, de forma a assegurar que o IVA permanecesse sendo um tributo sobre o consumo.[280]

De qualquer forma, a diretriz europeia de cobrança do IVA no estado de produção buscava facilitar as operações intracomunitárias, tendo em vista as inegáveis dificuldades impostas ao contribuinte, se lhe fosse exigida a arrecadação do tributo no estado de destino, especialmente quando se trata de pequenas ou médias empresas.[281] Não obstante, a diretriz nunca chegou a ser implementada, devido aos problemas de contabilização dos créditos de IVA, quando da ocorrência de operações transfronteiriças.[282]

Assim, em 2011, a Comissão Europeia propôs um sistema baseado no princípio do destino, abandonando o mito romântico do princípio da origem, como bem coloca Clotilde Celorico Palma.[283] É o que se infere do art. 40º da Diretiva 2006/112/CE do Conselho. Para viabilizar o princípio do destino, quando da abolição do controle de fronteiras no âmbito comunitário, o recolhimento do tributo foi assegurado a partir da responsabilização do adquirente,[284] tal como ocorre no Brasil. Segundo Ebrill, esta técnica de diferimento da obrigação tributária é uma forma de permitir que haja a eliminação dos controles alfandegários.[285] Nos casos de remessas para consumidor fi-

280. FERIA, Rita de la. Place where the Supply/Activity is Effectively Carried Out as an Allocation Rule:... p. 8-9.

281. AIRES. O labirinto tributário na nova economia: da transformação digital à odisseia fiscal. p. 37.

282. TAIT. *Value Added Tax*. cap. 8.

283. PALMA. *A recente comunicação da Comissão sobre o futuro do IVA*. p. 49.

284. CNOSSEN. *Global Trends and Issues in Value Added Taxation*. p. 412.

285. EBRILL.*et al. The Modern VAT*. p. 183.

nal, o tributo era cobrado na origem,[286] nos mesmos moldes da sistemática brasileira anterior à EC 87/2015.

No que toca à prestação de serviços intracomunitária, desde a Segunda Diretiva do Conselho, de 1967, a regra geral era de cobrança do tributo no local em que o serviço era prestado, usualmente identificado como local do estabelecimento do prestador do serviço. Tendo em vista conflitos de competência provocados por este critério espacial, já na Sexta Diretiva do Conselho, de 1977, passou a se exigir, em algumas situações específicas, o imposto no país destinatário, como se lê nos considerandos desta Diretiva. O art. 9º.2 da Sexta Diretiva do Conselho[287] introduziu uma longa lista de exceções ao critério da tributação na origem, arrolando situações em que o imposto passou a ser devido no destino. Em alguns destes casos, era facultado ao estado-membro exigir o imposto do tomador do serviço.

Este modelo foi incorporado à Diretiva 2006/112/CE do Conselho[288] até 2010, quando a regra foi invertida. A partir de 2010, passou-se a adotar, como regra geral nas prestações de serviços intracomunitárias entre contribuintes do IVA, o princípio do destino,[289] cobrando-se o imposto do adquirente.[290] Excepcionalmente, nas prestações de serviços para não

---

286. CNOSSEN. Global Trends and Issues in *Value Added Taxation*. p. 412. Vide, também: PALMA. A harmonização comunitária do Imposto sobre o Valor Acrescentado: *quo vadis*? p. 180.

287. Disponível em: Acesso em: https://bit.ly/36j8LxJ 19 jul. 2021.

288. EBRILL.*et al. The Modern VAT*. p. 185-6; FERIA, Rita de la. Place where the Supply/Activity is Effectively Carried Out as an Allocation Rule:... p. 10.

289. GRAPPIOLO, Roberta. Recenti sviluppi del sistema eurpeo dell'IVA. *In*: COMELLI, Alberto. *Nuovi profili dell'IVA, verso una disciplina definitiva*. Canterano: Aracne, 2019. p. 25. Vide, também: AIRES. O labirinto tributário na nova economia: da transformação digital à odisseia fiscal. p. 42-3, onde o autor esclarece que o pacote de alteração do critério espacial do IVA nas prestações de serviços foi aprovado em 12 de fevereiro de 2008, sendo constituído por três Diretivas: a Diretiva 2008/8/CE do Conselho, a Diretiva 2008/9/CE do Conselho, e o Regulamento (CE) n.º 143/2008. A maioria dos dispositivos entrou em vigor em 01 de janeiro de 2010.

290. OLIVEIRA, Maria Odete. Livros digitais vs. Livros em papel. O dilema do IVA comunitário: *a book is a book no matter what its form is*? É a forma ou o conteúdo que relevam na definição de um livro? *Revista da Faculdade de Direito e Ciência*

contribuinte, a cobrança se dá no local do estabelecimento do prestador.[291]

Esta regra geral hoje é prevista nos arts. 44º e 45º[292] da Diretiva 2006/112/CE do Conselho.[293] Portanto, em regra, quando há prestação de serviços *business-to-business* (B2B), o IVA deve ser pago pelo tomador de serviço, para o estado onde este tiver seu estabelecimento; e quando a prestação de serviços for *business-to-consumer* (B2C), o IVA deve ser pago pelo prestador do serviço, para o estado onde o prestador estiver estabelecido. No que toca aos serviços eletrônicos, contudo, desde 2015, o IVA é devido no local de domicílio do adquirente, mesmo quando a operação for B2C, como bem ressalta Maria Odete Oliveira,[294] e como será detalhado a seguir.

Percebe-se que o critério espacial do IVA sempre foi tormentoso na União Europeia. O bloco europeu foi, ao longo dos anos, promovendo uma série de pequenos ajustes, para compatibilizar o princípio do destino com o comércio intracomunitário, notadamente no setor de serviços.[295] Por consequência, o

---

*Política*. Porto: Universidade Lusófona. n. 10, 2017. p. 83.

291. FERIA, Rita de la. *Place where the Supply/Activity is Effectively Carried Out as an Allocation Rule*:... p. 11.

292. Art. 44º - O lugar das prestações de serviços efectuadas a um sujeito passivo agindo nessa qualidade é o lugar onde esse sujeito passivo tem a sede da sua actividade económica. Todavia, se esses serviços forem prestados a um estabelecimento estável do sujeito passivo situado num lugar diferente daquele onde este tem a sede da sua actividade económica, o lugar das prestações desses serviços é o lugar onde está situado o estabelecimento estável. Na falta de sede ou de estabelecimento estável, o lugar das prestações dos serviços é o lugar onde o sujeito passivo destinatário tem domicílio ou residência habitual. Art. 45º - O lugar das prestações de serviços efectuadas a uma pessoa que não seja sujeito passivo é o lugar onde o prestador tem a sede da sua actividade económica. Todavia, se esses serviços forem prestados a partir de um estabelecimento estável do prestador situado num lugar diferente daquele onde o prestador tem a sede da sua actividade económica, o lugar das prestações desses serviços é o lugar onde está situado o estabelecimento estável. Na falta de sede ou de estabelecimento estável, o lugar das prestações dos serviços é o lugar onde o prestador tem domicílio ou residência habitual.

293. Disponível em https://bit.ly/3hMCrd4 Acesso em: 19 jul. 2021.

294. OLIVEIRA. *Livros digitais vs. Livros em papel*. p. 83.

295. FERIA, Rita de la. *Place where the Supply/Activity is Effectively Carried Out as*

número de exceções à regra geral de que o IVA sobre serviços deve ser pago no local da prestação do serviço, bem como as diferentes regras sobre a definição de onde ocorre a efetiva prestação do serviço, acabaram aumentando substancialmente,[296] gerando grande complexidade para os contribuintes.[297]

Portanto, a complexidade do sistema, atrelada à evolução tecnológica, levaram a Comissão Europeia a repensar sua estratégia. Como se lê no documento "Balanço e actualização das prioridades da estratégia em termos de IVA",[298] em 2003, a Comissão sublinhou que a tributação por IVA deve ocorrer no local de efetivo consumo (compreendido este como o estado de destino), a fim de assegurar a neutralidade tributária. Para tanto, propôs a instituição de um "balcão único" de arrecadação e redistribuição do tributo entre os estados-membros,[299] e não mais a estratégia de arrecadação na origem, com redistribuição das receitas.

Este "balcão único" foi objeto de estudos desde 2004.[300] Em 2015, já era aplicável a alguns serviços eletrônicos fornecidos por pessoas estabelecidas fora da União Europeia, bem como a serviços de telecomunicação prestados por empresas europeias, em ambos os casos, em modelo opcional para os contribuintes.[301] Trata-se do *Mini Balcão Único do IVA*, mais

---

*an Allocation Rule:...* p. 10.

296. Ibid. loc. cit.

297. Ibid. p. 16; COMELLI. *IVA Comunitaria e IVA Nazionale*. p. 779 e ss.

298. UNIÃO EUROPEIA. Comissão Europeia. Comunicação da Comissão ao Conselho, ao Parlamento Europeu e ao Comité Económico e Social Europeu - Balanço e actualização das prioridades da estratégia em termos de IVA. COM/2003/0614. Disponível em: https://bit.ly/3dSR6kM Acesso em: 26 mar. 2020.

299. UNIÃO EUROPEIA. Comunicação da Comissão ao Conselho, ao Parlamento Europeu e ao Comité Económico e Social Europeu - Balanço e actualização das prioridades da estratégia em termos de IVA.

300. UNIÃO EUROPEIA. European Commission. Green Paper on the future of VAT - Towards a simpler, more robust and efficient VAT system. Bruxelas. 2010. Disponível em: https://bit.ly/2STUxAh Acesso em: 19 abr. 2020. p. 18.

301. Ibid. loc. cit. Vide, também: OLIVEIRA. *Livros digitais vs. Livros em papel*. p. 84.

conhecido pela sigla MOSS – *Mini One Stop Shop*.[302] Através deste sistema, prestadores de serviços estabelecidos no exterior ou em um estado-membro, que fornecem para consumidores (não contribuintes) estabelecidos em outros estados da União Europeia, podem declarar e pagar o IVA através de um portal, no estado em que o contribuinte está registrado.[303] O tributo arrecadado é calculado de acordo com as regras do estado de destino, sendo redistribuído para este, pois é lá que reside o tomador do serviço, e, por consequência, ocorre o consumo.[304]

Este modelo de simplificação da arrecadação do IVA nas operações transfronteiriças foi considerado bem sucedido, tanto que a OCDE recomendou sua expansão para bens de pequeno valor e serviços não eletrônicos prestados através da internet.[305] A partir de 2021, esta expansão se torna realidade, pois o MOSS será estendido para todos os fornecimentos intracomunitários de serviços para não contribuinte do IVA, bem como para o fornecimento de bens, quando plataformas eletrônicas intermediarem a operação,[306] sendo introduzido um regime especial para as vendas intracomunitárias de bens.[307]

Para encerrar este tópico, há mais um aspecto relacionado ao critério espacial que, no sistema brasileiro, traz impactos para a economia digital, ainda que de forma distinta do

302. Com a ampliação do sistema a partir de 2015, para outras empresas, além das empresas estabelecidas fora da UE, o mecanismo passou a ser conhecido como OSS – *One Stop Shop* (GRAPPIOLO. Recenti sviluppi del sistema eurpeo dell'IVA. p. 25).

303. UNIÃO EUROPEIA. European Commission. The Mini One Stop Shop. Disponível em: https://bit.ly/36ieqEn Acesso em: 15 abr. 2020. Sobre a interação do sistema, vide também: FERIA, Rita de la. The Definitive VAT System: Breaking with Transition. *EC Tax Review*, n. 27 (3), p. 122-126, 2018.

304. Para uma explicação detalhada do funcionamento do MOSS (que foge ao escopo desta obra), vide: AIRES. O labirinto tributário na nova economia: da transformação digital à odisseia fiscal. p. 49-54.

305. AIRES. *O labirinto tributário na nova economia*: da transformação digital à odisseia fiscal. p. 50.

306. UNIÃO EUROPEIA. European Commission. Modernising VAT for cross-border e-commerce. Disponível em: https://bit.ly/3wyskgp Acesso em: 15 abr. 2020.

307. PALMA, Clotilde Celorico. *Estudos de IVA V*. Coimbra: Almedina, 2020.

que debatido até aqui. Como indicado no tópico 1.3.1.1, Carrazza entende que o ICMS engloba três impostos diferentes,[308] o segundo deles sendo um imposto incidente sobre serviços de transporte interestadual e intermunicipal. O ICMS-transportes tem uma particularidade muito relevante para as novas relações de consumo: dele está excluído o transporte realizado totalmente dentro do território de um município,[309] o qual pode ser tributado por ISS. Assim, em regra, os serviços de transporte prestados através de plataformas de economia compartilhada – tais como Uber – são fato gerador de ISS.[310] Não obstante, há casos (que podem ocorrer com relativa frequência, em regiões metropolitanas) em que este transporte pode se dar entre dois municípios, ocorrendo hipótese de incidência do ICMS. Nota-se, a partir deste exemplo prático, que a artificial segregação do IVA em dois impostos, atribuídos a dois entes distintos da Federação, causa complexidade ao sistema tributário brasileiro, dando margem a litígios acerca da competência para tributar.

Percebe-se que a experiência internacional indica que o critério espacial da hipótese tributária dos IVAs deve estar relacionado ao território onde o consumo ocorre, assim entendido como o local onde está estabelecido o destinatário do bem ou serviço transacionado. A recente experiência brasileira com a tributação de mercadorias adquiridas através de plataformas de comércio eletrônico também parece se orientar para o princípio do destino. Não obstante, a opção pelo estado de destino gera complexidade para os contribuintes, e coloca as administrações tributárias em posição de vulnerabilidade, notadamente quando se deparam com o fornecimento dos bens de consumo do século XXI.

---

308. CARRAZZA. *ICMS*. p. 43.

309. Ibid. p. 225.

310. Itens 1.03 e 16 da lista anexa à Lei Complementar nº 116/2003. Conforme será debatido no tópico 3.3.2.1, os serviços prestados pela Uber, enquanto plataforma de economia compartilhada, são, usualmente, classificados como serviços de intermediação; mas o serviço intermediado é o de transporte.

#### 1.3.1.3 O critério temporal da hipótese tributária dos IVAs

O critério temporal da hipótese tributária revela o momento em que se dá por ocorrido o fato imponível.[311] Nos IVAs, este acontece quando ocorre a entrega do bem,[312] ou quando o serviço é efetivamente prestado.[313] No particular caso do ICMS, o critério temporal ocorre quando se dá a saída física da mercadoria.[314]

Em algumas situações pontuais, este critério suscita debates acerca da exigibilidade dos IVAs, tal como sucede no arrendamento mercantil com promessa de venda do bem ao final do prazo.[315] Contudo, como adiantado na abertura do tópico 1.3.1, estas situações não parecem impactar a aptidão dos IVAs para tributar a economia digital, motivo pelo qual não será aprofundado o estudo deste critério.

Dessa forma, uma vez definida a hipótese da regra-matriz dos IVAs, que deve ter como critério material exercer qualquer atividade de produção, comercialização ou de prestação de serviços passíveis de agregação de valor; como critério espacial, o local do efetivo consumo; e como critério temporal, o momento de entrega do bem ou de prestação do serviço, passa-se à análise do consequente da norma tributária.

### 1.3.2 O consequente da norma tributária dos IVAs

O consequente da norma tributária, segundo Paulo de Barros Carvalho, é aquela “peça do juízo hipotético que estipula a regulação da conduta, prescrevendo direitos e obrigações para as pessoas físicas ou jurídicas envolvidas, de alguma

---

311. CARVALHO. *Curso de Direito Tributário*. p. 299.

312. Art. 63º da Diretiva 2006/112/CE do Conselho.

313. JESUS. *ICMS*. p. 27.

314. Ibid. loc cit.

315. Sobre o tema, vide: COMELLI. *IVA Comunitaria e IVA Nazionale*. p. 530; CARRAZZA. *ICMS*. p. 160.

forma, no acontecimento do fato jurídico tributário",[316] sendo formado por apenas dois critérios: o pessoal (que define quem são os sujeitos da relação jurídica tributária) e o quantitativo (que define a base de cálculo e a alíquota).[317]

Aqui, será enfatizado o critério quantitativo, que gera maiores debates e dificuldades quando confrontado com os bens de consumo do século XXI. Contudo, uma breve análise do critério pessoal se mostra pertinente, conforme segue.

#### *1.3.2.1 O critério pessoal da regra-matriz tributária dos IVAs*

Como indicado acima, o critério pessoal da regra-matriz tributária do IVA indica os sujeitos ativo e passivo da relação tributária. Ao refletir sobre o desenho ideal de um IVA, a definição dos sujeitos ativo e passivo é alvo de intensos debates, pois a delimitação equivocada destes traz sérios impactos à neutralidade do imposto.

No que toca ao sujeito ativo dos IVAs, este será, em regra, uma pessoa jurídica de direito público. O debate, em federações, gira em torno da definição de qual ente da Federação deve ser o sujeito ativo do imposto. Esse debate é extenso, e foge aos propósitos deste livro, passando pela análise da própria estrutura constitucional que se dá à Federação. Não obstante, é pertinente mencionar que a experiência internacional indica que há grandes dificuldades em estruturar um IVA no nível subnacional,[318] pois o imposto acaba servindo como uma barreira ao comércio entre os estados federados.[319] Isso porque o IVA é um imposto de alcance eminentemente nacional, como bem coloca Flávio Couto Bernardes, uma vez

316. CARVALHO. *Curso de Direito Tributário*. p. 319.

317. Ibid. p. 320.

318. EBRILL *et al*. *The Modern VAT*. p. 7.

319. TAIT. *Value Added Tax*. cap. 8.

que atinge fatos que ocorrem em todo o território do país,[320] motivo pelo qual o autor sustenta a substituição do ICMS por um verdadeiro imposto sobre o valor agregado.[321]

Apesar destas críticas ao IVA subnacional, o Brasil optou por este modelo, ao definir os estados e o Distrito Federal como sujeitos ativos do ICMS.[322] Segundo Diefenthaeler, isso significa que o ICM (e, hoje, o ICMS), ao nascer nas mãos dos estados, já nasceu com os vícios decorrentes da questão político-federativa brasileira, que já se apresentavam no IVC.

No âmbito da União Europeia, por outro lado, a questão se mostra ainda mais complexa. A Diretiva 2006/112/CE do Conselho, que harmoniza as regras do IVA europeu, não define claramente o sujeito ativo, limitando-se a atribuir aos "Estados-Membros" a competência tributária. Como se depreende da análise da Diretiva, os estados-membros têm alguma liberdade para definir regras específicas acerca da cobrança do IVA, subordinando-se às regras gerais detalhadamente definidas pela União Europeia. Dentro da sua alçada de liberdade, a Alemanha, por exemplo, determina que as receitas decorrentes da arrecadação do IVA sejam distribuídas entre a União e os estados,[323] ainda que a arrecadação seja centralizada. Na experiência alemã, portanto, o sujeito ativo – aquele que tem competência para exigir o tributo – permanece sendo a União.

Sob uma perspectiva de análise comparada, a comparação entre o modelo brasileiro e o da União Europeia é pertinente. Ainda que o nível de integração entre os estados brasileiros seja maior do que o dos estados-membros da UE, considerando a uniformização intracomunitária propiciada pelo IVA europeu, é viável comparar a realidade desta como

---

320. BERNARDES. *Conflito de Competência no ICMS:...* p. 143.

321. Ibid. p. 144.

322. JESUS. *ICMS*. p. 28.

323. ALEMANHA. Bundesministerium der Finanzen. The Federal Financial Equalisation System in Germany. Disponível em: https://bit.ly/2UsJHld Acesso em: 17 abr. 2020.

um todo com a realidade brasileira:[324] lá, a UE estabelece regras gerais do IVA, e os estados-membros as regras específicas; aqui, a União Federal estabelece as regras gerais do ICMS, e os estados federados as suas particularidades. Ainda que este tema não guarde relação estrita com a economia digital, nota-se que, no modelo europeu, se impõem severas limitações à competência tributária dos estados soberanos integrantes do bloco econômico. Da mesma forma, no Brasil, a regra geral estipulada por lei complementar[325] limita a competência dos estados federados.

Passando à definição dos sujeitos passivos do IVA, tem-se que eles devem ser definidos da forma mais ampla possível, abrangendo tanto pessoas físicas, quanto pessoas jurídicas,[326] a fim de assegurar a efetiva neutralidade do imposto. Considerando que sujeito passivo é a pessoa "de quem se exige o cumprimento da prestação",[327] o sujeito passivo do IVA será seu contribuinte de direito. O contribuinte de fato, que em IVAs neutros é o consumidor final, apesar de arcar com o encargo econômico do tributo, não é quem cumpre a obrigação tributária.

Para Cnossen, a única exceção à definição ampla dos sujeitos passivos decorre da exclusão dos pequenos negócios, os quais podem ser isentos do IVA.[328] Esta ampla abrangência é especialmente relevante para uma das facetas das relações de consumo do século XXI: como demonstrado no tópico 2.2.3, muitas destas relações ocorrem através da chamada "economia compartilhada", em que pessoas físicas prestam serviços, de natureza eventual, a partir do aproveitamento da capacidade ociosa de seus bens. A aptidão do IVA para tributar

---

324. FERIA, Rita de la. Tributação sobre o Consumo na Experiência Internacional. *Palestra proferida na FGV Direito (SP)*, 09 mar. 2020. 1 vídeo (4 h 33 min 53 seg). Disponível em: https://bit.ly/3hHZnJr Acesso em: 17 abr. 2020.

325. Nos termos do art. 155, § 2º, XII, da Constituição.

326. GOUVEIA. *Imposto sobre o Valor Agregado*. p. 45-6.

327. CARVALHO. *Curso de Direito Tributário*. p. 335; MELO. *ICMS*. p. 159.

328. CNOSSEN. *Global Trends and Issues in Value Added Taxation*. p. 402.

o consumo destes bens e serviços eventuais será objeto de análise no tópico 4.2.

A União Europeia define de forma ampla os sujeitos passivos do IVA, nos termos do art. 9º.1 da Diretiva 2006/112/CE do Conselho, que considera sujeito passivo "qualquer pessoa que exerça, de modo independente e em qualquer lugar, uma actividade económica, seja qual for o fim ou o resultado dessa actividade". O art. 9º.1 define atividade econômica como "qualquer actividade de produção, de comercialização ou de prestação de serviços, incluindo as actividades extractivas, agrícolas e as das profissões liberais ou equiparadas", e o art. 12º engloba na sujeição passiva aquelas pessoas que realizem estas atividades de forma eventual. Logo, da forma ampla como foi definida a sujeição passiva do IVA europeu, este parece apto a incidir sobre as operações da economia compartilhada.[329]

No Brasil, por outro lado, a tendência é de delimitação estrita dos sujeitos passivos. A Lei Complementar 87/96 relaciona, em seu art. 4º, a sujeição passiva ao *intuito comercial* e à *habitualidade* ou ao *volume* das operações. Por consequência, exclui-se da sujeição passiva uma série de pessoas que realizam operações de compra e venda de bens, mas que não têm intuito comercial ou habitualidade.[330] Sobre o tema, Roque Antonio Carrazza identifica que contribuinte do ICMS é o comerciante, o industrial ou o produtor, e não uma dona de casa ou um aposentado, por exemplo.[331] Contudo, caso a dona de casa exerça, com habitualidade, operações mercantis, ela será contribuinte de ICMS.[332]

---

329. UNIÃO EUROPEIA. Value Added Tax Committee. *Working Paper nº 878: VAT treatment of sharing economy*. 22 set. 2015. Disponível em: https://bit.ly/3xt68We Acesso em: 25 maio 2020. p. 6.

330. MACHADO SEGUNDO, Hugo de Brito. *In:* BALEEIRO. *Uma Introdução à Ciência das Finanças*. p. 501.

331. CARRAZZA. *ICMS*. p. 46.

332. Ibid. loc. cit.

Percebe-se que esta definição estrita do sujeito passivo do ICMS tem o condão de excluir do rol de possíveis contribuintes do imposto todas as pessoas que vendem, de forma eventual, bens a partir da utilização das plataformas de economia compartilhada. Certo é que a maior parte destas plataformas intermedia prestação de serviços, não sendo fato gerador de ICMS, mas de ISS. Contudo, não se pode afastar a possibilidade de desenvolvimento de plataformas que permitam a circulação de bens entre não contribuintes habituais do ICMS, situação em que a circulação não seria tributada pelo ICMS, gerando uma distorção na neutralidade tributária.

Portanto, a delimitação do sujeito passivo da regra-matriz tributária tem impactos diretos no alcance do tributo sobre as atividades desenvolvidas através de plataformas de economia compartilhada. Caso os sujeitos passivos sejam definidos de forma muito restrita, ficarão de fora as operações decorrentes da economia compartilhada, de modo que o imposto não incidiria de forma uniforme sobre todas as operações dotadas de valor agregado.

#### *1.3.2.2 O critério quantitativo da regra-matriz tributária dos IVAs*

Segundo Paulo de Barros Carvalho, o critério quantitativo do tributo é definido pela conjugação da base de cálculo e da alíquota, carecendo de sentido a existência isolada de uma ou de outra.[333] Considerando que este critério contém a chave para a determinação do objeto prestacional,[334] a ele será dedicada mais atenção, ainda que não haja correlação direta entre o critério quantitativo dos IVAs e a economia digital. Inicia-se pelo estudo da base de cálculo dos IVAs, encerrando com a análise da alíquota.

333. CARVALHO. *Curso de Direito Tributário*. p. 356.

334. Ibid. p. 357.

#### 1.3.2.2.1 *A base de cálculo*

Tratando-se o IVA de um imposto sobre o valor agregado, poderia se imaginar que a base de cálculo seria precisamente o valor agregado em cada etapa da cadeia de circulação de bens e serviços. Não obstante, a maioria dos IVAs utiliza a técnica de subtração, pelo método crédito fiscal,[335] de modo que a base de cálculo não é o valor agregado propriamente dito, mas o valor total das operações de venda de mercadorias ou prestação de serviços. Por este motivo, aliás, alguns países vêm abandonando a nomenclatura clássica – "Imposto sobre Valor Agregado" – e substituindo-a pelo termo mais moderno "Imposto sobre Bens e Serviços", como bem informa André Mendes Moreira.[336]

O método de crédito fiscal, que consiste em subtrair o imposto pago nas compras do imposto pago nas vendas de bens e serviços,[337] tornou-se o mais usual porque "é difícil determinar, por exemplo, o quanto de energia elétrica foi consumido na produção de um sapato individualmente", conforme leciona Diefenthaeler,[338] o que inviabilizaria a adoção da técnica de subtração, pelo método consumo. Esta mesma dificuldade – possivelmente, de forma majorada – se apresenta na identificação do valor agregado pelos produtos da economia digital, dada a intangibilidade e não competitividade destes, como será exposto no tópico 2.3.

Outra vantagem do método de crédito fiscal, bem apontada por Valadão, decorre da autorregulação que lhe é inerente,[339] da qual já se tratou no tópico 1.1.2: como o contribuinte do IVA está inserido em uma cadeia de créditos e débitos do tributo, o adquirente do seu produto tem interesse em assegurar

---

335. TAIT. *Value Added Tax*. cap. 1; VALADÃO. Comparative analysis of the Value Added Tax (VAT) and Retail Sales Tax (RST)... p. 384. Vide, também, o tópico 1.3.1.1.

336. MOREIRA. *Neutralidade, Valor Acrescido e Tributação*. p. 24-25.

337. GOUVEIA. *Imposto sobre o Valor Agregado*. p. 24-25.

338. DIEFENTHAELER. *Os caminhos do IVA no Brasil*. p. 173.

339. VALADÃO. *Comparative analysis of the Value Added Tax (VAT) and Retail Sales Tax (RST)*... p. 393.

que ele fature o tributo, sob pena de não aproveitar o respectivo crédito,[340] algo que não ocorreria caso fossem utilizados os métodos de apuração do valor agregado propriamente dito, seja na técnica da adição, seja na técnica da subtração.

Sobre a autorregulação, ainda que esta seja consequência natural do método do crédito fiscal, é necessário deixar claro que a sistemática da não cumulatividade, nos dois modelos estudados – IVA europeu e ICMS brasileiro – assegura o direito de crédito ao adquirente, mesmo se o alienante do bem ou serviço deixa de pagar o tributo, como bem destacado por Carrazza.[341] O direito do adquirente é assegurado, desde que o alienante tenha cumprido a obrigação de emissão de nota fiscal, com consequente declaração à autoridade tributária,[342] ou seja, desde que a obrigação tributária tenha nascido, ainda que não tenha sido extinta pelo pagamento.[343] Esta regra (de vincular o direito de crédito à emissão de fatura, e não ao efetivo pagamento do imposto) está prevista no art. 178º da Diretiva 2006/112/CE do Conselho.

Devido às vantagens do método do crédito fiscal, que não estão presentes quando o imposto é calculado sobre o valor agregado já apurado, a maioria dos IVAs, apesar de seu nome, não se trata de impostos que incidem sobre o valor agregado, propriamente dito.[344] Com efeito, segundo Ebrill, os IVAs usualmente adotam como base de cálculo o valor do

---

340. VALADÃO. *Comparative analysis of the Value Added Tax (VAT) and Retail Sales Tax* (RST)... p. 385.

341. CARRAZZA. *ICMS*. p. 371.

342. Há exceções a esta regra, casos em que há o cumprimento da obrigação acessória de faturamento da operação, mas não resta comprovada a efetiva ocorrência da operação que gera o direito de crédito. Nestes casos, o fisco está autorizado a declarar a inidoneidade do crédito, desde que demonstre que o adquirente não agia de boa-fé, conforme jurisprudência do Superior Tribunal de Justiça (vide, dentre outros: BRASIL, Superior Tribunal de Justiça (2ª Turma). *AgRg no REsp 1228786/SP*, Relator Min. Castro Meira, julgado em 21 ago. 2012, DJe 29 ago. 2012).

343. TORRES. *Tratado de Direito Constitucional Financeiro e Tributário*. v. IV. p. 306.

344. EBRILL *et al. The Modern VAT*. p. 1.

consumo.[345] Assim, para apurar o montante devido, utilizam o método do crédito fiscal, também conhecido por método de imposto-contra-imposto.[346]

O ICMS segue este padrão internacional, sendo calculado pelo método do crédito fiscal. E é precisamente por este motivo que Carrazza entende que o ICMS não é um IVA: como a base de cálculo do ICMS é o valor da operação realizada, e não o valor acrescentado em relação à etapa anterior,[347] o imposto incide mesmo quando não há valor agregado, o que não aconteceria se o ICMS tivesse por base de cálculo o valor agregado, segundo o autor.[348] Gouveia tem compreensão semelhante: para ele, o valor tributável em cada operação do antigo ICM – e do atual ICMS – era o valor da mercadoria, deduzindo-se o imposto pago na etapa anterior. Assim, seria um imposto fracionado, mas chamá-lo de imposto sobre o valor agregado seria uma "impropriedade técnica", no entender de Gouveia.[349]

Apesar desta "impropriedade técnica", certo é que os IVAs raramente são calculados sobre o valor acrescentado. Desde a formulação da *Taxe sur le Valeur Ajoutée* francesa, eles incidem sobre o valor da operação, descontando-se os créditos fiscais da etapa anterior.[350] Segue sendo essa a regra do IVA europeu,[351] e nem por isso os autores deixaram de denominar esse imposto IVA.[352] Logo, esta "impropriedade

---

345. Ibid. loc. cit.

346. DERZI; e SANTIAGO. *A harmonização dos IVAs do Brasil para o desenvolvimento produtivo.* p. 540.

347. CARRAZZA. *ICMS.* p. 391.

348. Ibid. p. 391-2.

349. GOUVEIA. *Imposto sobre o Valor Agregado.* p. 88-9. No mesmo sentido, vide: TEODOROVICZ. Políticas Públicas (Tributárias), o Imposto sobre o Valor Agregado na Experiência Estrangeira e..., p. 164.

350. LAURÉ. *La Taxe sur la Valeur Ajoutée.* p. 85.

351. COMELLI. *IVA Comunitaria e IVA Nazionale.* p. 677.

352. TAIT. *Value Added Tax.* cap. 1; EBRILL *et al. The Modern VAT.* p. 20.

técnica" não parece bastante para afastar o ICMS do gênero IVAs, já que a base de cálculo desses tributos geralmente é o valor das operações de consumo.

Ocorre que, como indicado acima, o cálculo dos IVAs tem uma particularidade. Não basta, para dimensionar o tributo, aplicar a alíquota sobre a base "valor das operações de consumo". Faz-se necessário, após este cálculo inicial, deduzir o montante de imposto pago na etapa anterior da cadeia produtiva. Paulo de Barros Carvalho chega a mencionar que, nesses casos, uma única ocorrência do mundo físico-social abre espaço para duas normas jurídicas distintas: a da regra-matriz de incidência do IVA, e a de direito de reembolso pelo valor pago na etapa anterior.[353] Em sentido contrário, Sacha Calmon Navarro Coêlho afirma que existe uma só relação jurídico-tributária, incorporando prescrições legislativas diversas.[354]

Seja como for, certo é que, para apurar o *quantum* do IVA, devem ser considerados os créditos que o sujeito passivo recebe das operações efetuadas por seus fornecedores de bens e serviços. Além disso, para assegurar a não cumulatividade do imposto, o direito de crédito deve ser amplo, pois, quando se exclui a possibilidade de creditamento em relação a alguns bens ou serviços, há cumulatividade residual.

Apesar da recomendação de creditamento amplo, a maior parte dos países que cobram IVA costumava proibir o direito a crédito em relação a bens de capital e a bens intangíveis (como know-how, por exemplo).[355] Hoje, esta proibição já não é tão frequente, pois se percebeu que a recusa ao direito de crédito desestimulava o investimento em inovação tecnológica.[356]

Na União Europeia, o direito a creditamento é estabelecido de forma ampla em relação aos bens e serviços utilizados

353. CARVALHO. *Direito Tributário, Linguagem e Método*. p. 299.

354. COÊLHO. *O IVA brasileiro*. p. 566.

355. CNOSSEN. *Global Trends and Issues in Value Added Taxation*. p. 404.

356. Ibid. p. 404-5.

pelo sujeito passivo para compensar com os débitos referentes às suas operações tributadas, nos termos do art. 168º da Diretiva 2006/112/CE do Conselho. O art. 168º-A, por sua vez, permite o crédito em relação aos bens integrados ao patrimônio da empresa (bens de capital, portanto).[357] Mas o art. 176º permite que o Conselho determine despesas que não conferem direito a crédito, e exclui a possibilidade de creditamento em relação a "despesas sumptuárias, recreativas ou de representação",[358] de modo que é possível impor restrições ao creditamento amplo.[359]

No Brasil, a divisão das competências para tributar bens e serviços gera dúvidas quanto à possibilidade de creditamento pela aquisição de bens intangíveis, uma vez que estes, na maior parte das vezes, escapam da base de incidência do ICMS. No que toca aos bens de capital e aos bens de uso e consumo, por outro lado, o art. 20 da Lei Complementar 87/1996 passou a permitir o creditamento do ICMS quando da aquisição destes.[360] Assim, conforme Sacha Calmon Navarro Coêlho, o Brasil passou a adotar o sistema de crédito misto (quase financeiro), permitindo créditos de bens adquiridos para o ativo imobilizado, bens de uso e consumo e de todos os insumos diretos e indiretos utilizados no processo produtivo.[361] Na mesma linha, André Mendes Moreira afirma que a Lei Kandir efetivamente conformou o ICMS ao modelo de neutralidade almejado pelo IVA.[362] Contudo, na sequência, o autor tece críticas às limitações ao direito de crédito amplo, que foram incorporadas à legislação complementar por

357. Disponível em: https://bit.ly/2W3SmLX Acesso em: 19 jul. 2021.

358. Disponível em: https://bit.ly/2W3SmLX Acesso em: 19 jul. 2021.

359. Para uma análise da evolução jurisprudencial do direito a creditamento no IVA europeu, vide: MOREIRA. *Neutralidade, Valor Acrescido e Tributação*. p. 49-100.

360. Vide também as regras de transição estabelecidas no art. 33 da Lei Complementar 87/1996.

361. COÊLHO. O IVA brasileiro. p. 558. Vide, em sentido semelhante: TORRES. *Tratado de Direito Constitucional Financeiro e Tributário*. v. IV. p. 303-5.

362. MOREIRA. *Neutralidade, Valor Acrescido e Tributação*. p. 154.

alterações legislativas supervenientes ou por interpretação jurisprudencial.[363]

Hugo de Brito Machado Segundo, na atualização da obra de Aliomar Baleeiro, expõe a mesma posição, salientando que, apesar de a Lei Complementar 87/96 ter assegurado o direito ao crédito relativo aos bens para o ativo fixo, o fez de forma parcelada. Além disso, a legislação ainda não permite crédito em relação aos bens de consumo, isto é, àqueles consumidos pelo estabelecimento, mas que não se incorporam ao produto final, não sendo revendidos.[364] Esta limitação à utilização dos créditos oriundos de bens de consumo impacta no consumo de bens digitais, que dificilmente se incorporam ao produto final.[365] Por consequência, ainda que estes fossem fato gerador de ICMS, seria discutível a possibilidade de creditamento.

Tendo em vista estas limitações ao direito de crédito amplo, a PEC 110/2019 propõe que seja incluído no texto da Constituição o direito a crédito relativo às operações com bens e serviços empregados, usados ou consumidos na atividade econômica, bem como o direito a crédito integral e imediato para bens do ativo imobilizado, nos termos do que viria a ser o art. 155, § 7º, II, da Constituição. A PEC 45/2019 não traz previsão expressa nesse sentido, limitando-se a declarar que o imposto será não cumulativo, utilizando o método de crédito fiscal.

Por fim, é pertinente mencionar que há setores econômicos que não se adaptam bem ao IVA. Cnossen menciona três desses setores, que, apesar de, teoricamente integrarem o critério material dos IVAs, costumam ser excluídos da base

---

363. Ibid. p. 155-6 e 165 e ss.

364. MACHADO SEGUNDO. *In:* BALEEIRO. *Uma Introdução à Ciência das Finanças*. p. 495-6. O creditamento relativo aos bens de uso e consumo será assegurado a partir de 2.033, nos termos da redação dada ao art. 33, IV, c, da Lei Complementar 87/1996 pela Lei Complementar 171/2019.

365. Este problema já é enfrentado pela vedação ao crédito sobre serviços de comunicação, que são tributados por ICMS, mas só dão direito a crédito em situações muito específicas, como bem apontado por André Mendes Moreira (MOREIRA. *Neutralidade, Valor Acrescido e Tributação*. p. 155-6).

de cálculo do imposto: moradia, serviços financeiros e agricultura.[366] Como estes setores estão muito distantes do objeto desta obra, não serão abordados, remetendo-se o leitor aos estudos de Cnossen, bem como aos artigos de Rita de la Feria e Michael Walpole[367] e Tait.[368]

Neste tópico, ficou demonstrado que a base de cálculo do IVA é o valor decorrente da venda de bens e serviços. Contudo, considerando a não cumulatividade deste imposto, deve ser assegurado ao sujeito passivo direito de crédito amplo em relação ao imposto pago na etapa anterior, pelo método de crédito fiscal, a fim de evitar cumulatividade na cadeia de consumo do bem.

#### *1.3.2.2.2 As alíquotas*

Enquanto a base de cálculo é o valor em dinheiro que mede as proporções reais do fato,[369] a alíquota é o componente aritmético que define a quantia real da obrigação tributária.[370] No que toca ao *design* normativo dos IVAs, o debate mais relevante diz respeito à incidência de alíquota única, ou de alíquotas múltiplas. Este debate está intimamente relacionado à finalidade extrafiscal dos IVAs, já que estes impostos podem ser seletivos precisamente através da variação de alíquotas.

No particular caso do Brasil, o IPI tem a precípua função de ser um tributo extrafiscal,[371] de modo que há grande variação de alíquotas, as quais, inclusive, podem ser alteradas por

366. CNOSSEN. *Global Trends and Issues in Value Added Taxation*. p. 405.

367. de la FERIA, Rita; WALPOKE, Michael. Options for Taxing Financial Supplies in Value Added Tax: EU VAT and Australian GST Models Compared. *International & Comparative Law Quarterly*. Cambridge: CUP, vol. 58, p. 897-932, out. 2009.

368. TAIT. *Value Added Tax*. cap. 5.

369. CARVALHO. *Curso de Direito Tributário*. p. 359.

370. Ibid. p. 367.

371. PAULSEN, Leandro; e MELO, José Eduardo Soares de. *Impostos federais, estaduais e municipais*. 11ª ed. SP: Saraiva, 2018. p. 106; TORRES. *Tratado de Direito Constitucional Financeiro e Tributário*. vol. II. p. 332.

ato do Poder Executivo.[372] Já as alíquotas do ICMS são fixadas pelos estados federados, competindo ao Senado Federal estabelecer alíquotas mínimas e máximas, nos termos do art. 155, § 2º, V, da Constituição. Portanto, a Constituição permite que o Senado limite a competência estadual, mas não chega a orientar a adoção de alíquotas uniformes.[373]

Além da autonomia dada aos estados federados para definir suas alíquotas internas de ICMS, Sacha Calmon Navarro Coêlho entende que a diversidade de alíquotas desse imposto também decorre das particularidades do pacto federativo brasileiro, pois foi autorizada a fim de equilibrar a arrecadação entre "estados produtores" e "estados consumidores".[374] Com efeito, o art. 155, § 2º, IV, da Constituição, determina que resolução do Senado Federal estabelecerá as alíquotas aplicáveis às operações interestaduais, como forma de promover a integração horizontal do ICMS no federalismo brasileiro.[375] No exercício desta competência, o Senado definiu as alíquotas de 7% e 12%, de acordo com o nível de desenvolvimento econômico do estado destinatário da mercadoria, nos termos da Resolução 22/1989.[376]

Na União Europeia, ao contrário do que ocorre no Brasil, não é necessário estabelecer alíquotas específicas para as operações intracomunitárias, já que a exigibilidade do tributo ocorre no estado de destino.[377] Por outro lado, assim como ocorre no Brasil, os estados-membros mantêm alguma liberdade

---

372. Art. 153, § 1º, da Constituição.

373. CARRAZZA. *ICMS*. p. 101.

374. Sobre o tema, que foge ao escopo deste livro, vide: COÊLHO. O IVA brasileiro. p. 555.

375. TORRES. *Tratado de Direito Constitucional Financeiro e Tributário*. v. IV. p. 256.

376. BRASIL, Senado Federal. Resolução nº 22, de 1989. Estabelece alíquotas do Imposto sobre Operações Relativas à Circulação de Mercadorias e sobre Prestação de Serviços de Transporte Interestadual e Intermunicipal e de Comunicação, nas operações e prestações interestaduais. DOU 22 maio1989. Disponível em: https://bit.ly/3xw7rn9 Acesso em: 19 abr. 2020.

377. Vide o tópico 1.3.1.2.

para definir as alíquotas do IVA europeu, que deve ser de, no mínimo, 15%.[378] Esta alíquota padrão deve ser a mesma para a entrega de bens e serviços em geral,[379] mas os estados-membros podem utilizar o IVA com finalidade extrafiscal, a partir do estabelecimento de até duas alíquotas reduzidas, para os bens e serviços taxativamente enumerados em anexo da Diretiva.[380]

Segundo Rita de la Feria, desde a década de 1980, a União Europeia tenta levar os estados-membros à adoção de alíquotas mais uniformes, mas esta convergência só deu alguns sinais de sucesso a partir de 2008.[381] José Xavier de Basto, por sua vez, rememora que a Comissão Europeia entende que a alíquota reduzida deve ser aplicada a toda a categoria dos bens que concorrem entre si, a fim de assegurar a neutralidade concorrencial de que se tratou no tópico 1.1.4.[382]

A tentativa de reduzir a existência de alíquotas múltiplas no IVA europeu decorre do fato de que, atualmente, muitos autores defendem a incidência de alíquota única,[383] especialmente nos países desenvolvidos,[384] refutando a incidência seletiva dos IVAs. É interessante notar, aliás, que essa já era a opinião de Ruy Barbosa Nogueira, que criticava duramente a utilização extrafiscal do ICM, defendendo que a uniformidade de alíquotas era característica fundamental do imposto.[385]

---

378. Art. 97° da Diretiva 2006/112/CE do Conselho.

379. Art. 96° da Diretiva 2006/112/CE do Conselho.

380. Art. 98° da Diretiva 2006/112/CE do Conselho.

381. FERIA, Rita de la. Blueprint for Reform of VAT Rates in Europe. *Intertax*, vol. 43, n. 2, p. 155, 2015.

382. BASTO. Livros são papéis pintados com tinta... p. 33.

383. EBRILL *et al. The Modern VAT*. p. 82; VALADÃO. Comparative analysis of the Value Added Tax (VAT) and Retail Sales Tax (RST)... p. 389-90; TAIT. *Value Added Tax*. cap. 2; FERIA, Rita de la. Blueprint for Reform of VAT Rates in Europe. p. 160. Com entendimento contrário, Falcão sustenta que a implementação de um certo grau de seletividade atenua os efeitos nefastos da regressividade, que seria inerente aos IVAs (FALCÃO. Da tributação cumulativa ao Imposto sobre o Valor Agregado... p. 617).

384. CNOSSEN. *Global Trends and Issues in Value Added Taxation*. p. 409.

385. *Apud* COÊLHO. *O IVA brasileiro*. p. 556.

Não obstante, o *design* dos IVAs permite que haja a definição de uma alíquota básica, e que se autorize a seletividade tributária, tanto pela cobrança de alíquota majorada de itens considerados supérfluos, quanto pela redução da alíquota para produtos considerados essenciais. Ou seja, permite a utilização do IVA para fins extrafiscais, como mencionado acima, estimulando ou desestimulando o consumo de alguns bens. E a extrafiscalidade foi utilizada nos dois sistemas tributários objeto deste estudo.

No Brasil, a utilização extrafiscal tem guarida na Constituição, que estabelece o princípio da essencialidade tributária nos arts. 153, § 3º, I; e 155, § 2º, III, para o IPI e o ICMS, respectivamente. Ainda que não tenha sido aplicado na extensão pretendida pelo Poder Constituinte,[386] este princípio tem amplo suporte entre os doutrinadores.[387]

Na contramão da doutrina brasileira, Cnossen ensina que os países da União Europeia que cobravam IVA com alíquota majorada sobre itens supérfluos foram gradualmente abolindo esta prática, substituindo-a por impostos específicos, monofásicos, incidentes sobre o consumo dos bens supérfluos.[388] Hoje, a redação do art. 98º e seguintes da Diretiva 2006/112/CE do Conselho já não autoriza a cobrança majorada, somente sendo permitido o estabelecimento de "uma ou duas taxas reduzidas".

E, para simplificar o sistema do IVA, a Comissão Europeia apoia uma alíquota única, como forma de aumentar a

386. PAULSEN; e MELO. *Impostos federais, estaduais e municipais*. p. 325.

387. CANAZARO, Fábio. *Essencialidade Tributária*: Igualdade, Capacidade Contributiva e Extrafiscalidade na Tributação sobre o Consumo. Porto Alegre: Livraria do Advogado, 2015; MACHADO, Hugo de Brito. O ICMS no Fornecimento de Energia Elétrica: Questões da Seletividade e da Demanda Contratada. *Revista Dialética de Direito Tributário*. São Paulo, nº 155, agosto-2008; CARRAZZA. *ICMS*. p. 464; MELO. *ICMS*, p. 317; CONTINENTINO, Marcelo Casseb. A Seletividade do ICMS Incidente sobre Energia Elétrica e a Constitucionalidade da Graduação de Alíquotas segundo o Princípio da Capacidade Contributiva. *Revista Dialética de Direito Tributário*. São Paulo, nº 141, junho-2007; PAULSEN; e MELO. *Impostos federais, estaduais e municipais*. p. 106.

388. CNOSSEN. *Global Trends and Issues in Value Added Taxation*. p. 409.

eficiência econômica deste.[389] Ao proceder desta forma, corrobora a orientação doutrinária segundo a qual a redução de alíquotas para produtos essenciais não alcança o resultado pretendido, pois não beneficia tanto a população mais pobre, especialmente quando se percebe que a população mais rica consome mais, em valores absolutos, dos produtos beneficiados com a redução de alíquota.[390] Seguindo esta linha de raciocínio, a redução de alíquota do IVA para produtos considerados essenciais acaba beneficiando mais, em termos absolutos, a parcela mais rica da população.[391] Assim, Cnossen conclui que as melhores formas de dar tratamento diferenciado à população mais pobre são, ou através da graduação do imposto de renda, conforme a capacidade contributiva, ou a partir de benefícios assistenciais, e não pela extrafiscalidade do IVA.[392]

Portanto, o modelo ideal para os países desenvolvidos, segundo Cnossen, é o de alíquota única.[393] Isso porque não há evidências de que a extrafiscalidade do IVA alcance os fins pretendidos. Ademais, a existência de mais de uma alíquota causa dificuldades administrativas, especialmente para as pequenas empresas, que passam a ter o ônus de calcular o IVA devido no mês de acordo com cada produto vendido, e não pelo somatório das operações.[394]

Não obstante, e como bem pontua Gouveia, "nos países subdesenvolvidos, uma neutralidade econômica seria catastrófica",[395] motivo pelo qual se admite a utilização extrafiscal dos IVAs. Na mesma linha, Cnossen, entende que nos paí-

389. UNIÃO EUROPEIA. Green Paper on the future of VAT... p. 14-5.

390. CNOSSEN. *Global Trends and Issues in Value Added Taxation*. p. 409; de la FERIA. Blueprint for Reform of VAT Rates in Europe. p. 166.

391. CNOSSEN. *Global Trends and Issues in Value Added Taxation*. p. 410.

392. Ibid. loc. cit.

393. Ibid. loc. cit. No mesmo sentido: FERIA, Rita de la. Blueprint for Reform of VAT Rates in Europe. p. 169.

394. CNOSSEN. *Global Trends and Issues in Value Added Taxation*. p. 410.

395. GOUVEIA. Imposto sobre o Valor Agregado. p. 47-8.

ses menos desenvolvidos a diferenciação de alíquotas, com tributação mais baixa dos produtos considerados essenciais, é defensável,[396] já que esses países não teriam condições administrativas para dar outra espécie de incentivo à população carente, seja na forma de adequada incidência do imposto de renda, seja através de benefícios assistenciais.[397] Portanto, Cnossen sustenta que, nesses países, haja isenção de IVA para alguns alimentos, especialmente os não processados. Tratando-se de isenção, não haveria a incidência de IVA na saída, e tampouco direito a crédito na entrada.[398]

Dentro deste cenário, conclui-se que o IVA europeu deve convergir para a adoção de alíquota única. No Brasil, por outro lado, a seletividade do imposto, em função da essencialidade dos produtos, parece ser ainda necessária, motivo pelo qual se mostra recomendável a utilização de mais de uma alíquota no ICMS. Não obstante, para evitar o incremento da complexidade deste tributo, seria recomendável o estabelecimento de uma quantidade máxima de alíquotas adotadas.

Em sentido contrário, um dos pontos mais polêmicos da PEC 45/2019 reside no fato de que o IBS deve ter alíquota uniforme, para todos os bens e serviços, nos termos do proposto art. 152-A, § 1º, VI, da Constituição. O abandono da seletividade causa bastante receio, e vem sendo duramente criticado.[399] Ainda que muito instigante, este tema não parece impactar especificamente as relações de consumo do século XXI, motivo pelo qual não é aprofundado aqui.

---

396. CNOSSEN. *Global Trends and Issues in Value Added Taxation*. p. 409.

397. Ibid. p. 411.

398. Ibid. loc. cit.

399. Vide, por exemplo: RIBEIRO, Ricardo Lodi. Reforma tributária simplifica, mas tem efeitos regressivos e centralizadores. *Consultor Jurídico*, 2019. Disponível em: https://bit.ly/3BjBT6a Acesso em: 19 jul. 2021; GRUPENMACHER, Betina Treiger; RODRIGUES, Matheus Schwertner Ziccarelli. A Reforma Tributária – Breves Considerações. *In:* SCAFF, Fernando Facury *et al*. *Reformas ou Deformas Tributárias e Financeiras*. Belo Horizonte: Letramento, 2020. p. 256-8.

Feita esta delimitação dos princípios estruturantes e da regra-matriz de incidência do imposto sobre valor agregado, passa-se, no capítulo 2 do livro, a discorrer sobre os arranjos de consumo do século XXI, analisando as principais inovações que tornam estes arranjos diferentes do padrão existente há cem anos, quando os IVAs começaram a ser estruturados.

# 2. O QUE ESTÁ MUDANDO NOS ARRANJOS DE CONSUMO DO SÉCULO XXI?

Conforme indicado na Introdução, este livro pressupõe que ocorreu uma mudança nos arranjos de consumo nos últimos anos, mudança esta que é denominada, para fins didáticos, de *alteração dos arranjos de consumo do século XXI*,[400] ainda que não haja uma correlação direta e imediata entre a virada do século e o processo de mudança nos padrões de consumo. No presente capítulo, o estudo desta mudança será feito sob uma perspectiva econômica – e não sociológica, de marketing ou antropológica – pois o interesse está nas alterações de valor e de forma de aquisição que alguns bens estão sofrendo, em virtude das novas relações de consumo.

A nova forma de consumir está intrinsecamente relacionada à chamada economia digital, com progressiva virtualização dos bens de consumo e com a aceleração do tráfego de

---

400. Em sentido semelhante, Ingo Sarlet e Carlos Molinaro falam nas "revoluções tecnológicas do século XXI, que se assentam em domínios transversalmente inovadores, segundo os autores. (SARLET, Ingo Wolfgang; e MOLINARO, Carlos Alberto. Sociedade da Informação – Inquietudes e Desafios. *Revista de Estudos e Pesquisas Avançadas do Terceiro Setor*. Brasília, v. 4, n. 1, p. 462, jan-jun/2017). São precisamente estas revoluções tecnológicas que estão transformando os arranjos de consumo. Vide também: CORREIA NETO, Celso de Barros; AFONSO, José Roberto R.; FUCK, Luciano Felício. Desafios Tributários na Era Digital. *In*: AFONSO, José Roberto R.; SANTANA, Hadassah Laís. *Tributação 4.0* [recurso eletrônico], SP: Almedina, 2020. p. 25.

ideias, que "viajam pelo mundo na velocidade da Internet", para utilizar a expressão de Kaplan.[401] Não só as ideias, mas também as mercadorias físicas "viajam pelo mundo" em uma escala crescente no século XXI, dado o incremento das pequenas importações, seja importações realizadas por pequenos e médios empresários, que antes não costumavam ter acesso direto aos fornecedores de mercadorias em outros países, seja compras internacionais realizadas diretamente pelo consumidor final.

A mensuração do comércio eletrônico global, tanto na variável B2B, quanto na B2C, ainda esbarra em dificuldades estatísticas. Contudo, há um projeto sendo desenvolvido em conjunto pela OCDE, pela Organização Mundial do Comércio (OMC) e pela Conferência das Nações Unidas sobre Comércio e Desenvolvimento (UNCTAD) para medir este comércio, com relatórios preliminares já apresentados.[402] Com base nesses estudos, antes da pandemia de COVID-19, estimava-se que as vendas internacionais *on-line*, para consumidores finais,

401. KAPLAN, Saul. *Business model innovation factory*: how to stay relevant when the world is changing. Hoboken: John Wiley & Sons, 2012, p. xiii.

402. Vide, entre outros, ORGANIZATION FOR ECONOMIC CO-OPERATION AND DEVELOPMENT (OCDE). Result of the 2018 WPTGS Stocktaking Questionnaire. 28 fev. 2018. Disponível em: https://bit.ly/3yC9Pc5 Acesso em: 04 jun. 2018; ORGANIZATION FOR ECONOMIC CO-OPERATION AND DEVELOPMENT (OCDE). *Handbook on Measuring Digital Trade* – Version 1 (OECD, WTO and IMF). 2020. Disponível em: https://bit.ly/3qTVFk6 Acesso em: 22 abr. 2020. No relatório da UNCTAD de abril de 2016, a organização apresentou dados compilados por alguns países e por algumas empresas de comércio eletrônico global, que apontavam uma tendência de crescimento desta modalidade de consumo. Contudo, os autores do relatório concluíram que não era claro se o comércio eletrônico internacional cresceria no ritmo estimado em estudos anteriores, por duas razões: 1) devido à estratégia de algumas empresas multinacionais, que passaram a abrir estabelecimentos nos países de residência de seus consumidores, deixando de efetuar uma exportação B2C; e 2) devido ao incremento na competitividade das empresas de comércio eletrônico nacionais, que reduziram seus preços para evitar a concorrência estrangeira (UNITED NATIONS Conference on Trade and Development. *Technical Notes on ICT for Development n. 6* - In search of cross-border e-commerce trade data. Abr-2016. Disponível em: https://bit.ly/3hpDT4U Acesso em: 04 jun. 2018, p. 22).

importavam na circulação de dois trilhões de dólares, podendo chegar a quatro trilhões e meio de dólares em 2021.[403]

Com dados mais recentes, e evidenciando as dificuldades de mensuração deste setor, a UNCTAD concluiu que o comércio eletrônico como um todo, nas variáveis B2B e B2C, alcançou U$ 26,7 trilhões em 2019,[404] dos quais U$ 440 bilhões seriam de importações por consumidor final.[405] Além disso, a pandemia teve um impacto grande na representatividade do comércio eletrônico sobre o total de vendas. Os dados preliminares da UNCTAD indicam que, de 2019 para 2020, as vendas a varejo efetuadas *on-line* subiram de 16% para 19% do total de vendas a varejo.[406]

Em paralelo, e também como consequência da velocidade com que os arranjos de consumo estão mudando, virou lugar-comum falar em "exponencialidade",[407] e na crescente rapidez com que produtos e modelos de negócio se tornam ultrapassados. Nesse sentido, Kaplan afirma que o grande objetivo dos empreendedores, hoje, deve ser evitar se tornar "*netflixed*", em uma alusão à morte das videolocadoras devi-

---

403. ORGANIZATION FOR ECONOMIC CO-OPERATION AND DEVELOPMENT (OCDE). *The Role of Digital Platforms in the Collection of VAT/GST on Online Sales.* Paris: OECD, 2019, p. 12.

404. UNITED NATIONS Conference on Trade and Development. *UNCTAD Technical Notes on ICT for Development nº 18* – Estimates of Global E-Commerce 2019 and Preliminary Assessment of Covid-19 Impact on Online Retail 2020. Disponível em: https://bit.ly/3AC7xvz Acesso em: 28 maio 2021, p. 5.

405. Ibid. p. 6.

406. Ibid. p. 2. A OCDE tem dados semelhantes, mas o estudo foi restrito aos seus estados-membros (ORGANIZATION FOR ECONOMIC CO-OPERATION AND DEVELOPMENT (OCDE). *E-commerce in the time of COVID-19.* 07 out. 2020. Disponível em: https://bit.ly/3hsX1Pq Acesso em: 28 maio 2021).

407. BRYNJOLFSSON e McAFEE trazem uma boa explicação do crescimento exponencial e da chamada "Lei de Moore" no livro *Race Against the Machine* – How the Digital Revolution is Accelerating Innovation, Driving Productivity, and Irreversibly Transforming Employment and the Economy (EUA: Digital Frontier Press, 2011). Na mesma linha, vide: RIFKIN, Jeremy. *Sociedade com Custo Marginal Zero* – A Internet das Coisas, os Bens Comuns Colaborativos e o Ecplipse do Capitalismo. SP: M Books, 2016. p. 100-2.

do à consolidação global da empresa Netflix.[408] O mesmo autor afirma que a meia-vida dos negócios, que costumava ser medida em décadas no século XX, está se reduzindo, de modo que empresários precisarão adaptar seus modelos de negócio com frequência crescente.[409]

A acelerada circulação de ideias permite que o consumidor efetue pesquisas cada vez mais completas e sofisticadas sobre o que vai comprar, acabando por consumir produtos melhores e por preços mais baixos.[410] Isto é positivo para o consumidor, mas pode ser traumático para o empresário, que deve adaptar sua estratégia de negócio às mudanças nas relações de consumo do século XXI, e muitas vezes se vê compelido a fornecer seus produtos com margens de lucro cada vez mais reduzidas. Em termos econômicos, esta redução da margem de lucro nada mais é do que uma consequência do incremento da concorrência, tendendo à concorrência perfeita.

---

408. KAPLAN. *Business model innovation factory...* p. xiv-xv. Nas páginas 5-10 da mesma obra, o autor faz um relato histórico da primeira disrupção da Netflix: nos Estados Unidos, no final da década de 1990, esta empresa iniciou um serviço através do qual enviava DVDs para as casas de seus assinantes, pelos correios. Os assinantes pagavam uma taxa mensal para receber os DVDs, e não precisavam ir à videolocadora, economizando tempo. Esta ideia disruptiva foi o início da radical mudança nos hábitos de consumo de filmes, que acabou tornando obsoletas e eliminando as videolocadoras.

409. Ibid. p. 4.

410. PORTO abordou o tema em artigo acadêmico (PORTO, Roseli Morena. Varejo multicanal. *Revista GV Executivo*, São Paulo, v. 5, n. 1, p. 63, fev-abr/2006). GOOLSBEE e CHEVALIER, por sua vez, realizaram uma pesquisa empírica no mercado de venda de livros físicos a partir de sítios eletrônicos nos Estados Unidos, concluindo que há uma grande elasticidade de preços nesse mercado, evidenciando que os consumidores comparam preços antes de comprar os livros (GOOLSBEE, Austan; e CHEVALIER, Judith. Measuring Prices and Price Competition Online: Amazon and Barnes and Noble. *National Bureau of Economic Research Working Paper n. 9085*, jul. 2002. Disponível em: https://bit.ly/3hNu5Rs Acesso em: 04 jun. 2019). Sob uma perspectiva levemente diferente, AHMAD e SCHREYER sustentam que, na medida em que os produtos (especialmente os serviços, mas em menor grau também os bens) se tornam mais personalizados, a comparação de preços vai se tornando mais difícil (AHMAD, Nadim; e SCHREYER, Paul. Are GDP and Productivity Measures Up to the Challenges of the Digital Economy? *International Productivity Monitor*. Canada, n. 30, p. 22, spring/2016).

Na concorrência perfeita, o "consumidor é rei", segundo Nusdeo,[411] e os produtores reduzirão seus preços "até o ponto em que o preço iguale o seu custo marginal, deixando de oferecer os bens quando por excesso de oferta o preço de mercado cair abaixo do custo marginal",[412] entendido este como o custo de produção de uma unidade adicional de determinado bem, uma vez que a linha de produção já esteja operante. Isso acontece porque, no ambiente de concorrência perfeita, o mercado é perfeitamente competitivo, e os produtores sabem que o preço de seus produtos independe de seus níveis de produção – os produtores sabem que eles não têm ingerência sobre o preço – como leciona Varian.[413] Mas poderia o incremento de competitividade ser tão grande, ao ponto de a margem de lucro chegar a zero?

Rifkin entende que sim, quando fala na "sociedade com custo marginal zero", na qual, devido à produtividade extrema, o custo de produção de uma unidade adicional de um mesmo produto – o custo marginal, portanto – despencaria a zero.[414] Há uma aparente contradição na proposta de Rifkin, pois, quando o custo marginal cai a zero, em tese, toda a renda da produção adicional reverte ao produtor na forma de lucro. Contudo, e como bem destaca Bauman, na modernidade líquida, a eficácia do tempo como meio de alcançar valor se aproxima do infinito, o que tem o efeito paradoxal de nivelar para baixo o valor de todas as coisas produzidas.[415]

Rifkin traz uma série de exemplos em que aconteceu exatamente isso: pela abundância dos produtos com custo marginal zero, os produtores foram forçados a reduzir a margem

---

411. NUSDEO, Fábio. *Curso de Economia* – Introdução ao Direito Econômico [recurso eletrônico]. SP: RT, 2016. tópico 13.3.

412. Ibid. loc. cit.

413. VARIAN, Hal. R. *Microeconomia*: conceitos básicos. RJ: Elsevier, 2006. p. 412.

414. RIFKIN. *Sociedade com Custo Marginal Zero*... p. 16. Vide também: CORREIA NETO; AFONSO; FUCK. Desafios Tributários na Era Digital. p. 26.

415. BAUMAN. *Modernidade líquida*. p. 141.

de lucro também a zero. Um dos exemplos trazidos por Rifkin analisa o mercado de livros: no mercado de livros digitais, o custo de produção de um novo exemplar de um livro já publicado é praticamente zero; por consequência, muitos autores optam por publicar seus livros eletrônicos na íntegra, na internet, sem cobrar pelo acesso, o que causa grandes "estragos" no mercado editorial.[416]

O "fim" do custo marginal é um problema que impacta severamente não só os modelos de negócio existentes, como também o sistema tributário, na medida em que a principal base econômica dos impostos[417] – a renda – desapareceria se efetivamente o modelo de custo marginal zero eliminasse o lucro. Com efeito, reduzindo-se a zero a margem de lucro, o imposto de renda de pessoas jurídicas tornar-se-ia inócuo. Da mesma forma, o modelo de tributação incidente sobre o valor agregado se depararia com a corrosão de sua base de cálculo, na medida em que o consumo nada mais é do que o momento em que a renda é gasta, como já ensinava Aliomar Baleeiro.[418]

De fato, o imposto sobre o valor agregado é cobrado sobre o montante adicionado em cada etapa produtiva. Em uma simplificação trabalhada em maiores detalhes no tópico 1.3, é possível afirmar que o IVA incide sobre o valor agregado em cada etapa da cadeia produtiva, de modo que, em cada uma destas etapas, incide especificamente sobre o lucro e os salários.[419] Assim, se o IVA tem como um dos componentes essenciais de sua base de cálculo o lucro, e considerando válida a conjectura de Rifkin de que este se reduzirá a zero no caso de bens abundantes, como tributar com IVA?

---

416. RIFKIN. *Sociedade com Custo Marginal Zero...* p. 16-7.

417. Sobre a base econômica dos impostos, vide a abertura do capítulo 1.

418. BALEEIRO. *Uma Introdução à Ciência das Finanças*. p. 338.

419. Alan Tait ensina que, na técnica de apuração direta do valor agregado, método adição, o valor agregado corresponde precisamente à soma de lucros e salários (TAIT. *Value Added Tax*. cap. 1). Como visto no tópico 1.3.1.1, o método de adição não é adotado com frequência dentre os países que utilizam IVAs. Contudo, teoricamente, o valor agregado apurado deve ser o mesmo, qualquer que seja o método utilizado.

Nesse particular, deve se ter em mente que, ao falar de custo marginal zero, Rifkin tangencia a ideia de fim do capitalismo como consequência da própria evolução deste modelo econômico. Esta ideia não é inovação de Rifkin, pois já estava presente nos escritos de Marx,[420] e foi esmiuçada por Schumpeter[421] em 1942, no livro *Capitalismo, Socialismo e Democracia.*

Na obra de Schumpeter, que indiscutivelmente se mostra atual,[422] o autor fez um exercício de predição,[423] apresentando diversas razões para a autodestruição do capitalismo. Em seguida, apresenta as características da sociedade socialista que, segundo o autor, suplantaria a capitalista. É necessário deixar claro que, não obstante a conclusão de que o socialismo provavelmente triunfaria sobre o capitalismo, Schumpeter tendia para o sistema capitalista, como bem pontuou Rubens Vaz da Costa na introdução à versão brasileira do livro *Teoria do Desenvolvimento Econômico.*[424]

Este livro se aterá à primeira parte do *Capitalismo, Socialismo e Democracia* (em que Schumpeter detalhou a autodestruição capitalista), mas não acompanhará o raciocínio do autor até o final, uma vez que os movimentos de redução do tamanho do Estado, que ocorreram em diversas economias nas décadas de 1980 e 1990,[425] diminuíram enormemente a

---

420. MARX, Karl. *O Capital* – Crítica da Economia política [obra completa – recurso eletrônico]. Vol. 3, parte 2, 15.III.

421. SCHUMPETER. *Capitalismo...*

422. Sobre a atualidade da obra de Schumpeter, Arnold Heertje e Mark Perlman afirmam que o autor ficou esquecido por alguns economistas *mainstream*, mas que a evolução da matemática permitiu demonstrar a lógica de sua teoria, de modo que a "era de Schumpeter" estaria chegando (HEERTJE, Arnold; e PERLMAN, Mark (eds). *Evolving Technology and Market Structure* – Studies in Schumpeterian Economics. EUA: The University of Michigan Press, 1990. p. 2).

423. GINTIS, Herbert. Why Schumpeter got it Wrong in Capitalism, Socialism, and Democracy. *Challenge Magazine*, 1990. Disponível em: https://bit.ly/3wsCmzw Acesso em: 29 abr. 2019. p. 1.

424. SCHUMPETER, Joseph A. *Teoria do Desenvolvimento Econômico*. SP: Nova Cultura, 1997. p. 6.

425. FUKUYAMA, Francis. The End of History? The National Interest. nº 16, p.

possibilidade de estabelecimento de um modelo de sociedade em que o controle dos meios de produção e da própria produção fosse exercido por uma autoridade central, característica esta que Schumpeter considerava inerente à sociedade socialista que ele propunha.[426]

Gintis, em artigo escrito precisamente em 1990, afirmou que a teoria de Schumpeter – que já tinha cerca de meio século naquele momento – fora refutada com o passar do tempo, pois o capitalismo continuou a florescer, enquanto o socialismo praticamente desaparecera.[427] O artigo de Gintis é convincente neste particular: ainda que o próprio Schumpeter tenha afirmado que o ocaso do capitalismo ocorreria entre 50 a 100 anos da data em que escreveu seu livro,[428] a evolução do modelo de Estado ao longo do século XX não mais permite afirmar que o socialismo possa suplantar o capitalismo.

Não obstante, o debate sobre o impacto das alterações dos arranjos de consumo do século XXI no ciclo capitalista pode ser visto sob o enfoque de Schumpeter. Nesse sentido, adota-se uma perspectiva semelhante à de Arnold Heertje e Mark Perlman, que, na obra coletiva que editaram, destacam que seu objetivo não é produzir uma mera imitação do trabalho de Schumpeter, mas partir de suas premissas gerais e *insights* para produzir algo novo, com impacto teórico e intelectual.[429]

Sob esse enfoque, é possível afirmar que boa parte dos fatos que Schumpeter apontava como causadores da autodestruição capitalista se acentuaram com a economia digital. Sua análise, neste particular, partia da massificação do consumo, fenômeno que, no seu entender, representaria o ápice do capitalismo. É elucidativo de seu raciocínio o trecho em que

---

3-18, summer 1989.

426. SCHUMPETER, Joseph A. *Capitalismo*... p. 232.

427. GINTIS. *Why Schumpeter got it Wrong*... p. 2.

428. SCHUMPETER. *Capitalismo*... p. 311.

429. HEERTJE e PERLMAN (eds). *Evolving Technology and Market Structure*... p. 3.

Schumpeter mencionou que há produtos à disposição do operário moderno – isto é, do operário da década de 1930 – que reis e rainhas não tinham condições de ter na era pré-capitalista. Para o autor, a contribuição capitalista não é fornecer mais meias de seda às rainhas, mas colocá-las ao alcance de todas as operárias, através da evolução tecnológica que permite a produção em massa, com consequente redução do preço.

Ou seja, a evolução tecnológica permite a massificação do consumo. Segundo Schumpeter, essa evolução tecnológica propicia a ocorrência de pequenas revoluções industriais, nas quais a adoção de novos métodos de produção, novas mercadorias ou novas formas de organização empresarial alteram a forma de produzir determinado bem. O autor chamou essas pequenas revoluções industriais de "ondas de longa duração".[430]

Para Schumpeter, a concorrência entre agentes econômicos, na realidade capitalista, ocorre na transição entre "ondas de longa duração", e não na competição por preço entre dois fabricantes de um mesmo bem. Enquanto a competição por preço é um arrombamento da porta de uma empresa, a concorrência por inovação é um verdadeiro bombardeio desta empresa, no entender do autor.[431] Assim, as "ondas de longa duração" tiram do mercado empresas que se tornaram obsoletas, e colocam produtos novos e de melhor qualidade à disposição de mais pessoas.

Em uma linguagem mais atual, essas "ondas de longa duração" vêm sendo chamadas de *inovação disruptiva*. Segundo Christensen, Raynor e McDonald, a inovação disruptiva ocorre quando uma empresa menor e com menos recursos desafia negócios bem estabelecidos.[432] Os autores sustentam que a

---

430. SCHUMPETER. *Capitalismo...* p. 98.

431. Ibid. p. 122.

432. CHRISTENSEN, Clayton M.; RAYNOR, Michael E.; e McDONALD, Rory. What Is Disruptive Innovation? *In*: *Harvard Business Review*, EUA, dez. 2015. Disponível em: https://bit.ly/3jZoN82 Acesso em: 06 set. 2019.

empresa disruptiva nasce atuando na periferia das empresas bem estabelecidas, oferecendo para clientes que não são bem atendidos pelas líderes do segmento um produto mais barato, ainda que de qualidade ligeiramente inferior. Na medida em que as empresas disruptivas se desenvolvem e aprimoram seus produtos, conseguem atingir o público *mainstream*, que era bem atendido pelas empresas líderes. É nesse momento que ocorre a disrupção (ou a eclosão da "onda de longa duração"?). Mais uma vez, o principal exemplo de disrupção apresentado pelos autores é o caso da Netflix, que tirou do mercado as videolocadoras, substituindo-as por um produto novo e de melhor qualidade, à disposição de mais pessoas.

Segundo Carlota Perez, as "ondas de longa duração" envolvem não só mudanças tecnológicas na engenharia de produção de um bem específico, mas um conjunto de pequenas mudanças no processo produtivo, distributivo, organizacional e de gestão, que propiciam um salto de produtividade na economia como um todo.[433] Essas mudanças já estavam desenvolvidas e em uso, de forma isolada, muito antes da mudança de paradigma que levou à "onda de longa duração".[434] Contudo, em um dado momento passam a ser interconectadas, levando a um ganho extremo no processo produtivo. Em sentido semelhante, Christensen, Raynor e McDonald afirmam que a inovação disruptiva tende a focar no modelo de negócio, e não simplesmente no produto desenvolvido.[435]

Geralmente, a interconexão que permite a disrupção ocorre em um período de recessão, quando o produto anterior dá sinais de que está atingindo o limite de incremento

---

433. *Apud* FREEMAN, Christopher. Schumpeter's Business Cycles Revisited. *In* HEERTJE, Arnold; e PERLMAN, Mark (eds). *Evolving Technology and Market Structure* – Studies in Schumpeterian Economics. EUA: The University of Michigan Press, p. 31-2, 1990.

434. FREEMAN. *Schumpeter's Business*... p. 33.

435. CHRISTENSEN; RAYNOR; e McDONALD. *What Is Disruptive Innovation?*

da sua produtividade.[436] Portanto, a recessão leva às "ondas de longa duração", que transformam profundamente o setor econômico específico.[437] Na fase de crescimento da "onda de longa duração", por sua vez, há a substituição rápida das empresas que costumavam fornecer um bem ou serviço pelo fabricante do produto inovador, tal como a Netflix substituiu as videolocadoras, no exemplo citado acima. Ocorre uma "onda de destruição criativa", considerada, por Schumpeter, o verdadeiro motor do processo capitalista,[438] e quem se recusa a mudar, perde espaço para a concorrência, como bem adverte Luís Aires.[439]

Essa lógica cíclica de Schumpeter parte da teoria de Nikolai Kondratieff,[440] economista russo que percebeu que o que melhor explica a economia é o desenvolvimento tecnológico, e que este não acontece de forma linear, mas aos saltos: a cada 50 ou 60 anos ocorre um salto tecnológico, motivado pela crise que fecha o ciclo anterior.[441]

Apesar de sua crença no movimento cíclico da economia capitalista, Schumpeter pressupõe que as necessidades humanas são limitadas, de modo que haveria um teto para as inovações e para o desenvolvimento tecnológico. Uma vez que se universalizasse o acesso aos bens de consumo, não haveria tanta pressão para a inovação, o que levaria à estagnação da

436. FREEMAN. *Schumpeter's Business*... p. 33.

437. Ibid. p. 34.

438. SCHUMPETER. *Capitalismo*... p. 125; FREEMAN. Schumpeter's Business... p. 24.

439. AIRES. *O labirinto tributário na nova economia: da transformação digital à odisseia fiscal*. p. 3.

440. O livro *Business Cycles*, de Schumpeter, é todo embasado na teoria de Kondratieff. Segundo Schumpeter, foi Kondratieff que analisou de forma sistemática a presunção de que há uma Longa Onda, característica do processo capitalista (SCHUMPETER, Joseph A. *Business Cycles* – A Theoretical, Historical, and Statistical Analysis of the Capitalist Process. Vol. I, EUA: McGraw-Hill, 1923. p. 164).

441. ALVES, Paulo Vicente. *Um Século em Quatro Atos* – Uma Projeção do Século XXI. RJ: Alta Books, 2018. p. 11.

sociedade capitalista.[442] Hoje, após o transcurso de quase oito décadas desde a redação do livro de Schumpeter, há duas formas de analisar este pressuposto: à luz da desaceleração do crescimento do produto interno bruto (PIB) nas últimas décadas, ou sob a ótica das inovações tecnológicas do século XXI.

De um lado, é possível fazer uma análise a partir da estagnação econômica dos países mais desenvolvidos, já que os países integrantes da OCDE tiveram crescimento médio de 2% entre 2011-2018.[443] Na série histórica, o gráfico de crescimento da economia desses países tem tendência decrescente: desde o início da mensuração do crescimento econômico em relação ao PIB, em 1961, até o final da década de 1980, os países da OCDE cresciam a níveis próximos ou superiores a 10% do PIB; mas a partir da década de 1990, começaram a crescer menos, chegando a uma média de 2% na última década (desconsiderando-se 2020, por conta da pandemia de COVID-19).[444] Sob este enfoque, o pressuposto de Schumpeter se mostra acertado, na medida em que, efetivamente, uma vez que as necessidades básicas da população foram atendidas, aquelas economias tenderam à desaceleração.

Por outro lado, é possível confrontar este pressuposto à onda de inovação tecnológica do século XXI. Primeiramente, deve se ter em mente que há dúvidas acerca da aptidão das técnicas econômicas de mensuração do PIB para quantificar a economia digital. Nesse sentido, Nadim Ahmad e Paul Schreyer defendem que os baixos índices de desempenho econômico nos últimos anos são, em parte, consequência de problemas na medição do PIB.[445] Os autores entendem que, ao menos em

---

442. SCHUMPETER. *Capitalismo*... p. 160.

443. ORGANIZATION FOR ECONOMIC CO-OPERATION AND DEVELOPMENT (OCDE). *OECD Economic Outlook*. Vol. 2019, 1ª ed (versão preliminar). Disponível em: https://bit.ly/3xQyWYP Acesso em: 19 jul. 2021.

444. ORGANIZATION FOR ECONOMIC CO-OPERATION AND DEVELOPMENT (OCDE). Nominal GDP forecast. Disponível em: https://bit.ly/3dXXneX Acesso em: 28 maio 2021.

445. AHMAD; SCHREYER. *Are GDP and Productivity Measures* ... p. 6. Em sentido

tese, o PIB está apto a medir as transações *peer-to-peer*, da mesma forma que estava conceitualmente apto a medir vendas em bazares ou *garage sales*. Contudo, eles têm dúvidas se esta mensuração reflete as somas mais robustas da economia compartilhada de hoje em dia.[446] Ou seja, talvez o crescimento econômico não esteja tão fraco quanto os números levam a crer.

Ademais, sabe-se que boa parte dos bens de alta tecnologia foi criada precisamente nos países mais desenvolvidos, os quais, por já terem atendido às necessidades básicas de suas populações, tinham recursos e criatividade disponíveis para investir nas pesquisas necessárias ao desenvolvimento de tecnologia da informação. Elucidativos deste investimento são os gráficos elaborados por Haskel e Westlake, que dão conta de que o investimento em intangíveis já supera o investimento em bens tangíveis nos Estados Unidos e nos países mais desenvolvidos da União Europeia. Os autores também correlacionam o investimento em pesquisa e desenvolvimento com o valor agregado pelos bens tecnológicos no PIB.[447]

Nessa linha, ao abordar a transição de uma "onda de longa duração" para outra, Freeman afirma que os países que são "líderes estabelecidos", na economia mundial, até têm dificuldades em abandonar as velhas técnicas produtivas, para embarcar na "onda de destruição criativa". Contudo, os mais prejudicados são aqueles países que não têm um mínimo de educação, capacidade de gestão, investimento em pesquisa e desenvolvimento, e conhecimento de *design*, pois estes não surfam na nova onda de destruição criativa.[448]

---

semelhante, GREENSPAN *apud* HASKEL, Jonathan; e WESTLAKE, Stian. *Capitalism without Capital* – the rise of the intangible economy [recurso eletrônico]. EUA: Princeton University Press, 2018, cap. 3.

446. AHMAD; SCHREYER. Are GDP and Productivity Measures ... p. 7. Na mesma linha, vide BEAN, Sir Charles. *Independent review of UK economic statistics*. 2016. Disponível em: https://bit.ly/3qXTkof Acesso em: 13 set. 2019. p. 19.

447. HASKEL e WESTLAKE. *Capitalism without Capital*, cap. 2.

448. FREEMAN. *Schumpeter's Business*... p. 35.

Diante deste cenário, imagina-se que as necessidades humanas não são limitadas, mas sempre cambiantes, com o passar do tempo e a formação de novos hábitos sociais, o que invalidaria o pressuposto de Schumpeter. Por consequência, os novos arranjos de consumo do século XXI podem ser considerados uma oportunidade de aprimoramento do processo produtivo, representando um ganho de competitividade para aqueles negócios e países que conseguirem surfar na nova onda de longa duração.

A nova onda de longa duração traz, também, mudanças nos padrões de consumo. Schumpeter analisou este fenômeno, exemplificando com a mudança de hábitos das "famílias abastadas". O autor concluiu que houve uma mudança no tamanho das casas burguesas, que, na era capitalista, foram substituídas por espaços menores e mais mecanizados, transferindo as atividades sociais para restaurantes e clubes. Ele falou, também, que os bens de consumo duráveis – móveis – se tornaram mais baratos e menos numerosos, diminuindo a necessidade de comprá-los. Por outro lado, no estágio em que escreveu sua obra, essa redução no consumo por parte das classes abastadas não importava em risco ao crescimento econômico, na medida em que as pessoas de rendas menores estavam consumindo cada vez mais, em virtude precisamente do barateamento desses bens.[449]

Não obstante, o autor antevia problemas no médio prazo, tanto que falou em "evaporação da propriedade dos bens de consumo",[450] no sentido de que as pessoas passariam a se interessar menos pela acumulação de patrimônio/propriedade. Para Schumpeter, o novo *homo oeconomicus* "adota uma mentalidade hostil à poupança e aceita cada vez mais facilmente as teorias antipoupança características de uma filosofia de curto prazo",[451] não compreendendo a necessidade que

449. SCHUMPETER. *Capitalismo*... p. 222-4.

450. Ibid. p. 222.

451. Ibid. p. 225.

seus antecessores tinham de acumular bens de consumo. É impressionante como esta afirmação é atual, em um cenário de economia compartilhada,[452] que se refletiu em uma grande mudança de paradigma, já que o consumo baseado na propriedade vem sendo rapidamente substituído pelo consumo baseado no acesso. Ademais, percebe-se uma profunda redução do valor monetário que costumava se atribuir a alguns bens, precisamente como consequência da economia compartilhada.[453]

Por outro lado, não parece possível afirmar, no atual estágio da "onda de destruição criativa" dos arranjos de consumo do século XX, que no século XXI não emergirão novas necessidades e novos bens de consumo, após o ocaso dos bens tangíveis e da propriedade individual. Não há elementos para afirmar que se está diante do fim do capitalismo, mas apenas para asseverar que os processos produtivo, distributivo e tecnológico estão passando por profundas mudanças. Segundo Christopher Freeman, essas mudanças causarão desconforto no momento inicial da transição, mas serão economicamente benéficas no longo prazo.[454]

Freeman critica a teoria de Schumpeter neste particular, na medida em que este desconsiderou as mudanças institucionais e sociais que ocorrem no momento de crescimento da onda de longa duração. No topo desta onda, emergem novos

---

452. Segundo Makela, McKee e Scassa, as plataformas de economia compartilhada geralmente permitem a interação entre os seus usuários, e disponibilizam termos contratuais padronizados e meios de pagamento seguros, permitindo a realização de operações comerciais entre particulares. Não obstante, os autores tecem críticas ao termo *sharing economy*, conforme exposto no tópico 2.2.3 (MAKELA, Finn; McKEE, Derek; SCASSA, Teresa. The "Sharing Economy" through the Lens of Law. *In* McKEE; MAKELA; SCASSA (eds.). *Law and the "Sharing Economy"*- Regulating Online Market Platforms. Canadá: University of Ottawa Press, 2018. p. 1).

453. WEBER *apud* LAZZARI, Aline de Geroni Roncato. *As Narrativas de Mudança no Contexto da Economia Compartilhada*. 2019. Dissertação (Mestrado em Administração e Negócios) – Escola de Negócios, Pontifícia Universidade Católica do Rio Grande do Sul, Porto Alegre, 2019. f. 18.

454. *Apud* WEBSTER. *Theories of the Information Society*. p. 10.

países para liderar o processo de inovação tecnológica, e os padrões internacionais de difusão da tecnologia também mudam.[455] Para o autor, essas mudanças permitem a constante reinvenção do capitalismo.

Nesse ponto, retorna-se à lição de Rifkin, que afirma que estamos migrando de um modelo de economia da escassez para a economia da abundância, que ele chama de "sociedade com custo marginal zero". Nessa nova sociedade, os padrões de difusão da tecnologia estão mudando. Contudo, Rifkin destaca que "[a]creditamos tanto na economia da escassez que mal podemos conceber que uma economia da abundância seja possível".[456] De fato, como antevisto por Freeman,[457] os grandes *players* da economia vão querer evitar a migração para a sociedade da abundância, especialmente porque não sabem se movimentar no novo modelo social.

Em especial no que interessa à presente obra, é de se esperar essa postura reativa dos governos, na medida em que a queda do custo marginal impacta diretamente na arrecadação de IVA, que é calculado sobre o valor agregado em cada etapa produtiva. Se o custo de produção cair vertiginosamente, e se essa queda levar à corrosão do lucro, devido à abundância do bem, não haverá valor agregado para justificar a incidência tributária. Contudo, como bem aponta Aires, ainda que o valor individual das transações digitais seja baixo – uma consequência da abundância destas – o valor global da economia digital segue crescendo.[458] Logo, os estados devem adaptar seus sistemas tributários às novas atividades econômicas, para assegurar a incidência tributária sobre os novos arranjos de consumo, sob pena de queda de arrecadação.[459]

---

455. FREEMAN. *Schumpeter's Business...* p. 35.

456. RIFKIN. *Sociedade com Custo Marginal Zero...* p. 178.

457. FREEMAN. *Schumpeter's Business...* p. 35.

458. AIRES. *O labirinto tributário na nova economia: da transformação digital à odisseia fiscal.* p. 14.

459. Ibid. p. 14-5.

Em um cenário menos extremado, os novos arranjos de consumo trazem outra dificuldade ao IVA: é mais complexo individualizar o valor agregado dos bens de consumo do século XXI, pelos motivos expostos no tópico 2.1. Essa dificuldade trará problemas arrecadatórios para os países que cobram IVAs sobre uma base de incidência ampla, mas será ainda mais traumática para o Brasil, dada a partição de competências para cobrar os impostos sobre consumo.[460] É por isso que, diante do impacto dos arranjos de consumo do século XXI sobre o sistema tributário, Veitzman afirma que "a reforma tributária brasileira será cunhada, a fórceps, em razão do surgimento de tecnologias disruptivas".[461]

Não obstante, a análise dos ciclos econômicos de Kondratieff, tão bem realizada por Paulo Vicente Alves, permite afirmar que, diante da nova "onda de longa duração", eventual postura reativa dos governos será inócua. Ao abordar a capacidade de reinvenção do capitalismo, Alves chega a afirmar que "tempos desesperados requerem medidas desesperadas".[462] Para sobreviver à "onda de destruição criativa", no seu entender, não basta "pensar fora da caixa", já que a própria "caixa" deixa de existir, sendo necessário construir uma "nova caixa".[463] Adotando esta metáfora, a "caixa" do valor agregado pode estar desaparecendo, e parece necessário construir uma "nova caixa de tributação indireta",[464] para adaptar o sistema tributário aos arranjos de consumo do século XXI.

Assim, parece claro que se está em um momento de transição entre uma "onda de longa duração" e outra, na qual novos modelos de negócio estão surgindo, e produtos tradicionais

---

460. Vide o tópico 1.3.1.1.

461. VEITZMAN, Flávio. Impressão 3D e sistema tributário disfuncional. *In:* PISCITELLI, Tathiane. *Tributação da economia digital* [recurso eletrônico]. SP: RT, 2021. cap. 4.1.

462. ALVES. *Um Século em Quatro Atos*... p. 12.

463. Ibid. loc. cit.

464. Sobre os conceitos de tributação direta e indireta, vide o tópico 1.1.1.

estão perdendo o valor que costumavam ter, tal qual antevisto por Schumpeter.[465] Sob a ótica da tributação, essa nova onda de longa duração significa a possibilidade de tributar – ou não – o novo produto. Dependendo da forma como o sistema jurídico tributário estiver estruturado, o Estado enfrentará grandes dificuldades de tributar os novos bens de consumo. Por outro lado, adotando um sistema tributário mais aberto, o Estado terá maior facilidade de assegurar a tributação do novo bem.[466] As dificuldades específicas do IVA serão analisadas em mais detalhes nos capítulos 3 e 4. Nos tópicos a seguir, passa-se à análise do problema fático que gera o problema jurídico: quais são as mudanças nos arranjos de consumo do século XXI, que podem levar à ineficiência arrecadatória do IVA? O novo ciclo econômico está centrado no crescimento do consumo de intangíveis; no encurtamento e na modificação das cadeias produtivas; e na dificuldade de quantificação do valor agregado.

## 2.1 A desmaterialização do consumo

Como se depreende do trecho inicial deste capítulo, boa parte dos bens de consumo do século XXI perderam sua materialidade física. Esta desmaterialização pode ser compreendida à luz da ênfase que alguns economistas têm colocado na "sociedade da informação".[467] Esta sociedade é a sociedade que tem como motores da economia fontes intangíveis de valor econômico (tais como a informação), de modo que o crescimento econômico reflete o interesse dos agentes econômicos

465. SCHUMPETER. *Capitalismo...* p. 122.

466. Sobre o tema, vide: RIBEIRO, Ricardo Lodi. Legalidade Tributária, Tipicidade Aberta, Conceitos Indeterminados e Cláusulas Gerais Tributárias. *Revista de Direito Administrativo*, RJ: FGV, n. 229, p. 313-333, jul-set/2002; JONES, John Avery. Tax Law: Rules or Principles? *Fiscal Studies*. London, vol. 17, n. 3, p. 63-89, 1996; FREEDMAN, Judith. Improving (Not Perfecting) Tax Legislation: Rules and Principles Revisited. *British Tax Review*, London: Sweet & Maxwell, n. 6, p. 717-736, 2010.

467. Sobre a "sociedade da informação" e os motivos pelos quais não se aprofunda a análise deste termo no presente trabalho, vide a Introdução.

nesta.[468] Este tópico se dedica a estudar as consequências dessa desmaterialização do comércio tradicional, no que se convencionou chamar de comércio eletrônico *stricto sensu*, ou seja, aquele em que o produto ou serviço é fornecido diretamente pela internet.[469]

Sob uma perspectiva econômica, a ênfase na informação cria uma série de dificuldades, uma vez que a modelagem econômica convencional não foi desenhada para analisar um bem intangível, não competitivo e não excludente.[470] Estes três aspectos dos novos motores da economia também criam problemas para a tributação.

- A *intangibilidade*, em relação aos tributos indiretos, gera dificuldades nos sistemas que diferenciam tributação de bens e tributação de serviços, tal como o sistema brasileiro.[471] Ademais, a tributação de intangíveis encontra problemas práticos, pois não há materialidade física, embaraçando o processo de fiscalização.

- A *não competitividade* – ou escalabilidade, como preferem Haskel e Westlake[472] – da informação, por sua vez, tem impacto na própria formação do preço. O termo não competitividade, aqui, é utilizado no sentido de inocorrência de escassez, existência de abundância. Se não há escassez, torna-se mais difícil justificar a cobrança pelo bem, conforme exposto por Rifkin.[473] Por consequência, inviabiliza-se a incidên-

468. DAVID e FORAY *apud* MANSELL. The life and times of the information society. p. 172.

469. GUIMARÃES, Vasco Branco. A Tributação Face ao Desafio Digital. *In*: AFONSO, José Roberto R.; SANTANA, Hadassah Laís. *Tributação 4.0* [recurso eletrônico], SP: Almedina, 2020. p. 61.

470. MANSELL. *The life and times of the information society*. p. 172.

471. Vide os tópicos 1.3.1.1 e 3.1.

472. HASKEL; WESTLAKE. *Capitalism without Capital*, cap. 4.

473. RIFKIN, *Sociedade com custo marginal*... p. 315. Vide, também, o tópico 2.3.

cia tributária sobre o valor agregado. Nesse particular, é interessante a observação de Benkler, que ensina que os economistas classificam informação e bens culturais como bens públicos – no sentido de bens que pertencem a todos – exatamente devido à não competitividade destes bens.[474] Contudo, há técnicas jurídicas para gerar escassez – e, por consequência, justificar a cobrança pelo uso do bem cultural – tais como proteção aos direitos do autor, como exposto abaixo.

- A *não exclusividade*, por fim, causa embaraços à forma tradicional de viabilizar economicamente o desenvolvimento de bens. Um bem é não excludente quando não há meios legais para impedir que alguém tenha livre acesso a ele. Há amplo arcabouço jurídico para proteger a exclusividade de determinados bens intangíveis, tais como sistemas de registros e propriedade intelectual e pagamento de direitos autorais.[475] Não obstante, Benkler entende, com base em pesquisas empíricas e na teoria econômica, que esta linha de proteção da propriedade não está adequada ao desenvolvimento dos bens digitais.[476] Assumindo-se como verdadeira esta premissa, a abundância e o livre acesso acabam sendo intrínsecos aos bens digitais, corroendo o valor econômico destes, com a consequente não tributação do seu consumo.

---

474. BENKLER, Yochai. *The Wealth of Networks* – How Social Production Transforms Markets and Freedom [recurso eletrônico]. EUA: Yale University Press, 2006. p. 40.

475. Sobre a evolução dos modelos de proteção à propriedade intelectual, de um modelo de tutela da descoberta individual, para um modelo que valoriza a criação coletiva – e que, por consequência, não mais protege a invenção individual – vide: BENKLER, Yochai. Law, Innovation, and Collaboration in Networked Economy and Society. *Annual Review of Law and Social Science*. EUA, vol. 13, p. 231-250. 2017.

476. Conforme o autor, toda vez que um país estabeleceu um modelo mais protetivo de propriedade intelectual, o investimento em pesquisa e desenvolvimento neste país diminuiu (BENKLER. *The Wealth of Networks*. p. 39).

Retornando à intangibilidade – aspecto central deste tópico – é de se perquirir quais são, exatamente, os novos bens intangíveis consumidos no século XXI. Evidentemente, neste momento, se estuda a tecnologia já desenvolvida e disponível em escala comercial, até porque uma análise distinta seria um exercício de profecia. Contudo, levando em conta a velocidade – ou exponencialidade[477] – do desenvolvimento tecnológico dos últimos anos, é provável que muitos outros bens de consumo intangíveis sejam disponibilizados aos consumidores em um curto espaço de tempo.[478] Nesse livro, se trabalha com duas espécies de bens intangíveis: os que sofreram desmaterialização em virtude do mercado digital – tais como músicas e filmes – e os que já nasceram intangíveis, e são ofertados gratuitamente à população – como as ferramentas de busca e as redes sociais.

### *2.1.1 Os bens desmaterializados*

Nos últimos vinte anos, a forma através da qual as pessoas têm acesso a bens culturais, tais como músicas, livros ou filmes, foi absolutamente alterada. O mesmo aconteceu com o acesso a *softwares* e jogos digitais, e está ocorrendo com os serviços financeiros.

Em um primeiro momento, houve a desmaterialização desses bens: *softwares*, músicas e filmes deixaram de ser vendidos aos interessados em um suporte físico, passando a ser consumidos por *download*, nos seus computadores pessoais.[479]

---

477. Sobre exponencialidade, vide nota de rodapé nº 407.

478. Max Roser e Hannah Ritchie fazem um interessante apanhado da velocidade do desenvolvimento tecnológico, apresentando dados como a evolução da capacidade de processamento dos computadores; o progresso no mapeamento do genoma humano; e a relação entre uma contínua melhoria na qualidade dos produtos, que são ofertados por preços cada vez mais baixos (ROSER, Max; e RITCHIE Hannah. Technological Progress – empirical view. Disponível em: https://bit.ly/3hHO03W Acesso em: 12 jun. 2019).

479. LAMENSCH, Marie. Are 'reverse charging' and the 'one-stop-scheme' efficient ways to collect VAT on digital supplies? *World Journal of VAT/GST Law*, vol. 1, n. 1, p. 2, 2012.

Nesta etapa, havia uma clara transação comercial entre fornecedor e consumidor, com a efetiva transferência de um intangível digital entre eles. Os livros eletrônicos, em grande parte, ainda são consumidos desta forma. Mas, considerando a imunidade prevista no art. 150, VI, *d*, da Constituição Brasileira, no país, este mercado tem pouca relevância para o direito tributário.[480] Nesta primeira etapa de desmaterialização dos bens digitais, mesmo diante dos indicativos de ocorrência de uma transação comercial, quando do *download* desses bens, houve longo debate acerca da efetiva circulação de mercadoria, para fins de incidência de ICMS, tema este aprofundado no tópico 3.1.1.[481]

Em relação às músicas e aos filmes, quase que concomitantemente à desmaterialização do suporte físico em que eles costumavam circular, se desenvolveram as plataformas de

480. Na União Europeia, os livros são tributados pelo IVA, mas podem se submeter à alíquota reduzida de que se tratou no tópico 1.3.2.2.2, nos termos do item 6 do Anexo III da Diretiva 2006/112/CE do Conselho. Sobre a imunidade dos livros eletrônicos, vide: BRASIL, Supremo Tribunal Federal (Tribunal Pleno). *Recurso Extraordinário 330.817*, Relator(a) Min. Dias Toffoli. Julgado em 08 mar. 2017, DJe 31 ago. 2017; BRASIL, Supremo Tribunal Federal (Tribunal Pleno). *Súmula Vinculante 57*. "A imunidade tributária constante do art. 150, VI, d, da CF/88 aplica-se à importação e comercialização, no mercado interno, do livro eletrônico (e-book) e dos suportes exclusivamente utilizados para fixá-los, como leitores de livros eletrônicos (e-readers), ainda que possuam funcionalidades acessórias". 15 abr. 2020, DJe 24 abr. 2020. No Brasil, a imunidade dos livros foi alvo de intensos debates em 2021, devido às propostas de reforma tributária, que preveem a incidência de impostos e contribuições sobre este mercado. Vide, dentre outros: PISCITELLI, Tathiane. Ainda sobre benefícios fiscais aos livros: ricos consomem mais? Disponível em: https://bit.ly/3wOg9w0 Acesso em: 12 jul. 2021.

481. Acerca do tema, é essencial a análise do acórdão proferido pelo Supremo Tribunal Federal na Medida Cautelar em Ação Direta de Inconstitucionalidade 1.945, em que a Corte analisa a distinção entre *software* de prateleira e *software* sob encomenda, e define a possibilidade de incidência de ICMS nos casos em que o "*software* de prateleira" não tem materialidade física (BRASIL, Supremo Tribunal Federal (Tribunal Pleno). *Medida Cautelar em Ação Direta de Inconstitucionalidade 1.945*, Relator(a) Min. Octavio Gallotti, Relator(a) p/ Acórdão Min. Gilmar Mendes. Julgado em 26 maio 2010, DJe 14 mar. 2011). Em novembro de 2020, o STF retomou o julgamento da ADI 1.945, revendo a posição firmada na Medida Cautelar. A nova decisão é analisada no tópico 3.1.1.

*streaming*, tais como Netflix e Spotify,[482] as quais representam desafios ainda maiores para o sistema tributário. Atualmente, estas plataformas já representam 83% do faturamento do setor de música nos Estados Unidos.[483]

No caso do *streaming*, além da desmaterialização do bem, há a migração de um sistema de posse/propriedade para um sistema de acesso. Rifkin relembra que o Napster foi o grande responsável por esta migração, mudando as regras do jogo econômico de tal forma que, hoje, poucos setores da economia não foram afetados pela mudança do modelo de posse para o modelo de acesso.[484] Com efeito, a mudança do paradigma de posse para o de acesso está presente em diversos setores econômicos, como será demonstrado no tópico 2.2.3.

Especificamente no caso de músicas e filmes, as plataformas digitais usualmente conferem acesso ilimitado, por um preço fixo, de modo que deixa de existir uma correlação direta e imediata entre o bem consumido e o valor pago. De forma semelhante, o direito de uso de *software* está começando a se estruturar no modelo de licenciamento, com contraprestação fixa independentemente do efetivo uso, no que se convencionou chamar *Software as a Service* (SaaS).[485] Por consequência, a apuração do valor efetivamente agregado por estes bens em cada etapa do processo produtivo depende de fatores dis-

---

482. Sobre o tema, vide: LULL, James. *Culture-on-demand: communication in a crisis world*. Malden: Blackwell Publisher, 2007; BAZZANELLA, Eduardo Muxfeldt. *Tributação sobre os vídeos sob demanda: a influência da globalização sobre as normas tributárias*. 2016. Dissertação (Mestrado em Direito) – Faculdade de Direito, Pontifícia Universidade Católica do Rio Grande do Sul, Porto Alegre. 2016; MARTINS, Vinícius Alves Portela. ISS sobre Vídeo por Demanda Programado (Netflix): é Possível? *Revista Tributária e de Finanças Públicas*, São Paulo: RT, vol. 126/2016, p. 145-163, Jan-Fev/2016.

483. RICHTER, Felix. The Streaming Takeover. Statista, Alemanha, 05 mar. 2021. Disponível em: https://bit.ly/3jZgAk6 Acesso em: 12 jul. 2021.

484. RIFKIN. *Sociedade com Custo Marginal Zero*. p. 269.

485. ALMEIDA, Patrícia Silva de; MARTINS, Regina Célia de Carvalho; e VITA, Jonathan Barros. Tributação e *Cloud Computing* no Brasil: Apontamentos sobre Incidência Tributária em Software as a Service. *Revista de Direito Tributário Contemporâneo* [recurso eletrônico] SP: RT, vol. 23/2020, p. 41–61, mar-abr/2020.

tintos, nem sempre guardando correlação direta com o valor de aquisição, tema este que será aprofundado no tópico 2.3.

Em relação aos jogos digitais, este vasto mercado têm um sistema ainda mais complexo, na medida em que o jogador vai comprando itens dentro do jogo, e não mais o jogo como um todo.[486] Sob uma perspectiva estritamente econômica, pode parecer que esse pagamento em etapas facilita a identificação do valor agregado: na medida em que o usuário avança no jogo, mais este é valorizado pelo jogador, que se dispõe a pagar mais. Contudo, esta não é a lógica de agregação de valor do IVA. Para o direito tributário, o valor agregado é composto pelo custo com mão de obra e pela margem de lucro agregados em cada etapa produtiva, não decorrendo exclusivamente do quanto o consumidor está disposto a pagar por um bem. Ademais, no mercado de jogos *on-line*, há situações em que os próprios jogadores, entre eles, realizam operações de compra e venda de bens digitais. Ocorre uma operação na modalidade *consumer-to-consumer* (C2C), portanto. Nestes casos, há fundadas dúvidas acerca da incidência tributária, na medida em que, muitas vezes, as operações são pagas a partir de uma moeda virtual, sem correlação com a "economia real".[487]

Por fim, os serviços financeiros também estão rapidamente passando pela desmaterialização de suas identidades físicas, na medida em que agências bancárias são substituídas por operações *on-line*, especialmente devido ao uso da tecnologia *blockchain*.[488] Por consequência, a própria materialidade

486. BARDOPOULOS, Anne Michèle. *eCommerce and the Effects of Technology on Taxation* – Could VAT be the eTax Solution? [recurso eletrônico] Cham: Springer, 2015. tópico 1.2.

487. Sobre o tema, mas com o foco na incidência de imposto de renda sobre estas operações, vide: LEDERMAN, Leandra. "Stranger than Fiction": Taxing Virtual Worlds. Research Paper Number 76. *New York University Law Review*, n. 82, p. 1620-72, dez. 2007.

488. Para compreender o potencial uso da tecnologia *blockchain*, vide: SWAN, Melanie. *Blockchain: Blueprint for a New Economy*. Sebastopol: O´Really Media, 2015; TAPSCOTT, Don; TAPSCOTT, Alex. *Blockchain Revolution* – How the Technology Behind Bitcoin is Changing Money, Business and the World [recurso eletrônico].

física dos bancos está se tornando desnecessária, e prova disso é o rápido crescimento das *fintechs*.[489]

Ademais, a transformação do setor financeiro pode ter aspectos tributários transfronteiriços, e, em especial no caso do Brasil, impacta na definição do critério espacial do ISS. Isso porque a *blockchain* e suas criptomoedas facilitarão a transferência de ativos financeiros entre pessoas estabelecidas em países distintos, tornando desnecessária a manutenção de diversas contas, em bancos de diferentes países, a fim de executar transações comerciais internacionais.[490]

Em síntese, músicas, filmes, livros, jogos, *softwares* e até serviços financeiros são exemplos de bens que foram desmaterializados nos últimos anos. Esta desmaterialização demanda, dos operadores do direito tributário, um novo olhar, que se pretende realizar no capítulo 3. Acerca destes intangíveis, Ahmad e Schreyer afirmam que são eles que representam o verdadeiro desafio do comércio eletrônico: é muito difícil contabilizar a prestação de serviços *on-line*, especialmente quando ela é transfronteiriça,[491] o que leva a uma consequente não tributação. Ademais, as plataformas de *streaming* também são remuneradas por receitas decorrentes de publicidade e de venda de *big data*, da mesma forma que os bens digitais originalmente intangíveis, como narrado a seguir.

---

Nova Iorque: Penguin, 2016; e CASTELLO, Melissa Guimarães. *Blockchain*: um ônus ou um bônus para a capacidade arrecadatória dos Estados? *Revista Interesse Público*. Belo Horizonte, ano 20, n. 108, p. 161-174, mar/abr. 2018.

489. CAPUTO, Victor. Investimento em fintechs no Brasil aumentou sete vezes em três anos. Época Negócios, 23 jan. 2019. Disponível em: https://glo.bo/3hqFBmL Acesso em: 02 set. 2019. Para uma análise mais aprofundada do fenômeno *Fintech*, vide LOESCH, Stefan. *A guide to financial regulation for fintech entrepreneurs*. Reino Unido: Wiley, 2018.

490. TAPSCOTT e TAPSCOTT (*Blockchain Revolution*, cap. 3) sustentam que, com o uso de *blockchain*, uma multinacional conseguirá transferir seus ativos financeiros entre estabelecimentos localizados em países distintos, sem precisar manter contas bancárias naqueles países, e sem a necessidade de aguardar os longos prazos de compensação bancária.

491. AHMAD; SCHREYER. *Are GDP and Productivity Measures*... p. 21.

### *2.1.2 Os bens originalmente intangíveis (ou serviços digitais?)*

A segunda gama de bens intangíveis analisada neste livro é a de bens que já nasceram sem uma realidade física: os bens disponibilizados gratuitamente na internet, tais como redes sociais (Facebook, Instagram e LinkedIn, dentre outras) ou ferramentas de pesquisa (Google e outros). Em relação a estes bens, fica muito clara a dificuldade – quase impossibilidade – de estabelecer uma fronteira divisória entre bens e serviços. De um lado, estas plataformas de relacionamento ou ferramentas de pesquisa prestam um serviço ao usuário final, viabilizando a comunicação deste com outras pessoas; de outro, elas fornecem informação, um bem intangível, tanto para este mesmo usuário final, quanto para clientes da plataforma. Devido a esta dificuldade classificatória, os termos bens e serviços serão utilizados indistintamente para se referir a este setor da economia.

Os números de crescimento das empresas que desenvolvem estes intangíveis digitais são impressionantes. Como destacam Correia Neto, Afonso e Fuck, Apple, Google, Microsoft, Facebook e Amazon são as cinco marcas mais valiosas do mundo.[492] Duas delas – Google e Facebook – ofertam seus serviços gratuitamente ao consumidor final, apesar de figurarem entre as empresas mais valiosas do ranking da revista Forbes.[493] Em relação a essas plataformas, os governos se vêem em uma aparente encruzilhada: ao estimular essa nova economia da abundância, estão, de certa forma, reduzindo seu poder de

---

492. CORREIA NETO; AFONSO; FUCK. *Desafios Tributários na Era Digital*. p. 26.

493. Segundo dados do portal G1, o Facebook faturou US$ 55 bilhões em 2018, 38% a mais do que um ano antes. O mesmo portal informa que Facebook e Google têm mais de 60% do mercado de publicidade digital (G1. *Facebook completa 15 anos com 2,3 bilhões de usuários*. Disponível em: https://glo.bo/2UDSvEP Acesso em: 12 jun. 2019). As duas empresas também constam na lista da Forbes de marcas mais valiosas do mundo em 2019, estando o Google em segundo e o Facebook em quinto lugar (FORBES MAGAZINE. *The World's Most Valuable Brands*. Disponível em: https://bit.ly/3k0k4mt Acesso em: 12 jun. 2019).

tributação. Vão tributar o que, se os serviços das plataformas são gratuitos?

Essa percepção não é de todo acertada. Acerca dos bens digitais gratuitos, Ahmad e Schreyer destacam que a disponibilização de serviços gratuitamente à população não é fenômeno totalmente novo, considerando que as residências há tempos recebem serviços de televisão e rádio de forma gratuita.[494] Contudo, a forma de financiamento dos serviços gratuitos mudou, uma vez que as plataformas digitais são financiadas não só por publicidade – como de costume em rádio e televisão –, mas também por aquisição de *big data*.[495] Por consequência, o consumidor final acaba contribuindo de uma forma nova ao processo de agregação de valor a um bem ou serviço, ao gerar conteúdo sobre o objeto adquirido – seja na forma de avaliações públicas, seja através da análise dos dados de pesquisa de consumidor na internet.[496]

No que toca ao financiamento por publicidade, os autores sustentam que não há grandes dificuldades em mensurar o PIB gerado pelas plataformas digitais gratuitas, na medida em que, implicitamente, o valor do bem fornecido ao consumidor corresponde ao valor pago pela publicidade, de modo que o PIB reflete esta atividade econômica.[497] Da mesma forma, a capacidade de tributar o valor agregado pelas plataformas digitais decorreria precisamente dos valores pagos a título de publicidade, não havendo, em um primeiro momento, maiores dificuldades com esta tributação.[498] Não obstante, há

494. AHMAD; SCHREYER. Are GDP and Productivity Measures ... p. 13. Vide também, no mesmo sentido: TRENTA, Cristina. Internet Search Engines: A VAT Analysis. *In:* LAMENSCH, Marie; TRAVERSA, Edoardo; e VAN THIEL, Servaas (eds.). *Value Added Tax and the Digital Economy* – The 2015 EU Rules and Broader Issues. Holanda: Wolters Kluwer, 2015, cap. 8.

495. AHMAD; SCHREYER. Are GDP and Productivity Measures ... p. 13.

496. REZENDE. *A Revolução Digital e a Reforma Tributária*. p. 111.

497. AHMAD; SCHREYER. Are GDP and Productivity Measures .... p. 14.

498. Nesse particular, é pertinente o comentário de Evaristo Paulo Gouveia, segundo o qual: "Por definição, o valor agregado corresponde ao produto nacional... Por

uma série de distorções na aferição do valor agregado, especialmente devido à definição do local do fato gerador do IVA incidente sobre intangíveis digitais, como detalhado no tópico 3.2.1. Ademais, percebe-se, de imediato, que não é o consumidor final dos serviços prestados pela plataforma gratuita que paga pelo serviço de publicidade, de modo que não é sobre ele que repercute o encargo econômico do IVA, ao contrário do modelo tradicional apresentado no tópico 1.1.1.

Em relação ao financiamento a partir da coleta e uso comercial de *big data*, por outro lado, Ahmad e Schreyer sustentam que este modelo de financiamento se aproxima ao de publicidade, pois há uma relação entre o tomador do serviço digital gratuito e o provedor deste serviço, e uma segunda relação, entre o provedor e o terceiro interessado na aquisição dos dados coletados.[499] Esta segunda operação seria o fato gerador do IVA.

Contudo, nem sempre há um terceiro interessado adquirindo os dados, que podem ser coletados simplesmente para aprimorar as ferramentas de pesquisa e de mídia social pelo próprio fornecedor da plataforma gratuita. Nestes casos, os autores afirmam que o PIB acaba não refletindo o valor da *big data*,[500] que simplesmente não é contabilizado. No mesmo sentido, Bean afirma que é irônico que as estatísticas oficiais contabilizem no PIB o investimento na estrutura física dos *data centers*, mas deixem de contemplar o valor do bem mais valioso, a *big data* armazenada nos *data centers*.[501] Por consequência, a tributação indireta acaba não alcançando o valor gerado pela coleta destes dados. Contudo, a ausência de tributação por IVA, neste contexto, não representa uma falha do modelo tributário, na medida em que não há a circulação econômica do bem digital.

---

sua vez, o produto nacional corresponde à renda nacional" (GOUVEIA. *Imposto sobre o Valor Agregado*. p. 30).

499. AHMAD; SCHREYER. Are GDP and Productivity Measures ... p. 16.

500. Ibid. p. 17.

501. BEAN. *Independent review of UK economic statistics*. p. 88.

Por fim, Ahmad e Schreyer ainda analisam o caso de bens que são desenvolvidos de forma coletiva e oferecidos gratuitamente para a população – tais como a Wikipedia e o Linux – sustentando que deve haver um estudo aprofundado sobre a forma de contabilizar o valor econômico destes bens, que hoje não estão refletidos no PIB.[502] Bean também aponta seu receio de que estes bens não sejam refletidos na formação do PIB, sugerindo a adoção de um protocolo orientando sua contabilização.[503] Contudo, considerando que neste caso não há uma transação comercial, não se vislumbra a possibilidade de incidência de IVA sobre o consumo desses dados, motivo pelo qual o livro não se debruça sobre estes bens.[504]

Como se percebe, a desmaterialização dos bens indicados acima importou em grandes mudanças na forma como seus preços são compostos. Alguns desses bens, em virtude da intangibilidade, passaram a ser tão abundantes no século XXI, que praticamente perderam seu valor de mercado, tal como antevisto por Schumpeter.[505] Característicos desse fenômeno são as músicas e os filmes: estes bens, por um breve período – na era Napster – chegaram a ser distribuídos gratuitamente, e se imaginou que, em consequência dessa onda de destruição criativa, nunca mais seria possível cobrar pelo seu consumo. Contudo, a indústria da música e dos filmes se reestruturou em torno de plataformas de *streaming* pagas, como o Netflix e o Spotify, que consolidaram um novo modelo de negócios, e o início de uma nova "onda de longa duração" neste mercado.[506]

Esses novos bens intangíveis – sejam eles os bens desmaterializados de que se tratou no tópico 2.1.1, sejam os bens originalmente intangíveis deste tópico – têm modelo de remuneração

502. AHMAD; SCHREYER. Are GDP and Productivity Measures ... p. 18.

503. BEAN. *Independent review of UK economic statistics*. p. 74.

504. Sobre os impactos sociais dos *softwares* livres, vide a interessante análise de RIFKIN. *Sociedade com Custo Marginal Zero*. p. 204-8.

505. SCHUMPETER. *Capitalismo*... p. 100.

506. Ibid. p. 98-9.

indireta, pela venda de espaço de publicidade e de *big data*. Ou seja, eles fogem ao padrão dos IVAs, em que o consumidor do produto arca com o ônus econômico do imposto.

Feito um panorama geral sobre o crescimento do consumo de intangíveis no século XXI, ficam desde já sugeridas – implícita e explicitamente – as necessidades de adaptação do sistema tributário a esta nova realidade, as quais serão detalhadas nos capítulos 3 e 4. Passa-se, agora, à análise de outra consequência dos arranjos de consumo do século XXI: o encurtamento e a modificação das cadeias produtivas.

## 2.2 A desintermediação das cadeias produtivas

Em paralelo à desmaterialização dos bens de consumo, a nova economia digital tem permitido o encurtamento das cadeias produtivas, colocando o consumidor mais próximo do fornecedor do produto. Aqui, os impactos econômicos ocorrem tanto no comércio eletrônico *stricto sensu*, quanto no comércio eletrônico *lato sensu*, assim entendido aquele em que bens e serviços "tradicionais" são fornecidos com apoio em suportes eletrônicos.[507] Um exemplo destas operações é dado por Bean, que afirma que atividades que demandavam a contratação de um intermediário – tais como a compra de passagens aéreas – hoje podem ser feitas diretamente pelo consumidor, a um custo desprezível.[508]

Esta alteração no fluxo de distribuição dos bens e serviços representa um desafio para a tributação com IVA: a lógica de um imposto sobre o valor agregado é o fracionamento da incidência tributária ao longo da cadeia produtiva, com o objetivo de evitar a sobrecarga tributária sobre um único contribuinte. No momento em que a cadeia produtiva deixa de ser tão fragmentada, a tributação acaba se concentrando em

---

507. Sobre a classificação, vide: GUIMARÃES. *A Tributação Face ao Desafio Digital*. p. 61.

508. BEAN. *Independent review of UK economic statistics*. p. 73.

um único momento, o que pode gerar a consequência nociva de sobrecarregar este contribuinte, e inviabilizar o seu negócio. Por outro lado, na hipótese de este contribuinte deixar de adimplir as suas obrigações tributárias, o Estado acaba sofrendo uma redução mais abrupta em sua arrecadação do que nos casos em que a incidência tributária é pulverizada.[509] Este é um dos motivos pelos quais Maciel tem sustentado que o IVA é "incompatível com o mundo digital".[510]

Mas por qual motivo os bens digitais ocasionam o encurtamento da cadeia produtiva? Passa-se à análise, neste tópico, de três situações concretas em que ocorre o referido encurtamento: as compras em plataformas de comércio eletrônico; a produção com impressoras 3D; e, de uma forma ligeiramente distinta, as plataformas viabilizadoras da economia compartilhada. A partir desses exemplos práticos, é possível visualizar de forma mais específica os problemas que se apresentarão para a tributação com IVA.

### 2.2.1 *As compras em plataformas de comércio eletrônico*

A primeira situação é a que tem efeitos, em maior escala, no encurtamento das cadeias produtivas. O comércio eletrônico permite que o consumidor acesse diretamente o fabricante do produto almejado, através de plataformas que vêm correntemente sendo denominadas de *marketplaces* pela doutrina especializada.[511] Estima-se que dois terços das compras B2C *on-line* sejam feitas a partir destas plataformas.[512] Somando-se a isso o inquestionável crescimento do comércio

509. DERZI; e SANTIAGO. A harmonização dos IVAs do Brasil para o desenvolvimento produtivo. p. 541.

510. MACIEL, Everardo. Insensatez não é opção válida no sistema tributário brasileiro 2019 *Consultor Jurídico*, São Paulo, 24 maio 2019. Disponível em: https://bit.ly/3wWSdqo Acesso em: 19 jul. 2021.

511. CANEN. Marketplaces: ISS e Desafios; PARO, Giácomo. A tributação no marketplace digital. *JotaInfo*. São Paulo, 03 mar. 2018. Disponível em: https://bit.ly/3yF6fOn Acesso em: 30 abr. 2020.

512. OCDE. *The Role of Digital Platforms*... p. 13.

eletrônico em si,[513] percebe-se a relevância dos *marketplaces* nos arranjos de consumo do século XXI.

O novo arranjo de circulação de bens torna dispensáveis os diversos intermediários que tinham por objeto social precisamente permitir a logística de distribuição dos mais variados produtos. Segundo Rifkin,[514] na década de 1980 a Amazon e o Ebay já ofereciam uma amostra do potencial ganho comercial de reduzir a cadeia de valor a alguns poucos atores entre vendedor e comprador. Com o passar dos anos, essa amostra inicial foi confirmada, tanto que hoje a Amazon figura em primeiro lugar, no ranking da Revista Forbes de 100 maiores empresas digitais em 2018, e em quarto, no ranking das marcas mais valiosas do mundo em 2019.[515]

Para Almeida, as empresas passaram a apostar na desintermediação, uma vez que podem atingir diretamente seus consumidores pela internet.[516] Em certa medida, parece que estas empresas começaram a apostar na integração vertical de suas cadeias de produção. Almeida menciona o mesmo setor que Bean,[517] em que a desintermediação teve efeitos evidentes na verticalização da cadeia de consumo: hoje, as empresas aéreas vendem passagens sem necessidade de uma agência de

---

513. Globalmente, apesar das dificuldades encontradas em mensurar o comércio eletrônico (vide notas de rodapé nºs 402 a 406) estima-se que o comércio *online* B2C importe na circulação de dois trilhões de dólares (OCDE. *The Role of Digital Platforms...* p. 12). No Brasil, os dados do IBGE demonstram que, em 2007, havia 21 empresas que se dedicavam exclusivamente ao comércio pela internet. Em 2017, havia 1.299 empresas adotando esta forma de comercialização. No mesmo período, a receita bruta destas empresas aumentou de R$ 3.516.056.000,00, para R$ 18.720.841.000,00 (INSTITUTO BRASILEIRO DE GEOGRAFIA E ESTATÍSTICA – IBGE. *Pesquisa Anual do Comércio* – tabela 1406. Disponível em: https://bit.ly/3AGWn8V Acesso em: 17 jun. 2020).

514. RIFKIN. *Sociedade com Custo Marginal Zero*. p. 268.

515. FORBES MAGAZINE. *Amazon*. Disponível em: https://bit.ly/3e3ue25 Acesso em: 03 set. 2019.

516. ALMEIDA, Daniel Freire e. Paradigmas de Formação da Nova Sociedade Digital no Século XXI. *Lawinter Review*. EUA, vol. VII, n. 1, mai-2016, p. 128.

517. BEAN. *Independent review of UK economic statistics*. p. 73.

turismo, proporcionando descontos ao consumidor.[518] Uma das grandes vantagens do IVA, em relação aos tributos plurifásicos cumulativos, é precisamente a ausência de estímulo à integração vertical, na medida em que a carga tributária permanece a mesma, independentemente do número de etapas da cadeia de produção.[519] Nessa linha, e considerando-se o possível encurtamento das cadeias produtivas, seria possível questionar se um IVA – com toda a sua complexa sistemática de não cumulatividade – permanece útil nas relações de consumo do século XXI.

Evidentemente, há inúmeros outros setores – além do de passagens aéreas – em que este fenômeno de venda direta pelo produtor para o consumidor final é percebido. Contudo, esta não é a regra dos *marketplaces*. Estas plataformas, após um período em que funcionavam como verdadeiras lojas, vendendo as mercadorias que dispunham em seus estoques, passaram a operar também como um novo intermediário na cadeia de produção, conectando o fornecedor ao consumidor final.[520]As plataformas www.americanas.com.br e www.amazon.com são exemplos de empresas que atuam desta maneira. Iniciaram vendendo seus estoques *on-line*, mas migraram para o modelo híbrido, tanto vendendo produtos próprios, quanto servindo de intermediários para os produtos de terceiros.[521] Portanto, essas plataformas passaram do modelo de negócio *e-shop* – quando correspondiam a uma loja, só que na *web* – para o *e-mall* – portais que congregam várias lojas, tal como um *shopping center* – conforme Edimara Luciano.[522]

518. ALMEIDA. Paradigmas de Formação da Nova Sociedade Digital no Século XXI. p. 128.

519. Vide tópico 1.1.3.

520. Para um estudo aprofundado de como essas cadeias produtivas são integradas, vide: LUCIANO, Edimara Mezzomo. *Consolidação de Componentes de Modelos de Negócios para o Comércio Eletrônico de Produtos Virtuais*. 2004. Tese (Doutorado em Administração) – Faculdade de Administração, Universidade Federal do Estado do Rio Grande do Sul, Porto Alegre. 2004. p. 34 e ss.

521. Conforme consulta aos dados destas plataformas realizada em 25 abr. 2020.

522. LUCIANO. Consolidação de Componentes de Modelos de Negócios para o Comércio Eletrônico de Produtos Virtuais. p. 70.

Nesse sentido, as plataformas nem sempre fomentam a verticalização das cadeias de produção, mas simplesmente se agregam a esta cadeia, substituindo os intermediários não virtuais, devido à onda de destruição criativa decorrente da nova tecnologia desenvolvida. Em certa medida, os *marketplaces* exercem o mesmo papel que as grandes lojas de varejo, ainda que as consequências tributárias dos distintos arranjos de consumo sejam diversas.

Ahmad e Schreyer sustentam que o arranjo de consumo viabilizado pelo comércio eletrônico tem grande efeito democratizador, na medida em que a rede reduz o espaço entre consumidores e produtores, levando os consumidores até o fornecedor que tem o menor preço.[523] Nesse contexto, as fronteiras se tornam irrelevantes, e, não fossem as barreiras alfandegárias, a concorrência entre fornecedores estabelecidos em todo o planeta derrubaria os preços e as margens de lucro. Desse modo, os produtos passam a ser vendidos *on-line* em um modelo muito próximo ao de concorrência perfeita,[524] ainda que este modelo não seja imune a críticas.[525] Sobre o tema, é interessante uma pesquisa que comparou a venda de livros físicos nos Estados Unidos a partir dos *sites* amazon.com e BN.com (da livraria norte-americana *Barnes and Noble*). Esta pesquisa concluiu que os consumidores são muito sensíveis à mudança de preços, realizando extensas pesquisas antes de comprar os livros *on-line*.[526]

---

523. AHMAD; SCHREYER. Are GDP and Productivity Measures ... p. 23.

524. Sobre concorrência perfeita, vide: NUSDEO. *Curso de Economia*. tópico 13.3; VARIAN. *Microeconomia*. p. 412.

525. Adotando uma visão crítica ao efeito democratizador da internet, é pertinente destacar que as plataformas de busca selecionam o conteúdo disponibilizado aos seus usuários de acordo não só com o histórico de buscas, mas também com a existência de patrocínio por parte dos vendedores. Logo, não há efetiva imparcialidade nos resultados. Ainda assim, a amplitude da pesquisa que se abre ao consumidor é muito maior na internet do que no comércio físico.

526. GOOLSBEE e CHEVALIER. Measuring Prices and Price Competition Online...

Percebe-se que a ampla utilização de plataformas de comércio eletrônico nos arranjos de consumo de século XXI altera substancialmente a cadeia de consumo de bens tangíveis em dois aspectos fundamentais. Em primeiro lugar, insere-se um novo intermediário na cadeia de valor, que participa da operação comercial, ainda que os bens não precisem transitar por seu estabelecimento. Em segundo lugar, a internet permite que os consumidores finais tenham acesso a uma pesquisa muito mais ampla sobre as características dos bens que pretendem adquirir, e, também, sobre qual fornecedor vende o produto que atende às suas necessidades, pelo preço mais baixo. Ao permitir esta ampliação da pesquisa, as fronteiras físicas tornam-se menos relevantes para definir as escolhas do consumidor final, impactando na delimitação do critério espacial dos IVAs, especialmente nas vendas B2C. Nas vendas B2B, por outro lado, há outro importante fator modificando a cadeia produtiva: as impressoras 3D podem reestruturar o processo industrial, conforme segue.

### *2.2.2 A impressão 3D*

A impressão 3D, ou manufatura aditiva, consiste na utilização de uma máquina – a impressora – para transformar um modelo digital em um objeto físico,[527] o *bem tangível digital*.[528] Esta tecnologia começou a ser desenvolvida nos anos 1980, mas tornou-se mais frequente e acessível na última década, em grande parte porque diversas patentes dos produtos tangíveis e intangíveis necessários à impressão 3D estão expirando, o que levou ao barateamento do método produtivo como um todo.[529]

527. MACEDO, Alberto. Impressão 3D e a tributação do consumo no Brasil. *In:* PISCITELLI, Tathiane. *Tributação da economia digital* [recurso eletrônico]. SP: RT, 2021. cap. 4.2, pt. 2.

528. EY. 3D printing taxation issues and impacts. 2015. Disponível em: https://bit.ly/3ew09s4 Acesso em: 19 jul. 2021.

529. MACEDO. Impressão 3D e a tributação do consumo no Brasil, pt. 2; COSTA, Melina. Impressão 3D para as massas, não só para nerds. *Revista Exame*, SP, 19 ago. 2014. Disponível em: https://bit.ly/3ww0pO7 Acesso em: 04 set. 2019.

Para viabilizar a impressão de um *bem tangível digital*, a impressora 3D utiliza um modelo digital em 3D (um bem intangível, usualmente protegido pelo sistema de propriedade intelectual), e insumos tais como plástico, metais e tecidos. A parte mais significativa do custo deste novo bem tangível será representada pela propriedade intelectual (ou seja, o custo do intangível/modelo digital em 3D).[530] Dada a representatividade deste custo, a consultoria EY aponta que a adequada classificação do modelo digital 3D é crucial para desenhar a tributação dos impressos em 3D.[531] A consultoria aponta dificuldades em relação a esta operação, que vão desde a demarcação do local de ocorrência do fato gerador à definição sobre se ocorre transferência ou cessão do direito de uso sobre o modelo digital,[532] passando pela dificuldade decorrente da inviabilidade técnica de controle aduaneiro sobre a transferência do intangível entre empresas estabelecidas em países distintos.[533]

Não bastassem esses problemas relacionados ao critério espacial da hipótese de incidência dos IVAs, a impressão 3D tem o potencial de alterar toda a lógica de cadeia distributiva em cima da qual os impostos de valor agregado estão estruturados. Segundo Rifkin, a impressão 3D permite que as empresas fabriquem produtos físicos da mesma forma que usam *softwares* para produzir informação (áudio, texto e vídeo).[534] Nesse sentido, as empresas que utilizam esta tecnologia podem produzir os insumos necessários para seu processo produtivo, deixando de depender de fornecedores externos. Veitzman exemplifica os usos de impressoras 3D: dentistas e hospitais podem produzir as próteses necessárias para o atendimento dos pacientes; indústrias podem imprimir as máquinas que integrarão o ativo permanente; distribuidores/lojistas

530. MIGUEL. Impressão em 3D: um novo desafio para o ICMS? cap. 7.3, pt. 3.

531. EY. 3D printing taxation issues and impacts. p. 8.

532. Ibid. p. 15.

533. Ibid. p. 16.

534. RIFKIN. *Sociedade com Custo Marginal Zero*... p. 111.

podem fabricar os bens a serem comercializados; e indivíduos podem imprimir seus próprios objetos de consumo.[535] Portanto, a tendência seria de encurtamento das cadeias produtivas, com integração vertical.

Ademais, utilizando manufatura aditiva, as empresas têm mais controle sobre o momento ideal de produzir em larga escala. Isso porque podem imprimir em 3D os novos produtos, e testar sua aceitação no mercado, antes de investir na manufatura tradicional de quantidades maiores.[536] Logo, as impressoras 3D modificam a organização do processo industrial,[537] diminuindo a centralização do processo produtivo,[538] e possibilitando que pequenas e médias empresas produzam de acordo com suas demandas, bem como que tenham mais independência em relação aos fornecedores dos insumos e maquinários de que necessitam.

Segundo Veitzman, a descentralização do processo produtivo tem impactos na arrecadação de tributos aduaneiros, na medida em que a impressão 3D permite a substituição de maquinário importado por equipamentos impressos pelo próprio usuário.[539] Da mesma forma, as empresas multinacionais podem imprimir os produtos no país de residência do consumidor, em vez de transportá-los desde uma fábrica central, sem a incidência da tributação aduaneira sobre esta mercadoria.[540]

Rifkin propõe que – com o barateamento da tecnologia – os próprios consumidores poderiam fabricar bens para uso próprio, assumindo a posição de "prosumidores".[541] Corrobo-

535. VEITZMAN. Impressão 3D e sistema tributário disfuncional.

536. COSTA. Impressão 3D para as massas...

537. RIFKIN. *Sociedade com Custo Marginal Zero...* p. 112.

538. VEITZMAN. Impressão 3D e sistema tributário disfuncional.

539. Ibid. No mesmo sentido, vide: MIGUEL. Impressão em 3D: um novo desafio para o ICMS? pt. 3;

540. EY. 3D printing taxation issues and impacts. p. 17.

541. RIFKIN. *Sociedade com Custo Marginal Zero...* p. 114.

rando esta previsão de Rifkin, sabe-se que, em 2014, 46% das impressoras 3D foram vendidas para pessoas físicas.[542] Não obstante, parece pouco crível que os "prosumidores" passem a produzir grandes quantidades e variedades de produtos – dada a complexidade de desenvolver o modelo digital, bem como devido à necessidade de insumos variados para produzir os bens. Contudo, caso isso venha a acontecer, um percentual expressivo do valor agregado ocorrerá na residência do consumidor final, que não é o contribuinte de direito do IVA, havendo uma possível diminuição da arrecadação tributária.[543]

A impressão 3D tem o condão de modificar sensivelmente a forma como a circulação de mercadorias ocorre, encurtando a cadeia produtiva, por permitir a fabricação do bem em etapa mais próxima ao consumidor final. Ademais, se antevê a alteração da relação de valor agregado entre propriedade intelectual e insumos, com redução do peso destes na composição do preço do *bem tangível digital*, e aumento do valor agregado pela propriedade intelectual na formação do preço final da mercadoria.

### 2.2.3 *As plataformas de economia compartilhada*

As plataformas de economia compartilhada nasceram para permitir o melhor aproveitamento de bens que ficam ociosos, viabilizando que os proprietários destes bens aufiram renda extra pela sua exploração.[544] Desde então, são amplamente utilizadas para estabelecer contato entre prestadores de serviços – especialmente de transporte e hospedagem – e consumidores finais.[545] Segundo dados da OCDE, em 2019,

542. COSTA. Impressão 3D para as massas...

543. EY. 3D printing taxation issues and impacts. p. 10.

544. MAKELA, Finn; McKEE, Derek; SCASSA, Teresa. The "Sharing Economy" through the Lens of Law. p. 3-4.

545. Pesquisa realizada no Reino Unido em 2017, e citada pela OCDE, indica que 28% dos adultos daquele país contrataram serviços de hospedagem por plataformas de economia compartilhada, e 22% utilizaram estas plataformas como intermediárias

estas plataformas movimentaram cerca de U$ 204 bilhões.[546] Assim, essas plataformas estruturaram um novo modelo de negócios, encurtando a cadeia produtiva, ainda que de forma ligeiramente distinta do que as plataformas de comércio eletrônico e os serviços de impressão 3D.

Devido à lógica de compartilhamento de bens ociosos, cunhou-se o termo *economia compartilhada*, em um fenômeno que parece mimetizar o compartilhamento de bens apresentado por Benkler.[547] Contudo, ao contrário do compartilhamento de capacidade de processamento e armazenamento de dados descrito por Benkler, as plataformas não são utilizadas para disponibilizar o uso de bens ociosos de forma gratuita, mas se transformaram em verdadeiras fontes de renda (tanto dos usuários, quanto das próprias plataformas).[548] Por este motivo, alguns autores contestam a expressão economia compartilhada, preferindo *platform economy, peer platform markets* ou *crowd-based capitalism.*[549] Apesar das críticas, neste livro, se adota o termo economia compartilhada, que acabou se tornando mais usual.

Plataformas como Uber e Airbnb[550] prestam serviço de intermediação comercial entre motoristas e proprietários de imóveis, de um lado; e passageiros e hóspedes, de outro. O serviço de intermediação sempre existiu nesses moldes, sendo corriqueiramente prestado por agências de viagens, que

---

aos serviços de transporte (OCDE. *Handbook on Measuring Digital Trade...* p. 133).

546. ORGANIZATION FOR ECONOMIC CO-OPERATION AND DEVELOPMENT (OCDE). The Impact of the Growth of the Sharing and Gig Economy on VAT/GST Policy and Administration. Paris: OECD, 2021. Disponível em: https://bit.ly/3wtJzza Acesso em: 08 jun. 2021.

547. BENKLER. *The Wealth of Networks*. Cap. 3.

548. MAKELA, Finn; McKEE, Derek; SCASSA, Teresa. The "Sharing Economy" through the Lens of Law. p. 4.

549. Ibid. loc. cit.

550. Ao longo do presente tópico os exemplos utilizam, prioritariamente, estas duas plataformas, uma vez que são as mais conhecidas do fenômeno economia compartilhada, segundo Makela, McKee e Scassa (Ibid. p. 1).

agenciavam aluguéis de curta temporada[551] ou *transfers* para seus clientes. Para tanto, estas agências contavam com o apoio de outra agência, geralmente estabelecida no local onde a locação do imóvel ou o *transfer* iria ocorrer, que se responsabilizava pelos trâmites de reserva necessários. As plataformas de economia compartilhada substituíram estas duas agências por apenas um intermediário, encurtando a cadeia produtiva.

Além disso, as plataformas permitiram a aproximação e o contato direto entre prestador do serviço e cliente, algo que não era possível antes do desenvolvimento desta tecnologia. Hoje, o usuário da Airbnb pode fazer perguntas diretamente para o proprietário do imóvel, para saber se este atende às suas necessidades particulares. A abertura deste canal de diálogo encurta a cadeia de prestação do serviço, ao colocar prestador de serviços e cliente frente a frente, na plataforma digital.

Sob a ótica tributária, o encurtamento da cadeia produtiva põe em dúvida a efetiva necessidade de um imposto não cumulativo sobre o consumo. Não obstante, existindo um intermediário, não há dificuldades imediatas para a arrecadação dos tributos, na medida em que a plataforma digital pode ficar responsável pela arrecadação dos impostos indiretos incidentes nas prestações de serviço ali contratadas.[552]

Ocorre que Tapscott e Tapscott vão um passo além, e afirmam que a disseminação da tecnologia *blockchain* terá o condão de encurtar ainda mais a cadeia de prestação de serviços. Segundo os autores, o atual modelo tem algumas ineficiências: os usuários das plataformas de economia compartilhada ainda dependem de instituições bancárias para fazer as transferências internacionais correspondentes; os prestadores de

---

551. Sobre a classificação do Airbnb como intermediário de aluguel de curta temporada – e não serviços de hospedagem – vide: PISCITELLI, Tathiane. Tributação da economia compartilhada: caso das plataformas digitais de transporte e hospedagem sob a perspectiva do ISS. *In:* PISCITELLI, Tathiane. *Tributação da economia digital* [recurso eletrônico]. SP: RT, 2021, cap. 7.2.

552. Vide tópico 4.2.

serviços demoram para receber os pagamentos; e as plataformas digitais fazem uso da informação que coletam para fins comerciais, o que pode deixar os usuários das plataformas em situação desconfortável. Don e Alex Tapscott afirmam que seria possível criar um aplicativo em *blockchain* com as mesmas propriedades dessas plataformas de economia compartilhada, mas com comunicação *peer-to-peer*, sem que os dados de prestadores de serviço e usuários fossem armazenados nos servidores privados das plataformas digitais. Ou seja, a Airbnb e o Uber se tornariam dispensáveis, havendo contato efetivamente direto entre locador e locatário, em uma espécie de cooperativa digital.[553]

Nesse modelo antevisto pelos Tapscott, de efetivo contato direto entre prestador e tomador de serviços, sem o intermédio de uma plataforma digital, os impactos tributários se tornam mais complexos. Como visto no tópico 1.3.2.1, ao contrário do que ocorre com o ICMS (em que a circulação de mercadoria realizada sem intuito comercial e habitualidade, em regra, não é tributada[554]), na União Europeia todas as operações de prestação de serviços são alcançadas pelo IVA, inclusive aquelas realizadas esporadicamente.[555] Dessa forma, aquele proprietário que pretendesse alugar seu imóvel de forma eventual, através de um aplicativo em *blockchain* – sem nenhum intermediário, portanto – teria que arcar com todas as obrigações tributárias do imposto sobre valor agregado incidente na operação,[556] o que poderia configurar ou uma barreira de entrada para novos prestadores do serviço, ou um estímulo à sonegação fiscal.

Uma alternativa para evitar esta barreira de entrada pode ser não tributar os serviços oriundos da economia

553. TAPSCOTT; TAPSCOTT. *Blockchain Revolution*... cap. 5.

554. CARRAZZA. *ICMS*. p. 46.

555. Arts. 9º e 10º Diretiva 2006/112/CE do Conselho.

556. Acerca da incidência de IVA nesta locação, vide o art. 135º, 1, *l* da Diretiva 2006/112/CE, c/c o inciso 2 do mesmo artigo.

compartilhada, o que poderia ser justificado devido à sua baixa representatividade econômica. Nessa linha, Ahmad e Schreyer comparam o E-Bay com as *garage sales,* para destacar que a transação subjacente das plataformas de economia compartilhada não é uma novidade,[557] e esta não costumava ser contabilizada no PIB dos países, porque era insignificante para a economia dos mesmos. Contudo, com o incremento da economia compartilhada, ignorar o fenômeno *peer-to-peer* para fins econômicos e tributários não mais parece uma opção viável.

Não obstante, a alternativa proposta por Ahmad e Schreyer para garantir a adequada contabilização dos serviços prestados a partir das plataformas de compartilhamento é, precisamente, focar no intermediário. Segundo os autores, o uso das plataformas digitais aumenta a probabilidade de que indivíduos declarem a renda auferida com a locação dos seus imóveis ou a prestação de serviços de transporte, especialmente em países que cobram IVA, na medida em que as plataformas têm a obrigação de informar às autoridades tributárias acerca desses serviços.[558] Por consequência, a presença do intermediário asseguraria a arrecadação sobre atividades que, antes do advento das plataformas, não costumavam sofrer tributação. Contudo, caso se concretize o modelo previsto pelos Tapscott – que torna desnecessária a plataforma que hoje serve de intermediária nas operações de economia compartilhada – a dificuldade de tributação subsiste.

Sob uma perspectiva diversa, as plataformas que permitem o aluguel de equipamentos/veículos de transporte, para utilização por curto período de tempo, também modificam a cadeia de prestação de serviços. Estas plataformas – tais como a Yellow, destinada ao aluguel de bicicletas e patinetes elétricas; e a Beepbeep, de carros elétricos, para citar apenas algumas das diversas em operação no Brasil em 2019 – dão

557. AHMAD; SCHREYER. Are GDP and Productivity Measures ... p. 6.

558. Ibid. p. 8.

um novo sentido ao termo "economia compartilhada": aqui, o portal deixa de ser mero intermediário entre prestador e tomador de serviços, assumindo a condição de locador de bens móveis de sua propriedade. Estas plataformas permitem a *mobilidade compartilhada,*[559] ao compartilhar o uso destes veículos entre diversos usuários, a partir da locação sob demanda.[560] Elas representam uma nova etapa da migração de um sistema de posse/propriedade para um sistema de acesso.[561] Este fenômeno começou com intangíveis – músicas e filmes – mas, com estas novas plataformas, chegou aos bens tangíveis.

Assim como ocorre no Uber, nas plataformas de mobilidade compartilhada, toda a cadeia de produção e distribuição do veículo se desenvolve, com a consequente arrecadação de IVA sobre as diversas etapas de produção e venda do bem. Contudo, nestas plataformas, não há venda do veículo para o consumidor final. Este é adquirido pela plataforma digital, que passa a locá-lo para seus usuários. Mais uma vez, o serviço subjacente não é novo – trata-se de locação de veículo – podendo ser facilmente tributado por IVA (ainda que a incidência tributária, no Brasil, seja mais tormentosa[562]). Mas a forma de agregação de valor se altera, na medida em que não há venda a consumidor final, mas mera prestação de serviços e/ou locação de bem móvel. Modificações na geração e acumulação de créditos de IVA decorrem desta alteração da cadeia de consumo, ainda que não se identifique maiores consequências jurídicas destas mudanças.

---

559. LASMAR JR., Eduardo Lúcio *et. al.* Novos Modelos de Negócios e a Economia Compartilhada: Impactos e Desafios para a Indústria Tradicional de Automóveis. *In*: *XX SemeAd – Seminário de Administração*, 2017, São Paulo. Disponível em: https://bit.ly/36naban Acesso em: 10 set. 2019. Tópico 2.3.3.

560. BEAN. *Independent review of UK economic statistics*. p. 91.

561. Conforme abordado no tópico 2.1.1.

562. No Brasil, "é inconstitucional a incidência do imposto sobre serviços de qualquer natureza - ISS sobre operações de locação de bens móveis", conforme decidiu o STF (BRASIL, Supremo Tribunal Federal (Tribunal Pleno). *Súmula Vinculante* 31. 04 fev. 2010, DJe 17 fev. 2010).

Em síntese, a economia compartilhada aproxima prestadores e tomadores de serviço, encurtando a cadeia produtiva, o que traz impactos na capacidade dos estados de arrecadar IVA, tema que será objeto do capítulo 4. Por ora, é relevante mencionar o consenso existente hoje, de que as atividades exercidas através de plataformas de economia compartilhada devem ser tributadas, seja no que toca aos serviços de intermediação, seja aos serviços-fim. Segundo McKee, esse consenso é reflexo da maturidade deste modelo de atividade econômica, na medida em que os governos reconhecem que os serviços das plataformas são relevantes para a economia, devendo, portanto, nela ser formalmente inseridos.[563]

Assim, percebe-se o encurtamento ou a alteração das cadeias produtivas em todos os setores da economia. No comércio, as vendas de bens tangíveis têm no *e-commerce* uma forma de aproximar produtor e consumidor final, tornando desnecessários os intermediários da cadeia de circulação de mercadorias. Na indústria, a impressão 3D permite a fabricação de bens em pequena escala, muitas vezes pelo usuário desses, que fabrica o insumo e agrega-lhe ao seu processo produtivo, sem precisar adquirir o bem tangível de terceiros. E, no setor de serviços, as plataformas de economia compartilhada permitem que proprietários de bens aproveitem a capacidade ociosa destes, explorando-os economicamente, e alterando a lógica da cadeia produtiva das empresas já estabelecidas naquele setor.

A seguir, passa-se a discorrer sobre o terceiro problema emergente das relações de consumo do século XXI: a difícil individualização do valor agregado por cada bem ou serviço na economia digital. Este problema pode ser visto como consequência do crescimento do consumo de bens intangíveis e do encurtamento das cadeias produtivas, conforme segue.

---

563. McKEE, Derek. Peer Platform Markets and Licensing Regimes. *In* McKEE; MAKELA; SCASSA (eds.). *Law and the "Sharing Economy"*- Regulating Online Market Platforms. Canadá: University of Ottawa Press, 2018. p. 22.

## 2.3 A fluidez do valor agregado

A terceira grande modificação nos arranjos de consumo do século XXI é praticamente uma consequência das duas primeiras. A falta de materialidade dos intangíveis torna extremamente complexa a sua avaliação, e, por consequência, a mensuração do valor por eles agregado na cadeia produtiva. Além disso, as modificações dos arranjos de consumo apresentadas no tópico 2.2 evidenciam uma transferência do valor agregado de bens tangíveis para intangíveis, o que leva às dificuldades de mensuração de que se tratará a seguir. Assim, ainda que para fins didáticos as modificações nos arranjos de consumo tenham sido subdivididas em três tópicos, há uma interconexão evidente entre elas.

A dificuldade de compreender o valor agregado pelos intangíveis decorre de suas características, já abordadas no tópico 2.1, mas que aqui são reapresentadas, sob outro enfoque. Haskel e Westlake ensinam que os intangíveis são dotados de escalabilidade e sinergia, seus investimentos tendem a ser irrecuperáveis, e seu conteúdo normalmente "vaza" para terceiros.[564] Em síntese, os intangíveis têm escalabilidade porque podem ser usados infinitas vezes, sem custo adicional; têm sinergia porque geralmente representam um ganho substancial, quando combinados entre si; tendem a ser irrecuperáveis porque têm utilidade muito específica para quem lhes desenvolve; e o conteúdo deles vaza porque a proteção dos direitos autorais é de difícil imposição.

Essas características, que são reflexo da fluidez do direito de propriedade sobre intangíveis, tornam difícil a mensuração do valor agregado por eles no processo produtivo, uma vez que a técnica de definição do preço dos intangíveis é menos objetiva do que a de definição do preço de bens tangíveis. Por consequência, conceitos como "valor agregado" e "circulação

---

564. No original: "intangible assets, relative to tangible assets, are more likely to be scalable, their costs are more likely to be sunk, and they are inclined to have spillovers and to exhibit synergies with each other" (HASKEL; WESTLAKE. *Capitalism without Capital*, cap. 4).

de mercadorias" tornam-se progressivamente irrelevantes para capturar a transferência de riqueza, como bem observam Correia Neto, Afonso e Fuck.[565]

Contudo, este fenômeno não é novo. A mesma dificuldade em mensurar o valor agregado já se apresentava no setor de serviços. Segundo Bean, medir os preços de serviços é mais complexo do que medir o valor dos bens, pois não é fácil definir a unidade básica de produção de um serviço, uma vez que estes tendem a ser customizados para o cliente.[566] Por consequência, boa parte dos problemas relacionados neste tópico aos intangíveis aparece também nos serviços, os quais vêm se tornando mais relevantes e mais customizáveis nos arranjos de consumo do século XXI.[567]

Haskel e Westlake sugerem três formas de avaliação dos intangíveis, mas destacam que nenhuma delas é plenamente satisfatória, especialmente porque "quando as coisas dão errado, os intangíveis tendem a valer menos, e quando dão certo, tendem a valer muito mais".[568] Uma possibilidade seria avaliar o intangível pelo valor necessário para desenvolvê-lo; a segunda possibilidade seria contratar um profissional para avaliá-lo; por fim, seria possível avaliar o bem com base na expectativa de rendimentos futuros.[569]

Acerca da insuficiência das formas de avaliação dos intangíveis no Reino Unido, Bean é categórico, ao afirmar que "o atual tratamento dos bens digitais pelo sistema de contabilidade nacional inevitavelmente tende a resultar na subestimação do valor gerado pela economia digital".[570] A seguir, passa-se a

565. CORREIA NETO; AFONSO; FUCK. *Desafios Tributários na Era Digital*. p. 28.

566. BEAN. *Independent review of UK economic statistics*. p. 36.

567. Ibid. p. 38.

568. No original: "when things go wrong, intangibles tend to be worth less, and when they go well, they tend to be worth much more" (HASKEL; WESTLAKE. *Capitalism without Capital*, cap. 4).

569. Ibid. loc. cit.

570. No original: "The current treatment of digital products within the SNA

exemplificar situações em que as dificuldades de avaliação dos intangíveis representam embaraço à arrecadação tributária.

### *2.3.1 Ausência de parâmetros claros para avaliar os intangíveis*

A adequada avaliação dos intangíveis é o objeto principal do livro de Haskel e Westlake, que inicia com o seguinte exemplo: no processo de apuração de patrimônio da Carillion, empresa do setor de construção civil britânica que havia pedido falência, constatou-se que a empresa tinha declarado em seu balanço patrimônio de dois bilhões de libras esterlinas; sendo uma empresa de construção civil, era de se esperar que esse patrimônio fosse composto por maquinário e outros bens tangíveis; ocorre que 1,5 bilhões de libras do patrimônio contabilizado eram *goodwill*,[571] um intangível que evanesceu com a falência da empresa;[572] por consequência, os credores se viram impossibilitados de recuperar seus créditos, ao contrário do que ocorreria se o patrimônio da empresa fosse composto por bens tangíveis.

Assim como *goodwill*, os demais intangíveis estudados pelos autores – *softwares*, pesquisa e desenvolvimento, criação artística, *design*, treinamento, *branding*, e engenharia de negócios[573] – também tendem a ser irrecuperáveis, quando os negócios dão errado, por que eles usualmente são desenvolvidos de forma muito específica para a empresa destinatária.[574]

A volatilidade dos intangíveis, evidenciada no exemplo acima, se transfere para a sua valoração, que ainda é bem menos

---

inevitably tends to result in the underestimation of the value generated by the digital economy." (BEAN. *Independent review of UK economic statistics*. p. 81).

571. *Goodwill* significa "o excesso do preço de compra de uma empresa sobre seu valor contábil, que representa o valor do ágio como um ativo intangível para fins contábeis" (MERRIAM-WEBSTER Dictionary. Disponível em: https://bit.ly/2TLqz1J Acesso em: 26 abr. 2020).

572. HASKEL; WESTLAKE. *Capitalism without Capital*. Prefácio.

573. Ibid. cap. 2.

574. Ibid. cap. 4.

precisa do que a valoração dos bens tangíveis. Consequência lógica desta imprecisão de avaliação é a dificuldade em compreender o valor agregado pelos intangíveis na cadeia produtiva, o que pode representar um embaraço à apuração do IVA.

Não obstante, a despeito da volatilidade e dificuldade de valoração dos intangíveis, o fato é que o investimento nestes bens é crescente, e, em alguns países (como nos Estados Unidos e no Reino Unido), já supera o investimento em bens tangíveis.[575] Hoje, boa parte do valor agregado à economia já decorre de intangíveis, e este fenômeno vem se acentuando de forma rápida no século XXI.[576] Portanto, a fim de adequadamente viabilizar a incidência do imposto sobre valor agregado aos intangíveis, se faz necessário estabelecer parâmetros claros para a avaliação destes.

Uma característica particularmente instigante para a apuração do valor agregado dos intangíveis é a escalabilidade,[577] que significa que os intangíveis não obedecem à lógica de escassez, podendo ser utilizados infinitas vezes, sem custo adicional para tanto. Um exemplo de Haskel e Westlake é elucidativo da escalabilidade: o custo de escrever o manual de procedimentos da Starbucks é exatamente o mesmo, independentemente do número de pessoas que serão capacitadas pela sua leitura.[578] Contudo, boa parte da experiência de tomar um café em uma Starbucks decorre da padronização de procedimentos, e o cliente que frequenta esta cafeteria espera um determinado padrão de serviço. Em outras palavras, o manual de procedimentos agrega valor ao café servido na Starbucks. Mas como calcular o exato valor agregado em cada xícara de café, se o manual pode ser reproduzido infinitamente, com custo marginal zero?

---

575. Ibid. cap. 2.

576. Como demonstram os exemplos apresentados nos tópicos 2.1 e 2.2.

577. Ou não competitividade, como abordado no tópico 2.1.

578. HASKEL; WESTLAKE. *Capitalism without Capital*. cap. 2.

Note-se que, além de ser uma questão teórica interessante, esta dificuldade tem repercussão prática para o objeto do presente estudo: a Starbucks opera em sistema de franquia, e transfere o manual de procedimentos para os franqueados. Dependendo da forma como se operacionaliza a referida transferência, ela pode ser tributada por IVA, e pode gerar créditos tributários para o franqueado.

Acerca da incidência do IVA no exemplo anterior, Bean menciona que a contabilidade tradicional classificava os intangíveis como consumo intermediário/insumos, e não como investimento em capital. Assim, não parece haver dúvidas de que o valor dos intangíveis poderia ser utilizado, de imediato, para fins de cálculo do valor agregado na etapa subsequente da cadeia produtiva.[579] Ocorre que os resultados contábeis desta prática não são satisfatórios, em parte pelo problema de não competitividade, ilustrado com o exemplo da Starbucks: ao permitir o creditamento imediato do valor pago pelo manual de procedimentos da Starbucks, o contribuinte do IVA teria um crédito muito elevado (este intangível tem valor alto para o franqueado, considerando que este manual é a chave para agregar valor à experiência de tomar um café), em um momento em que possivelmente não teria débitos de IVA (pois estaria iniciando as atividades mercantis).

Para evitar esta dificuldade, a partir de 2010, o Sistema de Contabilidade Europeu reclassificou uma série de intangíveis como bens de capital.[580] Bean defende que mais intangíveis sejam classificados como capital, como forma de aumentar o valor agregado, e, consequentemente, refletir de forma mais precisa a contribuição que estes bens dão para o PIB de cada país.[581] Seguindo a mesma diretriz de contabilização dos intangíveis, a Diretiva 2006/112/CE permite que o sistema

579. BEAN. *Independent review of UK economic statistics*. p. 100.

580. Ibid. p. 99. Vide: EUROSTAT. *ESA 2010* – European System of Accounts. Disponível em: https://bit.ly/3xwGBv4 Acesso em: 06 out. 2019.

581. BEAN. *Independent review of UK economic statistics*. p. 100.

de creditamento fracionado do IVA, aplicável aos bens de capital, seja estendido para serviços de natureza comparável à destes bens.[582] Considerando-se que os bens intangíveis são classificados como serviços no sistema do IVA europeu,[583] os estados-membros podem dar tratamento equivalente ao dos bens de capital para alguns desses intangíveis. Por consequência, para fins de créditos de IVA, o impacto da aquisição desses bens poderia ser diluído no tempo.

No Brasil, por outro lado, a delimitação fechada do critério material do ICMS sequer permite este debate sobre o aproveitamento de créditos dos bens intangíveis. Como não há consenso acerca de qual tributo incide sobre os bens digitais, estes, em regra, não vêm se submetendo ao ICMS.[584]

De qualquer forma, percebe-se que a escalabilidade dos bens intangíveis dificulta a apuração do valor agregado, por estes, no processo produtivo, o que causa embaraços à incidência do IVA. Outro fenômeno que dificulta a quantificação do valor agregado é a concentração dos mercados digitais, conforme segue.

### 2.3.2 *A concentração do mercado de bens digitais*

Outra característica que dificulta a mensuração do valor agregado em cada etapa da cadeia produtiva dos novos arranjos de consumo é a concentração de mercado que lhes é peculiar.[585] Uma evidência desta concentração é apontada pela OCDE: 57% das vendas *on-line* para consumidor final são feitas a partir de apenas três plataformas de comércio eletrônico.[586]

582. Considerando (40), c/c art. 190°, da Diretiva 2006/112/CE.

583. Art. 25°.a da Diretiva 2006/112/CE.

584. Vide os tópicos 1.3.1.1 e 3.1.1.

585. HASKEL; WESTLAKE. *Capitalism without Capital*, cap. 9.

586. OCDE. *The Role of Digital Platforms...* p. 13.

Nessa linha, é interessante retornar a uma particularidade da teoria de Schumpeter, que não relacionava a inovação a novos entrantes no mercado, mas sustentava que ela ocorria majoritariamente nos grandes conglomerados, que tinham escala para investir nos setores de pesquisa e desenvolvimento.[587] Esta constatação tem impactos marcantes e dúbios nos arranjos de consumo do século XXI: se, por um lado, parece certo que a economia digital permite o ingresso de novos atores no mercado, os quais desenvolvem ideias na garagem de suas casas, mas conseguem escalabilidade exatamente pela característica não competitiva dos intangíveis; também é correto que estes novos atores só alcançam a escala global – que é um dos fatores realmente instigantes das novas relações de consumo – a partir do momento em que suas ideias são compradas por um grande conglomerado.[588]

Com efeito, nos bens digitais, há uma forte tendência à formação de monopólios,[589] considerados por Thiel, o fundador da PayPal, fundamentais para a viabilidade das empresas que atuam nesse ramo.[590] Em seu respaldo, Schumpeter vislumbrava a concentração de mercado como um fator positivo, na medida em que os monopólios conseguem uma expansão da produção ordenada e perene.[591]

Nesse sentido, a concentração de mercado da economia digital seria uma forma de: 1) aumentar o potencial de escalabilidade dos bens digitais, devido à maior capacidade de investimento em marketing e formação de rede de consumidores; 2) proteger os intangíveis dos riscos de irrecuperabilidade (pois, ainda que o bem específico não se mostre individualmente viável, o negócio teria escala para continuar); 3)

---

587. SCHUMPETER. *Capitalismo...* p. 137.

588. HASKEL; WESTLAKE. *Capitalism without Capital*, cap. 9.

589. AIRES. *O labirinto tributário na nova economia*: da transformação digital à odisseia fiscal. p. 6.

590. THIEL, Peter *apud* HASKEL; WESTLAKE. *Capitalism without Capital*, cap. 4.

591. SCHUMPETER. *Capitalismo...* p. 130.

facilitar a sinergia entre bens digitais, pois uma mesma empresa teria a patente de diversos bens, combinando-os para aumentar os ganhos; e 4) controlar de forma mais eficaz os vazamentos de informações.[592]

Longe de se pretender defender a formação de monopólios, estas características são trazidas para a presente obra devido ao impacto que a verticalização da cadeia de consumo de bens digitais pode ter na formação do valor agregado. Se uma mesma empresa controla toda a cadeia produtiva, a definição do valor agregado em cada etapa de produção se torna mais difícil do que quando há diversas operações de compra e venda até chegar ao consumidor final. No último caso, para definir o valor agregado em cada etapa produtiva, basta analisar o valor da operação de compra e venda. Contudo, quando a mesma empresa é responsável pelas diversas etapas do processo produtivo, e opera globalmente, se faz necessária a utilização de regras de preços de transferência.[593] Em mercados integrados, como a União Europeia, por outro lado, este problema não se põe, na medida em que as operações intracomunitárias de transferência de serviços e bens intangíveis entre estabelecimentos de uma mesma empresa não geram obrigação de pagar IVA.[594]

A dificuldade decorrente de cobrar IVA sobre a transferência de bens digitais entre empresas de um mesmo grupo econômico, estabelecidas em países diferentes, se torna ainda maior quando se rememora que não é possível identificar o valor de uma unidade de um bem intangível digital, como indicado na abertura do tópico 2.3. Nesse contexto, a concentração de mercado existente na produção de bens digitais dificulta a apuração do valor agregado em cada etapa da cadeia

592. HASKEL; WESTLAKE. *Capitalism without Capital*, cap. 4.

593. Sobre o tema, vide: CHARLET, Alain; e HOLMES, David. Determining the Place of Taxation of Transactions under VAT/GST: Can Transfer Pricing Principles Help? *International VAT Monitor*. p. 431-8, nov-dez. 2010.

594. CHARLET; HOLMES. *Determining the Place of Taxation of Transactions under VAT/GST:...* p. 433.

produtiva, e a consequente incidência de IVA, problema este que adquire relevância em operações internacionais.

### *2.3.3 O impacto dos intangíveis na produção de bens tangíveis*

Por fim, um terceiro contratempo em relação à quantificação do valor agregado pelos intangíveis ocorre quando eles são utilizados para a fabricação de bens tangíveis. Ao tratar das impressoras 3D, Pinto traz um exemplo pertinente: se um consumidor brasileiro adquire um produto no varejo, ele suporta uma carga tributária (entre tributos diretos e indiretos) de 40,62% do valor da mercadoria.[595] Mas, se este mesmo consumidor adquire o modelo de impressão de um fornecedor estrangeiro, ele paga o IOF decorrente da compra internacional, e paga tributos internos sobre os insumos necessários à impressão,[596] arcando com carga tributária global muito menor. Há amplo debate sobre o pagamento de ISS ou ICMS na operação de importação deste intangível,[597] mas o fato é que, hoje, este bem importado acaba não sendo tributado com nenhum destes impostos.

Ademais, e no que importa ao presente tópico, Pinto sustenta que a soma dos recursos materiais e imateriais empregados pelo usuário final para imprimir o *bem tangível digital* é muito inferior do que o valor agregado do produto acabado, se o usuário fosse adquiri-lo no varejo.[598] Este exemplo traz outra evidência da dificuldade de avaliar os intangíveis. Se é certo que o modelo digital agrega valor ao produto impresso em 3D,

595. Segundo dados do IBPT de 2017, citados pelo autor (PINTO, Rodrigo Alexandre Lazaro. A Tributação na Importação de Arquivos de Modelos para Impressoras 3D. *Revista Direito Tributário Internacional Atual*, SP: IBDT, v. 4, p. 201, 2018).

596. PINTO. A Tributação na Importação de Arquivos de Modelos para Impressoras 3D, loc. cit.

597. Vide o tópico 3.1.

598. PINTO. A Tributação na Importação de Arquivos de Modelos para Impressoras 3D, p. 201.

como definir, precisamente, quanto vale o modelo? No exemplo acima, parece correto afirmar que o valor agregado pelo modelo 3D é o valor pelo qual este foi vendido para o produtor do bem tangível digital.

Não obstante, há diversas situações em que este valor não pode ser adotado como parâmetro de incidência tributária – seja por indícios de fraude no valor atribuído ao intangível, seja por se tratar de operação entre estabelecimentos de uma mesma empresa.[599] Nestes casos, os parâmetros de avaliação são bem menos satisfatórios do que quando se está analisando a transferência de bens tangíveis, motivo pelo qual a consultoria EY entende que os modelos de preços de transferência serão profundamente impactados pelo achatamento das cadeias produtivas, decorrente da impressão 3D.[600]

A impressão 3D é apenas o exemplo mais evidente de um fenômeno que permeia praticamente todas as atividades econômicas. Como bem apontado por Haskel e Westlake, nos diversos setores da economia, o valor agregado pelos intangíveis é cada vez mais relevante para a formação do preço final, ainda que o produto resultante seja físico.[601] Sarlet e Molinaro trazem um bom exemplo da agregação de valor intangível a um bem tangível: o uso da engenharia genética em prol da agricultura. Segundo os autores, a biologia sintética muda a maneira como a energia e os alimentos são produzidos.[602] Dessa forma, o verdadeiro valor agregado no processo agrícola

599. No sistema europeu, a operação de transferência de bens tangíveis entre estabelecimentos de uma mesma empresa, situados em Estados-Membros distintos, é, em regra, tributável por IVA, por força do disposto no art. 17º da Diretiva 2006/112/CE do Conselho, mas o imposto não incide sobre a prestação de serviços, conforme jurisprudência do Tribunal de Justiça Europeu (UNIÃO EUROPEIA. Tribunal de Justiça Europeu. Acórdão da Segunda Secção no caso C-210/04. Julgado em 23 mar. 2006. Disponível em: http://curia.europa.eu/juris/document/document.jsf?text=&docid=57830&pageIndex=0&doclang=pt&mode=lst&dir=&occ=first&part=1&cid=7594884. Acesso em: 26 abr. 2020).

600. EY. 3D printing taxation issues and impacts. p. 12.

601. HASKEL; WESTLAKE. *Capitalism without Capital*, cap. 2.

602. SARLET; e MOLINARO. *Sociedade da Informação*... p. 464.

está progressivamente na pesquisa genética, que aumenta a produtividade no campo, e não tanto na terra em si. Contudo, este valor se dilui no valor dos grãos e demais alimentos que consumimos, sendo muito difícil individualizá-lo, para determinar o verdadeiro valor agregado.

Em síntese, os arranjos de consumo do século XXI alteram drasticamente a forma de agregação de valor na cadeia de consumo, o que representa uma série de dificuldades na apuração do valor agregado, e, por consequência, na aptidão do imposto sobre valor agregado de efetivamente tributar a circulação de riqueza entre fornecedores de bens, serviços e intangíveis. Passa-se, a seguir, à análise das possíveis alternativas para adaptar o IVA às novas relações de consumo.

# 3. ADAPTANDO O IVA AOS ARRANJOS DE CONSUMO DO SÉCULO XXI - O PROBLEMA DOS INTANGÍVEIS

Após apresentar os traços fundamentais da regra-matriz dos impostos sobre valor agregado, tomando por exemplos práticos o IVA europeu e os impostos sobre o consumo brasileiros, com ênfase no ICMS; e analisar quais aspectos dos arranjos de consumo do século XXI têm a propensão de impactar na eficiência arrecadatória destes impostos; chega-se ao momento propositivo deste livro.

Como visto, a "onda de longa duração" instaurada com os arranjos de consumo do século XXI demanda a reestruturação do sistema tributário, para assegurar que o consumo seja tributado de forma eficiente e neutra. Há muitos autores que entendem que o IVA é inapto a incidir sobre os novos arranjos de consumo. Normalmente, os críticos ao IVA propõem sua substituição por um tributo incidente sobre o fluxo de caixa, que teria base mais ampla do que o imposto sobre valor agregado.[603] Esta proposta de reformulação do sistema tributário

603. Para uma análise econômica das vantagens e desvantagens do IVA e do imposto sobre fluxo de caixa, vide: AUERBACH, Alan et al. Work Paper 17/01: Destination-Based Cash Flow Taxation. Disponível em: https://bit.ly/3iqwcLb Acesso em: 19 jul. 2021. No estudo, os autores propõem a tributação incidente sobre o fluxo de caixa, como alternativa às tributações incidentes sobre a renda e sobre o consumo.

não é aprofundada nesse livro, pois se entende que o IVA é adequado para tributar os novos arranjos de consumo.

Outros estudiosos sustentam a criação de um "Imposto sobre Serviços Digitais", em acréscimo ao IVA. Este novo imposto teria como sujeito passivo um grupo específico de empresas, usualmente as prestadoras de serviços digitais que têm faturamento global muito alto, adotando como critério material da hipótese tributária o fornecimento de alguns serviços ou intangíveis digitais.[604] O Imposto sobre Serviços Digitais costuma ser proposto para corrigir uma distorção da tributação incidente sobre a renda[605] – e não sobre o consumo – motivo pelo qual tampouco é aprofundado neste livro.

A busca por alternativas para a tributação da economia digital, em substituição ou adicionalmente ao IVA, é consequência dos arranjos de consumo do século XXI. Conforme Rezende, o grande desafio da incidência de IVA sobre a economia digital decorre da reformulação da cadeia produtiva, que deixou de ser linear, passando a ser uma "rede de valor", com relações horizontais que se entrecruzam.[606] Portanto, torna-se muito difícil identificar o valor agregado em cada etapa produtiva,[607] o que leva o autor a questionar a utilidade

Esta tributação seria equivalente à tributação pelo IVA conjugada a um sistema de desoneração dos custos de trabalho. Segundo os autores, a única diferença entre os dois modelos é que a tributação sobre o fluxo de caixa desonera o custo do trabalho, pois ela foi desenhada para tributar os lucros, ao passo em que a tributação pelo IVA não faz essa desoneração de forma automática. Portanto, seria necessária a redução da carga tributária incidente sobre a folha de pagamentos, para que o IVA tivesse um impacto financeiro equivalente ao do imposto sobre o fluxo de caixa.

604. Sobre o tema, vide: GONZÁLEZ, Dario. Impuesto sobre Servicios Digitales «Digital Services Tax». *In:* Centro Interamericano de Administraciones Tributarias. Disponível em: https://bit.ly/36qZ9Ry Acesso em: 07 ago. 2020; AIRES. O labirinto tributário na nova economia: da transformação digital à odisseia fiscal. p. 57-64.

605. RUBINSTAIN, Flávio. *In*: A Maior Live de Administração Tributária do Mundo, 2020. 1 vídeo (11:55h). Publicado pelo canal Stael Freire. Disponível em: https://bit.ly/3wAOkas Acesso em: 07 ago. 2020.

606. REZENDE. *A Revolução Digital e a Reforma Tributária*. p. 117.

607. Ibid. loc. cit. e p. 130.

do IVA. Sob outra perspectiva, sustenta-se a insuficiência do IVA, uma vez que os setores mais onerados com este imposto – notadamente energia, telecomunicações e combustíveis – têm sido impactados de forma negativa com a nova "onda de longa duração".[608]

Contudo, a nova "onda de longa duração" não teve simplesmente o condão de eliminar ou reduzir a expressividade de alguns setores da economia, mas de substituí-los por outros tipos de empreendimentos, com novos modelos de negócio, como amplamente debatido no capítulo 2. Estes novos modelos de negócio importam em circulação de riqueza – ainda que o ciclo de circulação de riqueza tenha se alterado. É precisamente por isso que o IVA permanece sendo uma alternativa tributária funcional: quando a riqueza circula, há valor agregado, e o IVA incide. Simples assim.

Não obstante, o IVA, tal qual formatado hoje, não está adequado às relações de consumo do século XXI.[609] Os problemas apresentados ao longo dos dois capítulos anteriores levam à resposta negativa. Hoje, o IVA não está preparado para incidir sobre a economia digital de forma neutra, eficiente e não cumulativa, pois a intangibilidade dos bens de consumo do século XXI permite que eles escapem à incidência do imposto. O problema identificado não é tanto do critério material da hipótese tributária, pois o valor agregado subsiste, mas dos critérios espacial e pessoal, como será demonstrado. Acerca dessa insuficiência do IVA, é pertinente a observação de Correia Neto, Afonso e Fuck, para os quais "enquanto perdurar o descompasso entre a nova economia e os velhos tributos, ganharão

---

608. Exemplo deste impacto negativo é dado pelas estatísticas do estado do Rio Grande do Sul, que dão conta de que a arrecadação de ICMS com estas *blue chips* caiu, de aproximadamente 4% do PIB gaúcho, em 2005, para cerca de 2,5%, em 2019. Considerando-se que a alíquota do imposto aumentou neste intervalo de tempo, a redução da representatividade destes setores da economia sobre o PIB é ainda maior (RIO GRANDE DO SUL. *Reforma RS – Reforma Tributária do Estado*. Jul-2020. Disponível em: https://bit.ly/3hpKRqK Acesso em: 14 jul. 2020. fl. 35).

609. No mesmo sentido: AIRES. O labirinto tributário na nova economia: da transformação digital à odisseia fiscal. p. 33.

sobretudo as empresas de tecnologia e de comércio eletrônico em detrimento de seus concorrentes tradicionais".[610]

Portanto, é necessário adaptar o IVA, corrigir algumas de suas deformações, para que ele seja um imposto operacional frente aos novos arranjos de consumo. Estas adaptações pontuais são o objeto do presente capítulo. Percebe-se que não é o fim do IVA. Basta reestruturá-lo, para que ele possa englobar de forma adequada os arranjos de consumo do século XXI.

Nesse sentido, Luís Aires afirma que "a economia digital não requer um regime fiscal específico, pelo que as atuais regras podem ser adaptadas à digitalização da economia".[611] Contudo, o mesmo autor destaca que o IVA, na sua forma atual, está obsoleto para a nova economia.[612]

Para compreender as necessárias adaptações do IVA, um bom ponto de partida é a estratégia da OCDE para fazer frente ao planejamento tributário estruturado, que utiliza as brechas nas legislações dos diversos países para diminuir a carga tributária paga globalmente por empresas multinacionais, tática conhecida pela sigla BEPS – de *base erosion and profit sharing*.[613] A estratégia da OCDE para evitar a erosão da base de incidência tributária foi estruturada em quinze ações, sendo especialmente interessante para este livro a ação 1 – desafios tributários decorrentes da digitalização.

Mas o olhar da OCDE sobre a economia digital começa muito antes: em 1998, na Conferência Interministerial de Ottawa, a organização internacional definiu os princípios que devem orientar o sistema tributário para fazer frente aos novos arranjos de consumo. São eles: neutralidade, eficiência,

---

610. CORREIA NETO; AFONSO; FUCK. *Desafios Tributários na Era Digital*. p. 28.

611. AIRES. *O labirinto tributário na nova economia: da transformação digital à odisseia fiscal*. p. 16.

612. Ibid. p. 33.

613. ORGANIZATION FOR ECONOMIC CO-OPERATION AND DEVELOPMENT (OCDE). What is BEPS? Disponível em: https://bit.ly/3htAG4D Acesso em: 28 abr. 2020.

certeza e simplicidade, efetividade e justiça, e flexibilidade.[614] O princípio da flexibilidade é especialmente interessante à discussão que será apresentada no tópico 3.1, sobre a difícil diferenciação entre bens e serviços na economia digital. Segundo este princípio, o sistema tributário deve ser flexível e dinâmico, para assegurar que ele acompanhe as evoluções tecnológicas e comerciais.

Este princípio é especialmente relevante nas relações de consumo do século XXI. Conforme exposto pela OCDE na delimitação da ação 1 do BEPS, os intangíveis revolucionaram setores econômicos, criando novos modelos de negócio e tornando dispensável a proximidade física com os mercados destinatários dos produtos comercializados.[615] Essa centralidade dos intangíveis nos modelos de negócio possibilitou que as empresas alcançassem escala, ainda que sem volume,[616] devido à não competitividade dos intangíveis. O sistema tributário deve ser flexível e dinâmico para acompanhar a mudança.

Dentro deste contexto, a análise da OCDE, na ação 1 do BEPS, foca na mobilidade dos capitais, que é inerente aos modelos de negócios do século XXI, enfatizando os desafios impostos à tributação direta. Contudo, uma das linhas de análise da ação 1 aborda a tributação indireta, identificando que os novos modelos de negócios geram a oportunidade de estruturar o fornecimento internacional de intangíveis pagando o mínimo de IVA possível, especialmente nos casos de fornecimento para empresas isentas do pagamento do imposto ou para empresas que vão utilizar este intangível em diversos de seus estabelecimentos.[617] Além disso, os desafios para arreca-

---

614. OCDE. *Electronic Commerce: Taxation Framework Conditions*. p. 4.

615. ORGANIZATION FOR ECONOMIC CO-OPERATION AND DEVELOPMENT (OCDE). Action 1 Tax Challenges Arising from Digitalisation. Disponível em: https://bit.ly/3wAQYwU Acesso em: 29 abr. 2020. Vide, também, o tópico 2.1.

616. "Scale without mass", no original (OCDE. Action 1 Tax Challenges Arising from Digitalisation).

617. OCDE. Action 1 Tax Challenges Arising from Digitalisation.

dar o IVA nas operações de venda internacional de intangíveis digitais para consumidores finais, não contribuintes do IVA, são muito grandes, sendo urgente a solução para este gargalo da tributação, segundo a organização internacional. Ainda acerca das dificuldades de imposição do IVA, a OCDE identifica que as pequenas importações de bens tangíveis também representam um desafio.[618]

A partir deste panorama geral, a OCDE elaborou, em 2017, um documento em que traça orientações aos países (tanto membros da OCDE, quanto não membros, mas aderentes ao projeto) sobre a cobrança de IVA em operações internacionais, a fim de evitar que a incidência do imposto cause distorções ao comércio internacional.[619] Este documento consolida o trabalho que a organização vem realizando desde 1998,[620] tendo por foco assegurar a neutralidade do IVA e o princípio do destino.[621]

Na mesma época, em 2015, a Comissão Europeia apresenta uma Comunicação que introduz o "Mercado Único Digital", sua estratégia de fomento à economia digital.[622] Dentre as propostas da Comissão, Luís Aires destaca: o alargamento do MOSS; um limite de isenção de IVA, estabelecido com base na receita da empresa, comum para todos os estados-membros; a supressão da isenção de IVA concedida às pequenas importações; e um modelo de auditoria unificada.[623] Muitas destas propostas já foram implementadas ou estão em vias de se tornar realidade, como será demonstrado ao longo deste capítulo e no capítulo 4.

---

618. Ibid. loc. cit. Este tema será analisado no capítulo 4.

619. OCDE. *International VAT/GST Guidelines*. p. 3.

620. OCDE. *Electronic Commerce: Taxation Framework Conditions.*

621. OCDE. *International VAT/GST Guidelines*. p. 4.

622. AIRES. *O labirinto tributário na nova economia*: da transformação digital à odisseia fiscal. p. 54.

623. Ibid. p. 54-5.

Ou seja, o presente capítulo se debruça sobre as diretrizes da OCDE, debatendo se elas efetivamente trazem soluções para a incidência do IVA sobre os arranjos de consumo do século XXI. Além disso, em cada um dos tópicos, será efetuada uma análise crítica dos sistemas jurídico-tributários do Brasil e da União Europeia, analisando a suficiência destes sistemas, bem como, no especial caso do Brasil, traçando sugestões sobre a adaptação deste aos novos arranjos de consumo. A opção pelo estudo do modelo tributário da União Europeia decorre não só do fato de que o continente tem larga tradição jurídica na utilização dos IVAs,[624] como também pelo motivo de o bloco europeu se preocupar com a repercussão dos novos arranjos de consumo sobre o sistema tributário desde a década de 1990, como bem pontuado por Clotilde Celorico Palma.[625]

## 3.1 A difícil diferenciação entre bens e serviços nos arranjos de consumo do século XXI

O aumento da relevância econômica dos intangíveis ao longo da cadeia produtiva é notável nos arranjos de consumo do século XXI, de modo que o IVA deve estar estruturado para incidir de forma neutra e eficiente sobre as operações de circulação destes. Contudo, ainda não há segurança jurídica sobre sua adequada classificação, já que os intangíveis, por vezes, circulam como bens, com efetiva transferência de propriedade; mas outras vezes têm circulação que se assemelha à dos serviços, sendo customizados e licenciados para seu usuário final. Devido a esta indefinição classificatória, e seguindo o princípio delimitado pela OCDE na Conferência Interministerial de Ottawa, Clotilde Celorico Palma sustenta que os sistemas fiscais devem se flexíveis e dinâmicos, para se adaptar à constante evolução tecnológica.[626]

624. Como bem contextualizado no tópico 1.2.

625. PALMA. *A tributação da economia digital e a evolução recente na União Europeia*. cap. 8.1.

626. Ibid. loc. cit.

Sob esta ótica de abertura sistêmica, a OCDE orienta que os intangíveis digitais sejam tributados como prestação de serviços, na medida em que os problemas de fiscalização do comércio transfronteiriço nos dois fenômenos são os mesmos.[627] Contudo, reconhece que não há consenso acerca deste corte conceitual, pois um fenômeno classificado como prestação de serviço por um país pode ser considerado fornecimento de bens por outro.[628] Dentro deste contexto, o conceito da OCDE se dá por exclusão: tudo que não é um bem tangível/corpóreo recebe o tratamento jurídico-tributário correspondente ao de um serviço. Por consequência, serviço engloba o fornecimento de trabalho (jurídico, contábil, de engenharia), a locação de bens móveis, e a cessão de direitos (como direito de marca, de autor, de softwares, e royalties), como bem enumerado por Ana Clarissa Masuko.[629]

Ao detalhar os *fornecimentos digitais*, a OCDE afirma que este gênero engloba compras de conteúdo digital (como livros, games e música); assinaturas digitais (notícias, *streaming*); fornecimento e manutenção de *softwares*; licenciamento de conteúdo (sistemas na nuvem); e telecomunicações e transmissão de dados.[630] Todos esses bens digitais devem receber tratamento análogo ao dado aos serviços.

Na linha do proposto pela OCDE, a União Europeia adota o critério de definição de serviços por exclusão: operações com serviços são definidas como todas as operações que não são a transferência de propriedade de um bem corpóreo.[631]

627. OCDE. *International VAT/GST Guidelines*. p. 39.

628. Ibid. loc. cit.

629. MASUKO. O Conceito de Serviço como “Obrigação de Fazer”... p. 270.

630. ORGANIZATION FOR ECONOMIC CO-OPERATION AND DEVELOPMENT (OCDE). Committee on Fiscal Affairs. *Mechanisms for the Effective Collection of VAT/GST* – Where the Supplier is not Located in the Jurisdiction of Taxation. Paris, 2017. p. 38.

631. AIRES. *O labirinto tributário na nova economia: da transformação digital à odisseia fiscal*. p. 40.

Este conceito já se apresentava na TVA francesa,[632] estando há décadas consolidado no continente. Por consequência, sob a ótica europeia, faz sentido dar tratamento uniforme ao comércio de bens intangíveis e de serviços, dada a tradição jurídica desenvolvida no bloco europeu.

Analisando o grupo de intangíveis digitais arrolado acima, contudo, de imediato se percebe que no Brasil não há tratamento tributário uniforme entre esses bens ou serviços. Em relação à telecomunicação, não há dúvidas que deve incidir ICMS sobre a prestação deste serviço, nos termos do art. 155, II, da Constituição. Contudo, a controvérsia reside em delimitar exatamente o que está inserido dentro do conceito de serviços de comunicação.[633] Quanto aos demais serviços, se estiverem previstos na lista anexa à Lei Complementar 116/2003, se submetem ao ISS, com base no art. 156, III, da Constituição. A partir deste exemplo, nota-se, claramente, que o critério de definição de serviços, para fins de incidência do ISS, não se dá por exclusão, ao contrário do modelo proposto pela OCDE.

Em relação aos intangíveis digitais propriamente ditos, a situação é bem mais complexa, pois não há segurança jurídica acerca de qual imposto sobre o consumo deve incidir sobre esta base imponível (ICMS ou ISS), motivo pelo qual a legislação e a jurisprudência vão casuisticamente inserindo-os ou na esfera de competência dos estados, ou na esfera de competência dos municípios.[634] Com efeito, o "mundo virtual" exacer-

---

632. MASUKO. *O Conceito de Serviço como "Obrigação de Fazer"*... p. 270.

633. TORRES, Heleno Taveira; CALIENDO, Paulo. Regime tributário do comércio eletrônico no Brasil. *Interesse Público* [recurso eletrônico]. BH: Fórum, ano 7, n. 33, set-out/2005.

634. Ana Teresa Lima Rosa Lopes faz um interessante estudo comparado entre os sistemas brasileiro e norte-americano, destacando que os mesmos problemas classificatórios identificados no Brasil ocorreram nos Estados Unidos. Naquele país, classificar *software* como mercadoria ou como serviço importa na incidência – ou não – da *retail sales tax*, já que este imposto é cobrado somente em operações de vendas de mercadorias. Segundo a autora, a maioria dos tribunais norte-americanos firmou entendimento de que os *softwares* de prateleira são mercadorias, justificando-se a cobrança do imposto estadual (LOPES, Ana Teresa Lima Rosa.

bou os conflitos de competência entre os dois impostos, como bem colocam Luciano Garcia Miguel e Ivan Ozawa Ozai,[635] e estes conflitos foram agravados pela tradição jurídica brasileira de interpretar restritivamente a legislação tributária.

Criticando esta tradição jurídica, Luiz Guilherme de Medeiros Ferreira e Marcos Nobrega sustentam a inadequação, para fazer frente às relações de consumo do século XXI, de um sistema tributário que, como o brasileiro, se funda na definição das competências tributárias por materialidades.[636] Os autores defendem sua substituição por um modelo que se afaste da legalidade estrita, focado no valor agregado de cada negócio.[637] Nesse ponto, é pertinente mencionar que, em 2000, Marco Aurelio Greco já indicava a insuficiência do modelo brasileiro (calcado na tipicidade fechada) para fazer frente à economia digital.[638]

Ferreira e Nobrega trazem diversos exemplos da inviabilidade prática de segregar as bases de incidência bens e serviços na economia digital. Um desses exemplos, especialmente convincente, é o que segue: no Brasil, ao assistir a um filme por uma plataforma de *streaming*, paga-se ISS pela prestação do serviço, ao passo que se o filme for visualizado através de uma rede de TV a cabo, mesmo na modalidade *on demand*, haverá a incidência do ICMS-comunicação.[639]

---

Tributação do *software* no Brasil. Mercadoria ou serviço? *Revista Tributária e de Finanças Públicas* [recurso eletrônico]. SP: RT, vol. 127/2016, p. 165-186, mar--abr/2016). Vide, também: TORRES; CALIENDO. Regime tributário do comércio eletrônico no Brasil.

635. MIGUEL, Luciano Garcia; e OZAI, Ivan Ozawa. ICMS e a tributação das mercadorias digitais. *Revista de Direito Tributário* [recurso eletrônico]. SP: RT, vol. 1/2016, p. 237-262, jul-ago/2016).

636. FERREIRA. Luiz Guilherme de Medeiros; NOBREGA, Marcos. Tributação na Economia Digital e o Conflito de Competência. *In*: AFONSO, José Roberto R.; SANTANA, Hadassah Laís. *Tributação 4.0* [recurso eletrônico], SP: Almedina, 2020. p. 84.

637. Ibid. loc. cit..

638. GRECO, Marco Aurélio. *Internet e Direito*. 2ª ed. SP: Dialética, 2000. p. 82.

639. FERREIRA; NOBREGA. *Tributação na Economia Digital e o Conflito de Com-*

Ferreira e Nobrega comparam a confusão gerada pela repartição de competências brasileira à simplicidade dos países que cobram IVAs de base ampla, afirmando que, nestes países, "bastaria acrescentar ao valor final da fatura uma alíquota previamente definida", para aferir o imposto devido.[640] Evidentemente, a incidência de um IVA de base ampla elimina muitas das dificuldades enfrentadas pelo Brasil, as quais são analisadas com mais atenção a seguir.

### *3.1.1 O conflito de competência entre estados e municípios para tributar os intangíveis digitais no Brasil*

O conflito de competências de que se trata neste tópico já tem mais de vinte anos, e os debates acontecem, precipuamente, no Supremo Tribunal Federal. O primeiro julgado pertinente para sua adequada compreensão é o Recurso Extraordinário 176.626-3/SP, considerado por muitos autores o *leading case* sobre a matéria.[641] Neste caso, o Supremo Tribunal Federal sedimentou a distinção entre *software* de prateleira e *software* por encomenda. O primeiro, padronizado, seria negociado como uma mercadoria, e submetido à cobrança de ICMS. O segundo, feito especificamente para a necessidade do adquirente, configuraria uma prestação de serviços, pagando ISS. No mesmo acórdão, o STF esclarece que o ICMS não incide sobre o licenciamento ou cessão de direito de uso do *software*, mas sobre as cópias deste, produzidas em série, e que materializam o "*corpus mechanicum*" da criação intelectual.[642]

Dez anos depois, ao julgar a Medida Cautelar na Ação Direta de Inconstitucionalidade (ADI/MC) 1.945, o STF entendeu ser desnecessário o suporte físico para que o *software* fosse

*petência*. p. 86.

640. Ibid. p. 93.

641. Vide, entre outros: LOPES. Tributação do *software* no Brasil; BAZZANELLA. *Tributação sobre os vídeos sob demanda:...* p. 86.

642. BRASIL, Supremo Tribunal Federal (1ª Turma). *Recurso Extraordinário 176.626-3/SP*, Relator(a) Min. Sepúlveda Pertence. Julgado em 10 nov. 1998, DJ 11 dez. 1998.

classificado como mercadoria. Como se depreende da análise dos debates ao longo do julgamento da medida cautelar, o Tribunal ponderou que a mudança na realidade afeta a interpretação do texto constitucional, e que o ambiente em que se concretiza a aquisição do *software* – em uma loja física ou em uma virtual – deve ser irrelevante para a incidência tributária.[643] Por consequência, incidiria ICMS sobre todas as operações com *softwares* padronizados, inclusive nos casos em que efetuado *download* a partir do computador do adquirente.

Corroborando esta interpretação, Miguel e Ozai afirmam que o atributo corporalidade não integra o conceito constitucional de mercadoria; e que o que dá a um bem – corpóreo ou incorpóreo – o *status* de mercadoria é sua inserção na cadeia mercantil.[644] No mesmo sentido, Andrei Pitten Velloso afirma que as operações com *softwares* produzidos em série, e transmitidos por transferência eletrônica de dados, podem se submeter ao ICMS, já que "bens incorpóreos, comercializados em meio material ou imaterial, também podem sujeitar-se à cobrança de ICMS, desde que se qualifiquem como mercadorias".[645] Por consequência, a circulação do *software* padronizado representaria a ocorrência do critério material da hipótese tributária.

Em 2020, contudo, o mérito da Ação Direta de Inconstitucionalidade (ADI) 1.945 voltou a ser julgado, com decisão em conjunto à da ADI 5.659.[646] Na seção do Plenário do Supremo Tribunal Federal de 18 de fevereiro de 2021, o julgamento foi

---

643. BRASIL, Supremo Tribunal Federal (Tribunal Pleno). *Medida Cautelar em Ação Direta de Inconstitucionalidade 1.945*, Relator(a) Min. Octavio Gallotti, Relator(a) p/ Acórdão Min. Gilmar Mendes. Julgado em 26 maio 2010, DJe 14 mar. 2011. fl. 81.

644. MIGUEL e OZAI. ICMS e a tributação das mercadorias digitais.

645. VELLOSO. *Constituição Tributária Interpretada*. p. 431-2.

646. BRASIL, Supremo Tribunal Federal (Tribunal Pleno). *Ação Direta de Inconstitucionalidade nº 1.945*, Relator(a) Min. Cármen Lúcia, Relator(a) p/ Acórdão Min. Dias Toffoli. Julgado em 03 mar, 2021. DJe 20 maio 2021; BRASIL, Supremo Tribunal Federal (Tribunal Pleno). *Ação Direta de Inconstitucionalidade nº 5.659*, Relator(a) Min. Dias Toffoli. Julgado em 03 mar. 2021, DJe 20 maio 2021.

encerrado, e a maioria divergiu da decisão proferida na medida cautelar, reconhecendo a incidência de ISS sobre as operações de licenciamento de *software*.

O voto do Min. Dias Toffoli, que será o relator para o acórdão, indica que bens incorpóreos podem ser classificados como mercadoria, na linha do que já fora decidido na ADI/MC 1.945. Contudo, no seu entender, atualmente, esta classificação não é suficiente para refletir a realidade econômica das operações com intangíveis digitais. Na maior parte dos licenciamentos de *software*, não há efetiva circulação de mercadoria (não há transferência de propriedade), na medida em que as licenças perpétuas são cada vez mais raras. Por este motivo, o Ministro Dias Toffoli entende que deve incidir o ISS sobre estas operações, no que é acompanhado pela maioria do STF.

A decisão do Supremo Tribunal Federal tem o mérito de alinhar o país à prática internacional: tanto União Europeia, quanto OCDE, tratam as operações com intangíveis digitais como se fossem operações com serviços. Contudo, devido às particularidades do sistema tributário brasileiro – e, em especial, à cisão da competência para tributar os critérios materiais das hipóteses de incidência "operações com bens" e "prestação de serviços" – a decisão pode causar ainda mais distorções à neutralidade vertical e à não cumulatividade dos impostos sobre o consumo no Brasil.

Ademais, as decisões do Supremo Tribunal Federal foram proferidas a partir de casos antigos, e o setor de tecnologia evoluiu rapidamente desde então. Por consequência, muitos dos conceitos ali delineados já não têm aplicação prática, e o modelo de tributação incidente sobre o consumo dos intangíveis digitais está longe de ser pacificado no país.

No período de mais de dez anos transcorrido entre a decisão da medida cautelar e do mérito da ADI 1.945, alguns estados, com base no Convênio ICMS 106/2017,[647] pretenderam

647. BRASIL, Conselho Nacional de Política Fazendária. Convênio ICMS 106, de 29

exigir ICMS sobre um rol amplo de operações com *softwares*. Este Convênio, que disciplinava a cobrança do ICMS incidente nas operações com bens e mercadorias digitais comercializadas por meio de transferência eletrônica de dados, teve sua constitucionalidade questionada na ADI 5.958. Tendo em vista que o STF, nas ADIs 1.945 e 5.659, afastou a incidência de ICMS sobre estas operações, a ADI 5.958 foi extinta, por perda superveniente de objeto. Nos termos da decisão da Ministra Relatora, o Convênio ICMS 106/2017 teria perdido sua eficácia jurídica desde o julgamento das ADIs 1.945 e 5.659, motivo pelo qual considerou prejudicada a ADI 5.658.[648]

Os municípios, por sua vez, com fulcro no item 1.05 da lista anexa à Lei Complementar 116/2003, entenderam que deve incidir ISS no licenciamento ou cessão de direito de uso de programas de computação.[649] Devido à zona de colidência entre os tributos estaduais e municipais, neste período, houve muitos casos concretos de bitributação,[650] e outros tantos em que nenhum dos sujeitos ativos conseguiu exigir o imposto, de modo que os intangíveis digitais acabaram não sendo tributados por nenhum dos dois principais impostos incidentes sobre o consumo no Brasil.

---

de setembro de 2017. Disciplina os procedimentos de cobrança do ICMS incidente nas operações com bens e mercadorias digitais comercializadas por meio de transferência eletrônica de dados e concede isenção nas saídas anteriores à saída destinada ao consumidor final. D.O.U.: 05 out. 2017.

648. BRASIL, Supremo Tribunal Federal (Tribunal Pleno). *Decisão Monocrática em Ação Direta de Inconstitucionalidade 5.958/DF*, Relatora Min. Cármen Lúcia. DJe 08 mar. 2021.

649. Miguel e Ozai defendem que deve ser dada interpretação conforme ao item 1.05 da lista anexa, no sentido de que incidirá ISS somente quando houver licenciamento ou cessão de direito de uso dos *softwares* por encomenda. Nos demais casos, incidirá ICMS (MIGUEL e OZAI. ICMS e a tributação das mercadorias digitais). Na mesma linha, vide: FEITOSA, Maurine Morgan Pimentel. *O Conflito de Competência entre o ICMS e o ISS* – um estudo de casos na era da internet. BH: Fórum, 2018. p. 251.

650. Vide, nesse sentido: BRIGAGÃO, Gustavo. Economia Digital e Tributação: Plano de Ação 1 do Projeto Base Erosion and Profit Shifting (Beps) e o Panorama Brasileiro. *In:* MATA, Juselder Cordeiro da; BERNARDES, Flávio Couto; LOBATO, Valter de Souza. *Tributação na Sociedade Moderna*. BH: Arraes, 2019. p. 395.

Com efeito, diante da perspectiva de não incidência nem do ICMS, nem do ISS, uma terceira corrente doutrinária se desenvolveu no país, sustentando que os intangíveis digitais não são nem mercadorias, nem serviços, não podendo ser tributados por nenhum destes impostos.[651] Um exemplo concreto desta corrente é trazido por Dayana Uhdre, que defende que a atividade de *data center* (*Infrastructure as a Service* – IaaS) é fornecida através de um contrato inominado, tendo por objeto a disponibilização da infraestrutura para armazenamento e processamento de dados, não se enquadrando nem como prestação de serviços, nem como fornecimento de bem intangível.[652]

Estas três correntes teóricas – incidência de ICMS, de ISS ou não incidência de nenhum dos dois tributos sobre a base imponível "intangíveis digitais" – geraram e ainda gerarão infindáveis litígios no Brasil. Enquanto perdura este debate, ganham as empresas de tecnologia e de comércio eletrônico, que pagam menos impostos que os concorrentes tradicionais, como bem advertem Correia Neto, Afonso e Fuck.[653] Caso se adotasse um IVA de base ampla, por outro lado, a classificação entre bens e serviços se tornaria irrelevante,[654] pois o imposto seria cobrado em todas as operações.

---

651. CARRAZZA. *ICMS*. p. 168-72; SZELBRACIKOWSKI, Daniel Corrêa. Novas Tecnologias e a Necessidade de Reforma Tributária. *In*: AFONSO, José Roberto R.; SANTANA, Hadassah Laís. *Tributação 4.0* [recurso eletrônico], SP: Almedina, 2020. p.152; AMARAL, Thiago Abiatar Lopes. *O ICMS e a tributação do download de softwares no Estado de São Paulo*. SP: Almedina, 2018. p. 141; PADILHA, Maria Ângela Lopes Paulino. *Tributação de Software: exame da constitucionalidade da incidência do ISS e do ICMS-Mercadoria sobre a licença de uso de programa de computador disponibilizado eletronicamente*. 2016. Tese (Doutorado em Direito) – Faculdade de Direito, Pontifícia Universidade Católica de São Paulo, São Paulo. 2016.

652. UHDRE, Dayana. Pontos Polêmicos da Tributação de Data Center no Brasil. *Revista de Direito Tributário Contemporâneo* [recurso eletrônico]. SP: RT, vol. 16/2019, p. 177-197, jan-fev/2019.

653. CORREIA NETO; AFONSO; FUCK. *Desafios Tributários na Era Digital*. p. 28

654. Sobre o tema, vide: LUKIC, Melina Rocha. Tributação da economia digital por meio de IVA/IBS: desafios e soluções. *JotaInfo*. São Paulo, 30 jun. 2020. Disponível em: https://bit.ly/3r3wR9d Acesso em: 06 jul. 2020. A irrelevância da distinção é

Ademais, até mesmo quando os autores concordam com a classificação da operação como prestação de serviços há conflito de competências. Um exemplo prático desta dificuldade se apresenta com a análise do ICMS-comunicação, que incide quando há a prestação onerosa de serviço de comunicação, ou seja, quando há relação comunicativa entre duas pessoas,[655] viabilizada através da prestação do serviço por um terceiro, que é o contribuinte do tributo.[656]

No que toca à economia digital, esta faceta do ICMS é relevante, na medida em que muitos dos novos bens de consumo têm seu valor agregado precisamente a partir da troca de informações que propiciam (ou seja, de uma atividade comunicacional). Exemplos claros do papel da comunicação no processo de agregação de valor desse setor são as plataformas de economia compartilhada e os *marketplaces*.[657] Em uma visão simplificada, estas plataformas nada mais são do que o terceiro, que viabiliza a comunicação entre o vendedor de um bem e seu possível comprador. Sob esse enfoque, elas prestam um serviço, usualmente de forma onerosa, que permite que duas outras pessoas se comuniquem, ajustando entre elas a compra de um bem ou a prestação de um serviço.

Não obstante, seguindo a doutrina de Carrazza sobre o serviço de provimento de acesso à internet, estas plataformas não poderiam ser consideradas serviço de comunicação, para fins de ICMS, pois meramente aperfeiçoam ou potencializam o serviço de comunicação *stricto sensu*.[658] Para esta corrente

---

percebida especialmente quando há um alinhamento dos critérios espacial e quantitativo no IVA incidente sobre bens e serviços, o que é objeto de constante empenho no âmbito da União Europeia, como será demonstrado a seguir.

655. Em sentido diverso da doutrina majoritária, Andrei Pitten Velloso entende prescindível a bilateralidade da comunicação (VELLOSO. *Constituição Tributária Interpretada*. p. 445).

656. CARRAZZA. *ICMS*. p. 243.

657. De que se trata no tópico 2.2.3.

658. CARRAZZA. *ICMS*. p. 294. Vide, também: MELO. *ICMS*. p. 134 e ss. Em sentido contrário: GRECO. *Internet e Direito*. p. 132 e ss.

teórica, que, no que toca aos serviços de provimento de acesso à internet, encontrou amparo na jurisprudência do Superior Tribunal de Justiça,[659] as plataformas poderiam ser enquadradas como serviços de valor adicionado. Assim, prestariam serviços que se agregam ao serviço de comunicação propriamente dito, acrescendo-lhe em valor. Quanto ao serviço de provimento de acesso à internet, a orientação jurisprudencial redundou na edição da Súmula 334 do STJ,[660] e teve guarida no Supremo Tribunal Federal.[661]

Diante deste cenário doutrinário e jurisprudencial, tributar os serviços de plataformas com ICMS vulneraria os princípios da estrita legalidade e da tipicidade fechada,[662] motivo pelo qual acabam sendo submetidas ao ISS.[663] Defendendo a incidência do ISS, Paulo Roberto Coimbra Silva e Pedro Henrique Alves Mineiro sustentam que o serviço de intermediação prestado pelos *marketplaces* deve ser tributado pelo ISS, não só devido ao subitem 10.05 da lista anexa à Lei Comple-

---

659. Vide, entre vários outros: BRASIL, Superior Tribunal de Justiça (1ª Seção). *Embargos de Divergência em Recurso Especial 456.650/PR*, Relator Min. José Delgado, Rel. p/ Acórdão Min. Franciulli Netto, Julgado em 11 maio 2005, DJ 20 mar. 2006, p. 181.

660. BRASIL, Superior Tribunal de Justiça. *Súmula 334.* O ICMS não incide no serviço dos provedores de acesso à Internet. Julgado em 13 dez 2006, DJ 14 fev 2007, p. 246.

661. BRASIL, Supremo Tribunal Federal (Tribunal Pleno). *Recurso Extraordinário 572.020*, Relator Min. Marco Aurélio, Rel. p/ Acórdão Min. Luiz Fux, Julgado em 06 fev. 2014, DJe 10 out. 2014.

662. CARRAZZA. *ICMS*. p. 258.

663. Em solução de consulta, o Município de São Paulo enquadrou o serviço das plataformas de comércio eletrônico no item 10.05 da lista anexa à Lei Complementar nº 116/2003, correspondente ao agenciamento, corretagem ou intermediação de bens móveis ou imóveis. Vide: SÃO PAULO. *Solução de Consulta SF/DEJUG nº 13.* 14 maio 2018. ISS. Subitens 10.05 e 17.24 da Lista de Serviços da Lei nº 13.701, de 24 de dezembro de 2003. Inserção de textos, desenhos e outros materiais de propaganda e publicidade. Agenciamento, corretagem ou intermediação de bens móveis ou imóveis, não abrangidos em outros itens ou subitens. Disponível em: https://bit.ly/3hRCJy7 Acesso em: 20 abr. 2020; BRASIL. Lei Complementar nº 116, de 31 de julho de 2003. Dispõe sobre o Imposto Sobre Serviços de Qualquer Natureza, de competência dos Municípios e do Distrito Federal, e dá outras providências. DOU 1º ago. 2003. Disponível em: https://bit.ly/2VsehMo Acesso em: 20 abr. 2020.Vide, também: CANEN, Doris. Marketplaces: ISS e desafios. *Revista de Direito e as Novas Tecnologias* [recurso eletrônico]. SP:RT, vol. 3, abr-jun/2019.

mentar 116/2003, como também em virtude do conceito de prestação de serviços recentemente delimitado pelo STF, no RE 651.703/PR.[664]

Contudo e como se percebe deste exemplo, a cisão dos critérios materiais vender bens e prestar serviços apresenta suas limitações: ao não submeter as plataformas de comércio eletrônico ao ICMS, se impede que o tomador dos serviços dessas plataformas – ou seja, a empresa ou pessoa física comerciante, que vende mercadorias *on-line* – tome créditos em relação ao serviço de plataforma que ele contrata. Por consequência, aumenta a cumulatividade residual da tributação incidente sobre o consumo no país, já que o ISS pago pelo serviço de *marketplace* não dá direito a créditos para o comerciante, quando do pagamento do ICMS.

Ainda sobre o ICMS-comunicação, é interessante um olhar sobre os serviços de *streaming*. Nestes serviços, há alguma comunicação bilateral, na medida em que o usuário seleciona os áudios e vídeos que pretende ouvir ou assistir, comunicando esta opção ao prestador do serviço. Considerando que há efetivo serviço de comunicação nesta atividade, aliás, Paulo Rosenblatt e Beatriz Pessoa Ludmer propõem a submissão do *streaming* ao ICMS.[665] Para tanto, os autores defendem a revisão da orientação jurisprudencial que vincula o conceito de comunicação, para fins de incidência do ICMS, ao de telecomunicação – e que, por consequência, afasta a incidência do ICMS sobre os chamados serviços de valor adicionado. Eles propõem a adoção de conceito mais amplo de comunicação, com amparo na própria Constituição, e não na

664. SILVA, Paulo Roberto Coimbra; e MINEIRO, Pedro Henrique Alves. Tributação sobre o Consumo no *Marketplace* Digital e o Novo Conceito de Serviços na Jurisprudência do STF. *In:* MATA, Juselder Cordeiro da; BERNARDES, Flávio Couto; LOBATO, Valter de Souza. *Tributação na Sociedade Moderna*. BH: Arraes, 2019. p. 567-8.

665. ROSENBLATT, Paulo; e LUDMER, Beatriz Pessoa. O Comércio Eletrônico Audiovisual Via *Streaming* e o ICMS-Comunicação: Uma Proposta de Superação Jurisprudencial para Adequar a Tributação à Economia Digital Global. *In:* MATA, Juselder Cordeiro da; BERNARDES, Flávio Couto; LOBATO, Valter de Souza. *Tributação na Sociedade Moderna*. BH: Arraes, 2019. p. 516.

Lei Geral de Telecomunicações.[666] Esta mudança conceitual poderia corrigir a distorção apontada por Ferreira e Nobrega, que destacam que as plataformas de *streaming* pagam ISS pela prestação do serviço, ao passo que a TV a cabo, mesmo na modalidade *on demand*, paga o ICMS-comunicação.[667]

Não obstante, mantendo-se a orientação jurisprudencial atual, parece possível enquadrar o serviço de *streaming* como serviço de valor adicionado, o que obstaria a incidência do ICMS-comunicação, conforme narrado acima. Esta última interpretação provavelmente levaria à incidência do ISS,[668] ou à não incidência de nenhum dos dois impostos. Betina Treiger Grupenmacher se posiciona neste último sentido, por entender que os serviços transmitidos por *streaming* não têm natureza de serviço ou de mercadoria.[669] Este é mais um exemplo de conflito de competência entre estados e municípios na tributação dos bens de consumo do século XXI.

Esses litígios são consequência, em parte, da tradição brasileira de interpretação restritiva dos conceitos jurídico-tributários,[670] a partir da qual se atrelou o critério material "prestar serviços" a uma obrigação de fazer (um "fazer humano"), e o critério "circular mercadoria" a um bem corpóreo. Logo, no

---

666. Ibid. p. 530.

667. FERREIRA; NOBREGA. *Tributação na Economia Digital e o Conflito de Competência*. p. 86.

668. A operação de *streaming* vem sendo enquadrada no item 1.09 da lista anexa à Lei Complementar 116/2003. Conforme Eduardo Bazzanela, em análise efetuada antes mesmo da inclusão do item 1.09 na lista anexa, a redação deste item seria inconstitucional, por dar tratamento diferenciado entre a prestação de serviços de vídeo sob demanda pela internet ou por prestadoras de Serviço de Acesso Condicionado (BAZZANELLA. *Tributação sobre os vídeos sob demanda: a influência da globalização sobre as normas tributárias*... p. 123).

669. GRUPENMACHER, Betina Treiger. Tributação de Streaming e Serviços Over the Top. *In:* MATA, Juselder Cordeiro da; BERNARDES, Flávio Couto; LOBATO, Valter de Souza. *Tributação na Sociedade Moderna*. BH: Arraes, 2019. p. 401.

670. Com uma visão crítica ao positivismo de índole formalista e à tipicidade fechada, vide: RIBEIRO. Legalidade Tributária, Tipicidade Aberta, Conceitos Indeterminados e Cláusulas Gerais Tributárias; MIGUEL e OZAI. ICMS e a tributação das mercadorias digitais.

Brasil, ao contrário do que ocorre na União Europeia, o conceito de "prestação de serviços" – para fins de incidência tributária – não costuma ser definido por exclusão. Isso dificulta a incidência de ISS sobre operações com intangíveis digitais, especialmente devido à velocidade com que novos arranjos de consumo são desenvolvidos.

Contudo, ainda que a controvérsia esteja longe de ser pacificada, Correia Neto, Afonso e Fuck observam que há uma tendência, no país, de ampliação do conceito de serviços, para alcançar operações com intangíveis em geral.[671] Há dois problemas que devem ser enfrentados para que se confirme esta tendência de ampliação do conceito de serviços. Primeiramente, a Lei Complementar 116/2003 autoriza que o ISS incida somente sobre os serviços taxativamente enumerados na lista anexa à legislação, de modo que o legislador complementar precisa constantemente atualizar a lei, para viabilizar a incidência sobre os arranjos de consumo do século XXI, o que nem sempre se mostra possível, diante da velocidade com que são desenvolvidos novos arranjos de consumo.

Mas a maior dificuldade decorre do fato de que, no fornecimento do intangível, nem sempre se evidencia a obrigação de fazer – muitas vezes há uma obrigação de dar – o que também afastaria a incidência do imposto. Contudo, a interpretação restritiva, que tradicionalmente atrela o conceito de prestação de serviços ao de obrigação de fazer, parece estar sendo reformulada pelo próprio STF, que, no RE 651.703/PR, adotou o conceito econômico de "prestação de serviços",[672]

671. CORREIA NETO; AFONSO; FUCK. Desafios Tributários na Era Digital. No mesmo sentido: ALMEIDA; MARTINS; e VITA. Tributação e *Cloud Computing* no Brasil:... p. 41-61.

672. BRASIL, Supremo Tribunal Federal (Tribunal Pleno). *Recurso Extraordinário 651.703/PR*, Relator Min. Luiz Fux, julgado em 29 set. 2016, DJe 26 abr. 2017, por maioria. Tema 581 da repercussão geral, fixada a seguinte tese: "As operadoras de planos privados de assistência à saúde (plano de saúde e seguro-saúde) realizam prestação de serviço sujeita ao Imposto Sobre Serviços de Qualquer Natureza – ISSQN, previsto no art. 156, III, da CRFB/88".

ampliando-o substancialmente.[673] Partindo-se do conceito econômico de prestação de serviços, seria possível justificar a incidência do ISS sobre as operações com intangíveis digitais.

A adequada classificação dos intangíveis digitais como mercadoria ou serviço (tema sobre o qual muito já se escreveu[674]) foge aos propósitos deste livro, já que o objeto de estudos é um IVA de base ampla, que incida sobre todas as operações com intangíveis digitais, independentemente de serem considerados mercadorias ou serviços. Não obstante, é relevante indicar a existência da controvérsia, para que se tenha presente que a simples transposição das diretrizes da OCDE para a realidade brasileira dificilmente trará soluções satisfatórias, uma vez que dar tratamento equivalente aos intangíveis e aos serviços, na realidade brasileira, escapa da nossa tradição constitucional.[675]

Nessa linha, Marco Aurélio Greco explica que, ao contrário do que ocorre na Europa, no Brasil, a definição de serviços nunca poderia se dar por exclusão, devido ao nosso modelo de distribuição de competências entre estados e municípios: como há dois impostos diferentes, um para mercadorias, outro para serviços, "serviço precisa 'ser' alguma coisa e, aí, está toda a dificuldade de detectar o que é serviço".[676] Diante desta divisão de competências, ainda que se adote o conceito eco-

---

673. CASTELLO, Melissa Guimarães. Conceitos jurídicos indeterminados em matéria tributária e o dever de fundamentação das decisões judiciais: uma análise da jurisprudência do Supremo Tribunal Federal que define "Serviços de Qualquer Natureza". *Revista de Direito Tributário Contemporâneo.* SP: RT, vol. 21, p. 29-30, out-dez/2019.

674. MASUKO. O Conceito de Serviço como "Obrigação de Fazer"...; SZELBRACIKOWSKI. Novas Tecnologias e a Necessidade de Reforma Tributária; UHDRE. Pontos Polêmicos da Tributação de Data Center no Brasil; BAZZANELLA. *Tributação sobre os vídeos sob demanda:...*.

675. LUKIC, Melina Rocha. Análise e proposta do fato gerador do IBS na reforma tributária do Brasil. *JotaInfo.* São Paulo, 15 maio 2020. Disponível em: https://bit.ly/3xTtEvs Acesso em: 19 jul. 2021.

676. GRECO, Marco Aurélio. Aspectos Tributários do Comércio Eletrônico. *In:* UCKMAR, Victor; et al. (coords.). *Impuestos sobre el Comercio Internacional.* Buenos Aires: Ábaco de Rodolfo de Palma S.R.L., 2003. p. 879.

nômico de prestação de serviços, subsistiria a necessidade de enumerar, na lista anexa à Lei Complementar 116/2003, os fatos geradores do ISS.

Migrando-se para um IVA de base ampla, tal qual o proposto nas PECs 45/2019 e 110/2019, este problema deixaria de existir, pois haveria a incidência do imposto, independentemente de se classificar os intangíveis digitais como bens ou como serviços. Contudo, e para assegurar que este debate jurídico não subsistirá, a PEC 45/2019 enumera as bases submetidas ao novo IBS no texto da Constituição. Como se lê no que viria a ser o art. 152-A, § 1º, da Constituição, o IBS incide sobre bens, serviços, intangíveis, cessão e licenciamento de direitos, e locação de bens. Na PEC 110/2019, o art. 155, § 7º, III, traz redação semelhante.

A enumeração das operações submetidas ao IBS tem a vantagem de assegurar a adequada incidência tributária sobre todas as relações de consumo conhecidas hoje, de forma neutra e ampla. Não obstante, pode ter o efeito nocivo de afastar a incidência deste imposto sobre outras operações de consumo, que venham a ser desenvolvidas com o passar dos anos. Como já indicado no tópico 1.3.1.1, um critério material do IVA delineado de forma ampla seria preferível.

Como se percebe, o problema de delimitar as fronteiras entre bens intangíveis e serviços na economia digital atinge de forma mais severa o Brasil, dada a atual partição de competência entre dois entes da Federação. Confirmando-se a tendência de ampliação do conceito de "serviços", a base ofertada à tributação não cumulativa tende a diminuir, com a cobrança do ISS, um imposto cumulativo, sobre operações com intangíveis. Esta não incidência do imposto não cumulativo, longe de representar uma vantagem econômica para a cadeia produtiva, tem o condão de aumentar a cumulatividade residual no sistema como um todo, já que o ICMS incide sobre o ISS, e vice-versa, como se verifica no exemplo concreto apresentado a seguir.

### 3.1.2 *A cumulatividade tributária como consequência da segregação das bases bens e serviços – uma análise do setor de impressos em 3D*

Analisando-se a cadeia de produção de mercadorias em 3D, percebem-se as distorções decorrentes de considerar as operações com intangíveis digitais como prestação de serviços. Como abordado no tópico 2.2.2, a grande inovação da impressão 3D consiste em permitir que se imprima localmente, em pequena escala, bens que ordinariamente deveriam ser objeto de importação. Para tanto, o fabricante deste novo bem – o *bem tangível digital* – deve fornecer à impressora 3D alguns insumos (plástico, metais etc.) e o modelo digital (um intangível). Este último representa o custo mais significativo do produto final.[677]

Em um IVA de base ampla, todos os insumos necessários à impressão 3D seriam tributados com IVA, dando créditos de imposto ao fabricante do novo *bem tangível digital*. No Brasil, contudo, esta questão é bem mais tormentosa. A adequada classificação tributária da impressão 3D já foi alvo de debates doutrinários, e de consulta às autoridades tributárias nacionais,[678] mas se desconhece orientação jurisprudencial acerca do tema.

Esta tecnologia causa inquietação por parte dos tributaristas brasileiros exatamente porque a tributação de mercadorias costuma pressupor a transferência física destas entre pessoas distintas, e a prestação de serviço demanda um "fazer humano" para terceiro.[679] Estas premissas são postas à prova

---

677. MIGUEL. Impressão em 3D: um novo desafio para o ICMS? p. 3.

678. Vide a solução de consulta do Distrito Federal 5/2017, em que a autoridade tributária entendeu que há incidência de ICMS sobre as mercadorias impressas em 3D, defendendo, ainda, que em algumas situações pode incidir ISS pelo serviço de desenvolvimento do modelo 3D (DISTRITO FEDERAL. Solução de consulta 5/2017, DODF1 12.04.2017, p. 8. Disponível em: http://www.dodf.df.gov.br/index/visualizar-arquivo/?pasta=2017/04_Abril/DODF%20071%2012-04-2017&arquivo=DODF%20071%20 12-04-2017%20INTEGRA.pdf. Acesso em: 11 set. 2019).

679. No mesmo sentido, mas com ênfase nos impostos aduaneiros cobrados pela União Europeia sobre o modelo digital, vide: Indirect taxation on 3D printing – A new challenge for the European Union. *Unio – EU Law Journal*. 17 dez. 2018. Dispo-

pela manufatura aditiva,[680] já que o próprio consumidor pode imprimir o bem tangível, e que o fornecimento do modelo digital nem sempre depende de um fazer humano, podendo ser uma compra e venda de um modelo padronizado.

Assim, devido às especificidades da tributação sobre o consumo no Brasil, a correta classificação dos impressos em 3D – como bem ou como serviço – tem impactos na incidência tributária. Não há maiores dificuldades na classificação do bem que já está impresso. Este produto, dotado de materialidade física, deverá pagar ICMS e IPI, quando houver sua circulação comercial, pois parece inequívoca sua classificação como mercadoria, como bem apontado por Macedo[681] e Miguel,[682] e como já decidido pela autoridade tributária do Distrito Federal.[683]

Por outro lado, Macedo questiona sobre a tributação do arquivo digital, que contém o modelo 3D, concluindo que não há prestação de serviço na comercialização deste arquivo, pois ele é desprovido de qualquer utilidade, se não for impresso.[684] Por consequência, o autor sustenta a incidência de ICMS e IPI também sobre a venda do arquivo digital.[685]

Com fundamentos distintos, Miguel segue a classificação do Supremo Tribunal Federal entre *software* de prateleira e *software* sob encomenda, sustentando que, caso o modelo seja personalizado, haveria incidência de ISS, e no caso de modelo não personalizado, incidiria o ICMS, dando ao adquirente direito a crédito pelo ICMS pago pelo fabricante do modelo digital.[686]

---

nível em: https://bit.ly/3wB2I2s Acesso em: 25 abr. 2020.

680. FLYNN, Channing *apud* EY. 3D printing taxation issues and impacts. p. 5.

681. MACEDO. Impressão 3D e a tributação do consumo no Brasil, p. 6.

682. MIGUEL. Impressão em 3D: um novo desafio para o ICMS? p. 3.

683. DISTRITO FEDERAL. Solução de consulta 5/2017...

684. MACEDO. Impressão 3D e a tributação do consumo no Brasil, p. 6.

685. Ibid. pt. 7.

686. MIGUEL. Impressão em 3D: um novo desafio para o ICMS? p. 5.

Em sentido diametralmente diverso, Pinto sustenta que deve incidir ISS sobre a disponibilização do arquivo com o modelo de impressão 3D.[687] Ou seja, a escassa doutrina que já se debruçou sobre o tema não logrou formar consenso acerca da incidência tributária sobre o modelo digital 3D no Brasil. Evidentemente, aqui há potencial para litígios entre estados e municípios acerca da competência tributária.

No que interessa a este tópico, caso se considere que o modelo digital é uma mercadoria, todos os insumos gerariam créditos de ICMS. Não obstante, caso se classifique o modelo digital como uma prestação de serviços, ele será tributado com ISS, e o fabricante do *bem tangível digital* não se creditará do imposto pago na etapa anterior. Quando se rememora que o modelo digital costuma ser o componente mais caro na fabricação de mercadorias em 3D, fica evidente que esta cumulatividade do sistema tributário brasileiro representa um desestímulo ao investimento em tecnologias inovadoras, sendo uma clara demonstração de que o sistema tributário não está operando de forma neutra.

Sobre o tema, é pertinente mencionar que um problema semelhante já foi enfrentado pelo Supremo Tribunal Federal, quando analisou a competência para tributar a atividade de composição gráfica por encomenda de embalagens utilizadas no ciclo industrial. Na ocasião do julgamento da Medida Cautelar em ADI 4.389, o STF concluiu que deveria incidir ICMS sobre a atividade, e não ISS, ao contrário do previsto na redação original do item 13.05 da lista anexa à Lei Complementar 116/2003.[688] Um dos fundamentos da decisão decorre precisamente da necessidade de preservar o mecanismo de não cumulatividade do tributo incidente sobre o ciclo industrial. Como consequência da decisão do STF, o item

687. PINTO. *A Tributação na Importação de Arquivos de Modelos para Impressoras 3D*, p. 217.

688. BRASIL, Supremo Tribunal Federal (Tribunal Pleno). *Medida Cautelar em Ação Direta de Inconstitucionalidade nº 4.389/DF*, Relator Min. Joaquim Barbosa, julgado em 13 abr. 2011, DJe 25 maio 2011, unânime.

13.05 da lista anexa à Lei Complementar 116/2003 acabou tendo sua redação alterada pela Lei Complementar 157/2016, passando a expressamente prever a incidência de ICMS nestas atividades.[689]

Portanto, a análise da cadeia produtiva dos impressos em 3D permite concluir que a cisão da hipótese de incidência dos tributos sobre o consumo entre dois critérios materiais distintos – fornecer bens e prestar serviços – é nociva ao sistema tributário, não só por gerar potenciais litígios entre os sujeitos ativos estados e municípios, mas também por levar à cumulatividade dos impostos incidentes sobre toda a cadeia produtiva. Como visto no tópico 1.1.3, esta cumulatividade contraria a lógica dos tributos que adotam o modelo de impostos sobre valor agregado, que têm por pressuposto assegurar a neutralidade tributária, a qual é garantida através da não cumulatividade.

### *3.1.3 Breves comentários sobre a distinção entre bens e serviços na União Europeia e sua transposição para a realidade brasileira*

O critério material do IVA europeu é definido como exercer "qualquer actividade de produção, de comercialização ou de prestação de serviços, incluindo as actividades extractivas, agrícolas e as das profissões liberais ou equiparadas", conforme se lê no art. 9º.1 da Diretiva 2006/112/CE do Conselho. O conceito de prestação de serviços, por sua vez, é dado por exclusão (tudo que não é uma operação de transferência de propriedade de bem tangível, é operação com serviço), e o tratamento tributário entre bens e serviços é semelhante, mas não absolutamente idêntico. Subsistem diferenças na definição do critério espacial aplicável aos bens e serviços no IVA europeu.[690]

---

689. COÊLHO, Sacha Calmon Navarro. Conflito de competência do ICMS x ISSQN na industrialização por encomenda em etapa intermediária da produção. Materiais fornecidos pelo próprio contratante. Reconhecimento da repercussão geral pelo STF. 26 jun. 2017. Disponível em: https://bit.ly/3k1H8RV Acesso em: 04 jun. 2020.

690. Como visto no tópico 1.3.1.2.

Além disso, este imposto – que tem base ampla – não adota alíquota única:[691] a Diretiva 2006/112/CE do Conselho determina que os países estipulem uma alíquota padrão, mas autoriza os estados-membros a cobrar duas alíquotas reduzidas.[692] Ou seja, ainda que se saiba qual o imposto incidente na operação com os intangíveis digitais – o IVA – pode haver debate acerca de qual o país competente para tributar, e qual a alíquota aplicável ao caso concreto. E, considerando-se a complexidade das operações de circulação de riqueza dos novos arranjos de consumo, é provável a existência de litígio neste particular. É por isso que diversos autores sustentam a incidência de alíquota única para os IVAs.[693]

Não obstante, ainda que a União Europeia enfrente problemas devido ao tratamento jurídico diferenciado entre bens e serviços, é indiscutível que a questão se mostra mais tormentosa no Brasil, onde o critério material é dividido entre dois entes da Federação. Acresça-se a isso a tradição jurídica brasileira de atrelar o conceito de serviços a uma obrigação de fazer, entendida esta como uma atividade humana, e o conceito de mercadoria a um bem tangível, e percebe-se que há um vácuo tributário em relação aos intangíveis digitais. Estes, seguindo a tradição brasileira, dificilmente seriam considerados mercadorias, e tampouco serviços.[694]

Por consequência, mesmo que se unificassem as competências para tributar bens e serviços em um IVA de base

---

691. Melina Lukic sustenta que a base ampla e a alíquota única (independentemente do tipo de transação) são pré-requisitos para que a distinção entre produtos tangíveis, intangíveis e serviços se torne irrelevante para os IVAs (LUKIC, Melina Rocha. Economia Digital e IVA em países federativos: os desafios do caso canadense. *JotaInfo*. São Paulo, 13 dez. 2019. Disponível em: https://bit.ly/3yHaTLP Acesso em: 28 maio 2020).

692. Vide: tópico 1.3.2.2.2.

693. de la FERIA. Blueprint for Reform of VAT Rates in Europe. p. 32; LUKIC, Melina Rocha. Economia Digital e Iva em Países Federativos: os Desafios do Caso Canadense. In: AFONSO, José Roberto R.; SANTANA, Hadassah Laís. *Tributação 4.0* [recurso eletrônico], SP: Almedina, 2020. p. 261.

694. Como exposto no tópico 3.1.1.

ampla,[695] parece claro que o critério material adotado pela União Europeia poderia dar margens a que, no Brasil, os intangíveis digitais permanecessem sem pagar o principal imposto não cumulativo sobre o consumo. Isso porque, no Brasil, é fácil sustentar que um intangível digital não é um serviço, e que tampouco é uma mercadoria, como demonstrado acima.

Assim, e como já proposto no tópico 1.3.1.1, o critério material da hipótese tributária de eventual novo IVA brasileiro deveria ser "efetuar operações passíveis de valor agregado". Este critério amplo permitiria que o imposto efetivamente incidisse sobre toda a cadeia produtiva, de forma abrangente e neutra, evitando-se as distorções que ocorrem atualmente, e atendendo-se às particularidades das relações de consumo do século XXI. Não obstante, mesmo com o critério material definido de forma ampla, subsistiriam os problemas atrelados à definição do critério espacial das operações com intangíveis, conforme se passa a analisar.

## 3.2 Os intangíveis e o critério espacial do IVA nos arranjos de consumo transfronteiriço do século XXI

A definição do critério espacial da hipótese tributária dos IVAs é central para assegurar a neutralidade do imposto em operações transfronteiriças, sejam elas operações internacionais propriamente ditas, sejam operações ocorridas dentro de um mercado integrado.[696] Isso porque, caso os países envolvidos na operação adotem critérios espaciais não harmonizados, abre-se espaço para a bitributação, ou para a não incidência do IVA,[697] a depender do conflito de normas existente. A fim de harmonizar os sistemas tributários, e evitar a quebra

695. Como já dito, este é um projeto antigo no país, sendo a proposta de diversos projetos de reforma tributária, dentre os quais se destacam as Propostas de Emenda à Constituição 45/2019 e 110/2019, que estão atualmente em tramitação no Congresso Nacional.

696. O tema foi debatido no tópico 1.3.1.2.

697. AIRES. *O labirinto tributário na nova economia: da transformação digital à odisseia fiscal*. p. 32.

da neutralidade do imposto, a experiência internacional indica que o critério espacial deve seguir o princípio do destino, parâmetro que é o guia da OCDE, ao traçar as diretrizes para a cobrança do IVA sobre a economia digital.[698]

Acerca da definição da jurisdição competente para arrecadar o IVA – se o país de origem, ou o de destino – é curioso que a OCDE só identifica um problema quando se está diante de operações internacionais propriamente ditas,[699] de modo que não chega a desenvolver diretrizes para operações internas a um mercado integrado. Em relação às operações internacionais, a OCDE traça uma série de recomendações para assegurar a incidência do IVA sobre os arranjos de consumo do século XXI, as quais serão analisadas em seguida.

Antes de proceder a esta análise, contudo, é pertinente ressaltar que a adoção do princípio da origem ou do destino também gera polêmica em mercados integrados. Tanto em organizações internacionais – como a União Europeia –, como em países com IVA subnacional – como o Brasil – há intensos debates sobre qual o melhor modelo de tributação. No caso dos mercados integrados, ainda há o agravante de não existir controle alfandegário, dificultando a fiscalização até mesmo de operações com bens tangíveis.

Para minimizar a existência de regimes distintos, de acordo com a origem do bem, Márcio F. Verdi sugere que os mercados integrados, no âmbito interno, sigam os mesmos mecanismos de controle de incidência do IVA recomendados pela OCDE para as importações, tendo por critério geral a tributação no destino.[700] E, como se viu no tópico 1.3.1.2, a União Europeia e o Brasil estão gradualmente alinhando o

---

698. OCDE. *International VAT/GST Guidelines*. p. 15-7.

699. OCDE. *Mechanisms for the Effective Collection of VAT/GST*. p. 12.

700. VERDI, Márcio F. Economía Digital y Tributación. *In*: AFONSO, José Roberto R.; SANTANA, Hadassah Laís. *Tributação 4.0* [recurso eletrônico], SP: Almedina, 2020. p. 48.

IVA incidente sobre as operações internas aos estados-membros ou interestaduais com o princípio do destino.

Contudo, as barreiras comerciais necessárias para viabilizar este critério – tais como controles alfandegários – são evidentes, e podem ser sustentáveis no âmbito de operações internacionais, mas dificilmente o serão nas operações internas, gerando elevados custos de *compliance*, tanto para os fornecedores, quanto para o Poder Público. Portanto, a transposição das diretrizes da OCDE para as operações internas aos mercados integrados deve ser feita com adaptação e flexibilização de alguns requisitos, aproveitando a natural maior integração existente entre os estados-membros deste mercado.

Além da necessária adaptação do princípio do destino para os mercados integrados, deve-se ter presente que os novos arranjos de consumo incrementam o papel dos intangíveis na cadeia de valor de bens e serviços. A adoção do princípio do destino é mais fácil quando se está a tratar de bens tangíveis,[701] mas guarda maiores dificuldades no que toca aos serviços e aos intangíveis, como reconhecido pela própria OCDE.[702] Com efeito, e como demonstrado a seguir, as atuais técnicas de tributação no destino não estão adequadas às particularidades da economia digital,[703] na medida em que a intangibilidade dos bens negociados dificulta a definição do local em que se considera ocorrido o fato imponível. Ademais, e como pontua Melina Rocha Lukic, muitas vezes estes intangíveis podem ser utilizados concomitantemente, por diversos estabelecimentos de uma empresa, localizados em países ou territórios com competências tributárias distintas, o que também pode gerar litígio acerca de qual território é competente para exigir o imposto.[704]

701. OCDE. *International VAT/GST Guidelines*. p. 17.

702. Ibid. loc. cit.

703. GALLO, Franco. Nuovi profili dell'imposta sul valore aggiunto. *In*: COMELLI, Alberto. *Nuovi profili dell'IVA, verso una disciplina definitiva*. Canterano: Aracne, 2019. p. 18.

704. LUKIC. Economia Digital e IVA em Países Federativos:... p. 264.

Nos tópicos 3.2.1 e 3.2.2 serão abordados os modelos jurídicos desenvolvidos pela OCDE e pela União Europeia, para tributar o fornecimento transfronteiriço de intangíveis digitais. Nesse particular, é pertinente destacar que há marcada distinção entre a incidência de IVA no fornecimento transfronteiriço de bens ou serviços para contribuinte do IVA (B2B), e a incidência do IVA sobre importações por consumidor final (B2C).[705] No caso de importações por contribuintes do IVA, o objetivo das regras tributárias – que viabilizam a incidência em operações internacionais – é assegurar que o imposto chegue ao consumidor final, de forma neutra e não cumulativa.[706] Já no caso de importação direta pelo consumidor final, os objetivos são garantir o pagamento do imposto, e, no particular caso de serviços e intangíveis, definir onde o consumidor final irá consumir estes bens ou serviços.[707] Em ambas as situações, as regras aplicáveis às importações e às operações ocorridas dentro dos mercados integrados são ligeiramente distintas, conforme detalhado a seguir.

Por fim, considerando-se que tanto a OCDE, quanto a União Europeia, outorgam tratamento análogo entre bens intangíveis e serviços, bem como levando em conta que no Brasil há uma tendência de alargamento do conceito de serviços, para englobar estes bens, a referência brasileira para comparação, neste tópico, será o ISS.[708] Por consequência, no tópico 3.2.3 será analisada a irrelevância da distinção entre

---

705. OCDE. *International VAT/GST Guidelines*. p. 40.

706. Ibid. loc. cit. A OCDE detalha diversos cenários de importações de intangíveis e serviços por empresas contribuintes de IVA, traçando diretrizes de tributação para os casos em que o importador tem um único estabelecimento, bem como para aqueles casos mais complexos, em que a empresa tem diversos estabelecimentos, em jurisdições distintas. Este nível de detalhamento não parece ser necessário para o argumento desenvolvido neste livro, remetendo-se o leitor para o trabalho da organização internacional (Ibid. p. 44-9).

707. Ibid. p. 40.

708. No tópico 3.1, foram detalhados os motivos pelos quais este modelo de definição de serviços, por exclusão, é de difícil transposição para a realidade brasileira. Não obstante, por ora, será feita uma contraposição entre o IVA europeu e o ISS.

fornecimentos B2B e B2C, no caso de incidência de um tributo cumulativo, tal qual o ISS.

### 3.2.1 *O princípio do destino e o fornecimento de intangíveis e serviços para contribuinte de IVA (B2B)*

Nos casos de fornecimento internacional de bens, serviços ou intangíveis para contribuinte do IVA, geralmente se atribui a sujeição passiva ao adquirente.[709] Dessa forma, se evita que o alienante tenha custos administrativos de registro e arrecadação tributária em um país estrangeiro,[710] atribuindo-se ao adquirente a responsabilidade pelo recolhimento do tributo, geralmente quando do desembaraço aduaneiro. Esta é a regra na União Europeia, como se depreende da análise conjugada dos arts. 44º[711] e 196º[712] da Diretiva 2006/112/CE do Conselho, aplicáveis à prestação de serviços.[713]

709. Como exemplificado no tópico 1.3.1.2.

710. OCDE. *International VAT/GST Guidelines*. p. 50. A OCDE chega a prever a possibilidade de atribuir a responsabilidade pelo pagamento do IVA ao fornecedor do serviço ou intangível, mesmo nos casos de fornecimento para contribuinte do imposto, utilizando-se um regime de registro simplificado do fornecedor no país do destino. Contudo, considerando-se que esse modelo de registro simplificado dispensa a emissão de nota fiscal, seria difícil para o tomador do serviço se creditar do IVA pago na operação, motivo pelo qual o sistema mais recomendado, nas operações entre contribuintes do imposto, é o de atribuição de responsabilidade ao tomador do serviço (OCDE. *Mechanisms for the Effective Collection of VAT/GST*. p. 22).

711. Art. 44º - O lugar das prestações de serviços efectuadas a um sujeito passivo agindo nessa qualidade é o lugar onde esse sujeito passivo tem a sede da sua actividade económica. [Disponível em: https://bit.ly/3xQYaX9 Acesso em: 19 jul. 2021]. Todavia, se esses serviços forem prestados a um estabelecimento estável do sujeito passivo situado num lugar diferente daquele onde este tem a sede da sua actividade económica, o lugar das prestações desses serviços é o lugar onde está situado o estabelecimento estável. Na falta de sede ou de estabelecimento estável, o lugar das prestações dos serviços é o lugar onde o sujeito passivo destinatário tem domicílio ou residência habitual.

712. Art. 196º - O IVA é devido pelos sujeitos passivos, ou pelas pessoas colectivas que não sejam sujeitos passivos registradas para efeitos do IVA, a quem são prestados os serviços a que se refere o art. 44.º, se os serviços forem prestados por sujeitos passivos não estabelecidos no território do estado-membro. [Disponível em: https://bit.ly/3xQYaX9 Acesso em: 19 jul. 2021].

713. No que toca ao fornecimento de bens, a regra está prevista no art. 40º, c/c o art.

Nesses casos, quando o prestador do serviço ou o fornecedor do bem efetua a saída internacional, recebe crédito integral do IVA pago nas etapas anteriores, podendo utilizar o crédito para pagar o IVA devido nas outras operações que realizar. O destinatário, por usa vez, paga todo o imposto, no ingresso do bem ou na prestação do serviço no país de seu estabelecimento, pela alíquota incidente no país de destino.[714] Essa sempre foi a regra para as operações internacionais com bens, de modo que as diretrizes da OCDE e as recentes reformas no direito comunitário europeu[715] nada mais fazem do que introduzir um maior alinhamento entre operações com bens e operações com serviços.

Não obstante, uma diferença elementar subsiste: a grande dificuldade do alienante, ao vender serviços e intangíveis, está em delimitar se o adquirente está efetivamente estabelecido fora do território onde está situado o fornecedor, como bem apontado pela OCDE.[716] Isso porque, caso alienante e adquirente tenham estabelecimentos em um mesmo país, ocorrerá uma operação interna, de modo que o alienante deve ser o sujeito passivo, competindo-lhe o pagamento do tributo. Logo, uma declaração equivocada, pelo adquirente, acerca do local de seu estabelecimento, pode colocar o alienante em posição de vulnerabilidade perante a autoridade tributária de seu país. Evidentemente, esta dúvida não se apresenta quando ocorre a circulação de bens tangíveis, que devem ser entregues fisicamente no estabelecimento do adquirente.

Além deste problema, de um ponto de vista sistêmico, a ruptura da cadeia do IVA (que ocorre sempre que há uma

---

197º, da Diretiva 2006/112/CE do Conselho.

714. OCDE. *International VAT/GST Guidelines*. p. 42.

715. Como visto no tópico 1.3.1.2, em 2010 a União Europeia passou a definir, como regra geral, que o local da prestação do serviço B2B é definido pelo critério do destino.

716. OCDE. *International VAT/GST Guidelines*. p. 49. Vide também: LAMENSCH. Are 'reverse charging' and the 'one-stop-scheme' efficient ways to collect VAT on digital supplies? p. 4-5.

saída não tributada, com a cobrança do valor total do IVA na etapa subsequente), pode ser objeto de críticas. Conforme Marie Lamensch, esta técnica de tributação das operações internacionais B2B transfere o peso de toda a carga do IVA para o adquirente. Por consequência, o IVA, nestas situações, acaba se assemelhando a um tributo monofásico, nos moldes das *retail sales tax.*[717] E, com a concentração de toda a tributação em uma única etapa da cadeia produtiva, perde-se um pouco da autorregulação inerente ao modelo IVA,[718] já que o adquirente do bem ou serviço não tem tanto estímulo para pagar o tributo,[719] especialmente se não receber créditos integrais e imediatos do imposto por esta aquisição.

Por estes motivos, a Comissão Europeia chegou a propor que os fornecimentos intracomunitários de bens e serviços para contribuinte de IVA se submetessem ao mecanismo *One Stop Shop* (OSS).[720] Segundo Roberta Grappiolo, caso o mecanismo fosse estendido às operações B2B, não ocorreria esta ruptura na cadeia do IVA, pois a empresa do país de origem pagaria o imposto através do portal OSS, recebendo os créditos de IVA das etapas anteriores. A empresa do país de destino se creditaria do IVA pago nas etapas anteriores, como ocorre nas operações internas.[721] A compensação financeira entre estado de origem e estado de destino seria feita através do portal OSS.

Não obstante, não se tem notícias de que esta proposta tenha sido aprovada pelo Conselho da União Europeia, de modo que o mecanismo OSS permanece sendo aplicável

717. LAMENSCH. Are 'reverse charging' and the 'one-stop-scheme' efficient ways to collect VAT on digital supplies? p. 4.

718. Vide o tópico 1.1.2.

719. LAMENSCH. Are 'reverse charging' and the 'one-stop-scheme' efficient ways to collect VAT on digital supplies? p. 4.

720. O funcionamento do mecanismo OSS será analisado em mais detalhes no tópico 3.2.2.

721. GRAPPIOLO, Roberta. *Recenti sviluppi del sistema europeo dell'IVA*. p. 27.

somente às operações B2C.[722] Nas operações B2B, mantém-se o modelo de isenção na saída intracomunitária do bem ou do serviço, com responsabilização do adquirente pelo pagamento integral do imposto na entrada em seu estabelecimento. Portanto, ainda ocorre a ruptura na cadeia do IVA, com os problemas indicados acima.

Já no que toca às operações internacionais propriamente ditas, esta ruptura na cadeia do IVA parece inevitável. Se a própria União Europeia, enquanto mercado integrado, tem dificuldades em compatibilizar os interesses dos estados-membros envolvidos na operação intracomunitária, não sendo bem sucedida na extensão do OSS às operações B2B, que dirá quando ocorre uma operação entre dois países que não guardam a mesma proximidade dos integrantes do bloco europeu. É por isso que a solução apresentada pela OCDE para a circulação internacional de intangíveis digitais impõe a responsabilidade pelo pagamento do IVA ao adquirente,[723] nos moldes descritos linhas acima.

Contudo, reconhecendo a fragilidade deste modelo, já que a administração tributária do estado de destino não tem controle sobre o efetivo ingresso dos intangíveis digitais e serviços no território nacional, a OCDE propõe o estabelecimento de acordos de cooperação mútua entre os diversos países que cobram IVA.[724] Estes acordos, que objetivam evitar evasão e fraudes, funcionariam da seguinte forma: o país de origem comunicaria ao país de destino acerca da venda do intangível digital; de posse desta informação, o país de destino poderia fiscalizar se efetivamente ocorreu o pagamento do imposto devido pelo adquirente do intangível.

Por outro lado, mesmo na ausência destes acordos de cooperação, a autorregulação inerente ao IVA mitiga as

---

722. UNIÃO EUROPEIA. Modernising VAT for cross-border e-commerce. Disponível em: https://bit.ly/3kftoDp Acesso em: 07 jun. 2020.

723. OCDE. *International VAT/GST Guidelines*. p. 17.

724. Ibid. p. 105.

possibilidades de evasão fiscal, já que o adquirente é estimulado a pagar voluntariamente o imposto, quando da importação do intangível, especialmente se estiver no meio da cadeia de circulação de bens. Quando a empresa adquirente do intangível ou serviço importado está no final da cadeia de consumo, contudo, os problemas decorrentes da ruptura da cadeia do IVA são mais acentuados. Nesses casos, efetivamente não há incentivo ao pagamento do imposto na importação do intangível, já que o ciclo do IVA se encerra naquela etapa, e a empresa adquirente não repassa créditos de IVA para o consumidor de seus bens ou serviços.

Quando o adquirente está no meio da cadeia de consumo, por outro lado, a autorregulação do sistema ocorrerá. Isso porque, em um IVA efetivamente neutro, se o intangível ou serviço for utilizado como insumo no processo produtivo do adquirente, este se creditará, na etapa subsequente, do total do imposto pago na importação. Por consequência, o impacto financeiro para o adquirente do intangível digital seria meramente de fluxo de caixa, já que ele paga o IVA quando da importação do intangível, mas recebe o crédito integral quando da subsequente circulação do bem que ele próprio produziu.

Para evitar este problema de fluxo de caixa – e, consequentemente, estimular o pagamento espontâneo do IVA pelos importadores de intangíveis digitais e serviços – a administração tributária do país de destino pode definir que o IVA devido na importação seja pago juntamente com o IVA devido pelas operações próprias do adquirente. Adotando este diferimento do imposto, o impacto financeiro para o adquirente seria nulo, sendo necessário apenas o registro contábil da operação de importação, para fins de adequado controle da cadeia do IVA.

Ou seja, o risco de fraude e evasão que ocorre em operações internacionais, e que é inerente à ruptura da cadeia do IVA, não parece suficiente para afastar a utilidade do modelo proposto pela OCDE – e já adotado na União Europeia – de alinhar os procedimentos de cobrança do IVA devido na importação B2B de serviços e bens intangíveis ao procedimento de cobrança do IVA devido na importação de bens tangíveis. O princípio do destino é a técnica que se consolidou internacionalmente para garantir que o IVA seja efetivamente neutro, por permitir o creditamento amplo na etapa subsequente.[725] Ademais, este critério assegura que o imposto seja cobrado no local em que ocorre o consumo, assim entendido o local em que está estabelecido o adquirente.

Por outro lado, a situação brasileira é bem mais complexa. Conforme exposto na abertura deste tópico, levando em conta que os paradigmas internacionais atribuem tratamento análogo entre bens intangíveis e serviços, o modelo de comparação brasileiro remete ao ISS, um tributo cumulativo. A consequência direta da cumulatividade deste imposto é que não há estímulo à autorregulação. O adquirente do serviço ou intangível digital não se credita do imposto devido na operação de importação, de modo que ele não tem nenhum estímulo para pagá-lo espontaneamente. Por consequência, o espaço para fraude e evasão aumenta, como será detalhado no tópico 3.2.3. Este motivo, por si só, recomenda a incidência do ICMS sobre as operações com intangíveis digitais.[726] Com efeito, caso incidisse o ICMS sobre estas operações, tudo o que foi exposto ao longo deste tópico poderia ser aplicado na importação de intangíveis digitais por contribuinte do ICMS.

Em síntese, nas operações de circulação de serviços e intangíveis digitais, a solução encontrada para assegurar a eficiência arrecadatória do IVA consiste em atribuir a sujeição passiva ao adquirente. Esta solução pode ser aplicada tanto para operações internacionais propriamente ditas, quanto

725. Caso o IVA seja cobrado na origem, torna-se provável a cumulatividade do imposto, pois o importador do intangível digital pagará o IVA embutido no preço, e só terá direito ao crédito se a administração tributária de seu país lhe atribuir ficticiamente este crédito. É um problema semelhante ao enfrentado nas operações interestaduais do ICMS, em que a regra é de creditamento, no estado de destino, do imposto pago no estado de origem.

726. Sobre o tema, vide o tópico 3.1.

para operações intracomunitárias. O fator que estimula a efetiva arrecadação do imposto é a autorregulação inerente ao modelo de tributação sobre o valor agregado: como o adquirente é contribuinte do IVA, ele tem direito a se creditar do imposto pago quando da importação, não tendo benefícios financeiros se praticar fraudes ou evasão fiscal. Por outro lado, para assegurar que o adquirente não tenha problemas de fluxo de caixa, propõe-se que o pagamento do imposto devido na importação ocorra concomitantemente ao pagamento do imposto próprio do importador.

Uma situação bem distinta é a das operações destinadas a consumidor final. Como se passa a expor, as operações B2C não se beneficiam da autorregulação de que se tratou acima, motivo pelo qual outra solução jurídica deve ser dada para assegurar a incidência do IVA.

### *3.2.2 O princípio do destino e o fornecimento de intangíveis e serviços para não contribuinte de IVA (B2C)*

Nos casos de venda para consumidor final, as diretrizes para cobrança do IVA nas operações internacionais são absolutamente diferentes daquelas propostas para as operações B2B. Aqui, o modelo da OCDE mantém o fornecedor do intangível ou do serviço como sujeito passivo do tributo, e o comerciante passa a ter o dever de se registrar e arrecadar o imposto no país de residência do adquirente. Para viabilizar o cumprimento das obrigações tributárias nos mais diversos países do mundo, a OCDE propõe um sistema de registro simplificado.[727] No âmbito europeu, este modelo de registro simplificado já era defendido desde 1998 pela Comissão Europeia, como a única opção viável para assegurar a tributação do comércio eletrônico realizado por não residentes na organização internacional.[728]

727. OCDE. *International VAT/GST Guidelines*. p. 72.

728. AIRES. *O labirinto tributário na nova economia: da transformação digital à odisseia fiscal*. p. 48.

Esta diretriz altera a lógica a partir da qual boa parte dos IVAs incidentes sobre serviços foi estruturada. Conforme a OCDE, no caso de serviços e intangíveis, a maioria dos países adota como critério espacial do IVA o local de estabelecimento do prestador do serviço, definindo exceções para os casos em que o local de consumo do serviço é diferente do local de estabelecimento do prestador.[729] Nesses casos, usualmente se estipula que o IVA deve ser recolhido ao país em que ocorre a efetiva prestação do serviço, como forma de garantir a adoção do princípio do destino. As exceções mais comuns estão atreladas à realização de eventos, em que uma empresa, estabelecida em um país, presta serviços em outro. Nesses casos, há uma locomoção física do prestador do serviço, sendo fácil identificar o local de efetiva prestação do serviço, para definição do critério espacial do IVA.

Quando se trata da incidência do IVA sobre intangíveis ou serviços prestados de forma remota, por outro lado, o grande problema decorre do fato de que não há uniformidade na definição do critério espacial da hipótese tributária, especialmente nos casos de fornecimento B2C.[730] Como nem sempre há uma entrega física e/ou presencial, abre-se espaço para muitas discussões sobre onde ocorre o consumo do intangível digital. Por consequência, a primeira dificuldade a ser superada, a fim de assegurar a adequada incidência do IVA sobre as operações B2C com intangíveis, consiste em definir onde ocorre o fato imponível do imposto.

O seguinte exemplo, dado pela OCDE, deixa transparecer que a própria definição do local onde ocorre o fornecimento do intangível ou a prestação de serviços remotos é ambígua: imagine-se um técnico de informática, que presta serviços remotos de manutenção de um computador.[731] A prestação

729. OCDE. *International VAT/GST Guidelines*. p. 65.

730. BUDAK, Tamer. The Transformation of International Tax Regime: Digital Economy. *Inonu University Law Review*. Turquia: Inonu University, vol. 8, n. 2, p. 307, dez. 2017.

731. OCDE. *International VAT/GST Guidelines*. p. 71.

do serviço ocorre na localidade em que está o técnico de informática, ou no local do computador de seu cliente? Se o computador do cliente estiver em um local diferente do que o de sua residência, onde deve ser cobrado o imposto? Considerando-se que o IVA deve ser cobrado no local de consumo, o mais adequado parece ser definir que o critério espacial ocorre no país onde reside o consumidor do serviço,[732] mas essa está longe de ser a única resposta possível.

A OCDE adota o critério de residência do tomador do serviço, por entender que ele evita que os consumidores tenham vantagens tributárias, ao contratar a prestação de serviços de empresas estabelecidas em países onde o IVA é mais baixo.[733] Além disso, a organização internacional afirma que o critério de residência do tomador do serviço será prático para o prestador de serviços, desde que o país de destino adote um sistema simplificado de registro e *compliance* tributário.[734] Não obstante, até o mais simplificado sistema de registro de empresas estrangeiras pode inviabilizar a prestação de serviços ou a venda de intangíveis entre dois países, especialmente quando o fornecedor for uma pequena empresa.[735] Com efeito, a barreira ao comércio internacional decorrente do sistema de registro pode fazer com que os fornecedores potencialmente interessados desistam de fornecer seus bens para aquele mercado, ou que eles simplesmente não recolham o IVA devido.[736]

E, ao contrário do que ocorre nas operações B2B, no comércio B2C não se responsabiliza o adquirente pelo pagamento do IVA. Esta responsabilização tende a ser ineficaz, na medida em que o consumidor não tem estímulo para recolher o tributo, já que não se credita de seu valor.[737] Em se tratando

---

732. OCDE. *International VAT/GST Guidelines*. p. 66.

733. Ibid. loc. cit.

734. Ibid. loc. cit.

735. OCDE. *Mechanisms for the Effective Collection of VAT/GST*. p. 18.

736. Ibid. p. 35.

737. LAMENSCH. Are 'reverse charging' and the 'one-stop-scheme' efficient ways

de bens tangíveis, em tese seria possível exigir o imposto do adquirente, no desembaraço aduaneiro, mas esta possibilidade não existe quando se está diante de intangíveis ou serviços. Além disso, a fiscalização destas operações pulverizadas envolve custos administrativos para o poder público, que tornam a sistemática de atribuição de responsabilidade ao adquirente ineficiente.[738]

Diante deste cenário, o modelo de registro simplificado parece ser a única alternativa. Nessa linha, a União Europeia criou um modelo inovador para compatibilizar o princípio do destino com a eficiência da arrecadação tributária nas operações B2C. Ainda que a regra geral determine que o imposto devido pela prestação de serviços B2C seja pago no local do estabelecimento do fornecedor,[739] a partir de 2015, o imposto devido no fornecimento de alguns serviços e bens intangíveis digitais passou a ser pago ao país de destino,[740] conforme relembra Jean Tirole.[741]

Apesar de o imposto ser pago para o estado de destino, o custo de *compliance* não aumenta muito para os fornecedores de serviços e intangíveis digitais. Para efetuar o pagamento do IVA, eles precisam se registrar junto à administração tributária do país de origem[742] – como já faziam antes da alteração da Diretiva IVA – aderindo ao mecanismo que se convencionou chamar de *One Stop Shop* (OSS).[743] A integração entre as

to collect VAT on digital supplies? p. 3.

738. OCDE. *International VAT/GST Guidelines*. p. 71.

739. Art. 45° da Diretiva 2006/112/CE do Conselho.

740. Vide o art. 58° da Diretiva 2006/112/CE do Conselho, que enumera os serviços que se submetem à tributação no destino, mesmo quando prestados a não contribuinte do imposto. Vide, também: OLIVEIRA. Livros digitais vs. Livros em papel. p. 83.

741. TIROLE, Jean. *Economia do Bem Comum*. RJ: Zahar, 2020. p. 445.

742. LAMENSCH. Are 'reverse charging' and the 'one-stop-scheme' efficient ways to collect VAT on digital supplies? p. 3.

743. Vide tópico 1.3.1.2.

administrações tributárias do bloco europeu permite a redistribuição das receitas tributárias para o país de destino.

No que toca às importações *stricto sensu*, o fornecedor estrangeiro precisa se registrar em apenas um dos países do bloco europeu, podendo escolher o país de sua preferência. Utilizando o OSS, tem como efetuar o pagamento do imposto devido quando efetua fornecimentos de intangíveis digitais para todos os outros países-membros.[744] A simplificação do modelo – tanto para operações internacionais, quanto para as intracomunitárias – parece substancial, na medida em que evita a necessidade de registro em diversos países.

Por isso, Cristina Trenta afirma que os autores europeus, em geral, apoiam o novo modelo do OSS, já que ele assegura a implementação do princípio do destino, tanto para as operações B2B, quanto para as B2C, garantindo a neutralidade do IVA.[745] Para Roberta Grappiolo, outra grande vantagem do modelo consiste em permitir que as operações ocorridas entre duas pessoas estabelecidas ou residentes dentro do bloco europeu recebam tratamento equivalente ao dado para operações internas: como o sujeito passivo declara e paga o imposto no país de origem, mas as receitas são redistribuídas para o país de destino, não se faz necessário o modelo de isenção na origem, com posterior cobrança da integralidade no destino,[746] tal como ocorria nas operações intracomunitárias, e ainda ocorre nas estritamente internacionais.

Neste particular, é pertinente indicar que o modelo guarda semelhanças com o do ICMS brasileiro, proposto pela

---

744. UNIÃO EUROPEIA. IVA sobre os serviços digitais (regime MOSS). Disponível em: https://bit.ly/3r72HSI Acesso em: 11 jun. 2020. Vide, também: HELLERSTEIN, Walter. Taxing Remote Sales in the Digital Age: a Global Perspective. *American University Law Review*. Washington: American University Washington College of Law, vol. 65, p. 1229-30, 2016.

745. TRENTA, Cristina. European VAT and the digital economy: recent developments. *eJournal of Tax Research*. Sydney: University of New South Wales, vol. 17, n. 1, p. 122, 2019.

746. GRAPPIOLO, Roberta. *Recenti sviluppi del sistema europeo dell'IVA*. p. 26.

Emenda Constitucional 87/2015. Com o advento da referida reforma constitucional, as operações interestaduais de vendas de mercadorias para consumidor final passaram a ser tributadas com critério misto, incumbindo ao fornecedor recolher parte do imposto devido ao estado de origem, e o restante para o estado de destino.[747] Contudo, há integração entre os sistemas dos diversos estados da Federação, na medida em que o fornecedor podia pagar o ICMS por guia nacional de recolhimento de tributos estaduais, sendo dispensável sua inscrição no estado de destino, conforme previsto na cláusula quarta do Convênio ICMS 93/2015.[748]

O modelo brasileiro é mais rudimentar que o europeu, especialmente no que toca à prestação de informações ao contribuinte. Este modelo se beneficiaria com uma cooperação mais próxima entre os estados federados, para desenvolver uma ferramenta de tecnologia de informação efetivamente integrada e automatizada. Contudo, a lógica do sistema se assemelha à do OSS, por permitir que fornecedores paguem o ICMS em um estado que não é o de seu estabelecimento, sem a necessidade de se inscrever no estado de destino.

Não obstante, parece evidente que nenhum dos modelos está livre de complexidades, até porque são modelos, e não contos de fadas, como bem adverte Walter Hellerstein.[749] Na União Europeia, sob a perspectiva do fornecedor do intangível ou serviço para consumidor final, ainda que ele arrecade o IVA de forma centralizada, ele se vê obrigado a calcular o imposto com base nas alíquotas exigidas no país de destino, o que por si só já representa uma barreira, na medida em que as alíquotas variam muito entre os estados-membros.[750] Além

747. Vide o tópico 1.3.1.2.

748. A cláusula quarta do Convênio ICMS 93/2015 não foi declarada inconstitucional no julgamento da ADI 5.469 (vide nota de rodapé 269).

749. HELLERSTEIN. *Taxing Remote Sales in the Digital Age*: A Global Perspective. p. 1228.

750. GRAPPIOLO, Roberta. *Recenti sviluppi del sistema europeo dell'IVA*. p. 26.

disso, as obrigações acessórias devem ser cumpridas de acordo com os parâmetros definidos no estado de destino.[751]

Sob a perspectiva da administração tributária, o OSS também pode ser criticado. Primeiramente, o fisco do país de origem deve arcar com todas as despesas oriundas da arrecadação do tributo, cujas receitas acabam sendo repassadas para outro país.[752] Ademais, no caso de prestações internacionais – quando o fornecedor está estabelecido fora do bloco europeu – é impossível para as autoridades tributárias identificar se houve um fornecimento. Logo, se o fornecedor não se registrar e pagar o IVA, ele ficará absolutamente impune,[753] conforme reconhecido pela própria Comissão Europeia.[754]

E, mesmo quando a administração tributária do país de destino consegue identificar que efetivamente ocorreu a operação de fornecimento de intangíveis ou serviços, ela não tem autoridade para exigir o tributo,[755] de modo que acaba dependendo da boa-fé do prestador do serviço para arrecadar o imposto. Portanto, para que o sistema se torne funcional, ele deve ser atrelado a um sistema de compartilhamento de informações entre as administrações tributárias, como bem apontado por Franco Gallo.[756] Este problema é mitigado nas operações intracomunitárias – já que os países-membros da UE têm relação de proximidade – mas torna-se praticamente intransponível quando se está diante do fornecimento de intangíveis digitais por empresas estabelecidas fora da União Europeia.

751. LEJEUNE, Ine; e CLAESSENS, Sophie. The VAT One Stop Shop System: An Efficient Way to Collect VAT on Digital Supplies into the EU Consumer Market? In: LAMENSCH, Marie; TRAVERSA, Edoardo; e VAN THIEL, Servaas (eds.). *Value Added Tax and the Digital Economy* – The 2015 EU Rules and Broader Issues. Holanda: Wolters Kluwer, 2015. cap. 6.

752. LAMENSCH. Are 'reverse charging' and the 'one-stop-scheme' efficient ways to collect VAT on digital supplies? p. 3.

753. Ibid. p. 7.

754. UNIÃO EUROPEIA. Green Paper on the future of VAT... p. 12.

755. OCDE. *Mechanisms for the Effective Collection of VAT/GST*. p. 18.

756. GALLO. *Nuovi profili dell'imposta sul valore aggiunto*. p. 22.

Não bastassem todos esses problemas, presumindo-se a boa-fé dos fornecedores internacionais, subsiste a grande dificuldade apontada na abertura deste tópico: definir onde o consumidor está efetivamente estabelecido, para assegurar que o imposto seja arrecadado para aquele local.[757] Com efeito, na prestação de serviços remotos e no fornecimento de intangíveis, há sérias dificuldades em definir qual é o local de efetiva residência do consumidor, para fins de incidência do IVA. Como reconhecido pela própria OCDE, na economia digital, em que as operações envolvem volume, mas têm baixo valor individual, não dependendo de efetiva interação entre as partes contratantes, pode ser difícil para o fornecedor determinar o local de residência do consumidor.[758]

A OCDE recomenda que o país de destino exija que o fornecedor coteje o endereço informado pelo tomador de serviço com os dados do meio de pagamento utilizado – se o banco ou cartão de crédito são do país informado como de sua residência.[759] Exige-se, portanto, duas fontes que comprovem o domicílio do adquirente.[760] Não obstante, e como bem pontuado por Lamensch, nem sempre os fornecedores têm acesso a estas informações. Quando o pagamento é feito através de intermediários, como Paypal, por exemplo, estes dados não são repassados ao fornecedor.[761] Por consequência, há situações em que o fornecedor terá problemas para verificar o endereço informado pelo consumidor, o que pode levar ao pagamento equivocado do imposto.

Em situações mais complexas, a OCDE recomenda que os países exijam dados adicionais, como o número de telefone,

757. LAMENSCH. *Are 'reverse charging' and the 'one-stop-scheme' efficient ways to collect VAT on digital supplies?* p. 8.

758. OCDE. *International VAT/GST Guidelines*. p. 69.

759. Ibid. p. 70.

760. OCDE. *Mechanisms for the Effective Collection of VAT/GST*. p. 34.

761. LAMENSCH. *Are 'reverse charging' and the 'one-stop-scheme' efficient ways to collect VAT on digital supplies?* p. 8.

o endereço de protocolo da internet (endereço IP[762]), ou até mesmo o histórico de transações do tomador do serviço, como forma de corroborar o domicílio informado.[763] Reconhecendo que estas soluções podem não ser satisfatórias, já que todas, quando utilizadas de forma isolada, podem ser burladas, a OCDE recomenda que os países implementem sistemas de análise de dados para comprovar o endereço do adquirente, cruzando automaticamente as informações de endereço IP, dados do cartão de crédito e endereço de correspondência.[764]

Também, com o propósito de integrar dados públicos e dados privados, Lamensch sugere que, no âmbito da União Europeia, os fornecedores de bens e serviços digitais tenham acesso ao endereço informado pelos adquirentes nas suas *eID* (um documento de identidade *online* que está sendo desenvolvido no bloco europeu).[765] De posse destes dados, os fornecedores teriam segurança de que estão arrecadando o IVA para o país em que efetivamente reside o adquirente. Um sistema semelhante poderia ser implementado no Brasil, utilizando-se a base de dados do cadastro do CPF. Evidentemente, e como bem pontuado pela autora, devem ser tomados cuidados para que os fornecedores tenham acesso somente aos dados básicos dos adquirentes, a fim de proteger a privacidade dos consumidores.[766]

Como demonstrado ao longo deste tópico, parece que as diretrizes da OCDE, no que toca ao fornecimento de intangíveis e serviços para consumidor final, dão uma resposta parcialmente satisfatória para a incidência do IVA sobre a economia digital: ainda que haja gargalos, a partir dos quais

762. Sobre os motivos pelos quais o rastreamento do endereço IP é uma solução insatisfatória, vide: LAMENSCH. Are 'reverse charging' and the 'one-stop-scheme' efficient ways to collect VAT on digital supplies? p. 10-1.

763. OCDE. *International VAT/GST Guidelines*. p. 70.

764. OCDE. *Mechanisms for the Effective Collection of VAT/GST*. p. 34.

765. LAMENSCH. *Are 'reverse charging' and the 'one-stop-scheme' efficient ways to collect VAT on digital supplies?* p. 17.

766. Ibid. p. 18.

empresas e consumidores de má-fé poderão se furtar à incidência tributária, muitas outras empresas, com vistas a proteger sua lisura e boa reputação no mercado, aderirão aos mecanismos de registro simplificado, e recolherão o IVA para o país de destino. Partindo-se desta premissa, e considerando que a evolução tecnológica permitirá às fiscalizações tributárias cruzar dados de operações financeiras com endereços IP, para identificar os sujeitos passivos que não estão cumprindo com suas obrigações tributárias, é possível afirmar que, sob esta perspectiva, um IVA arrecadado no país de destino, pago pelo fornecedor do intangível ou serviço, pode sim se adaptar aos arranjos de consumo do século XXI.

Não obstante, para que este tributo seja efetivamente arrecadado aos cofres públicos do estado competente, é essencial que a administração tributária tenha acesso aos dados indicados acima, para que tenha a aptidão de identificar e fiscalizar os fornecimentos de intangíveis e serviços. Portanto, impõe-se a colaboração com a fiscalização, por parte de alguns intermediários que frequentemente atuam na cadeia de consumo dos bens digitais, como será exposto no capítulo 4. Antes de se passar a esta análise, contudo, é pertinente estudar a situação da incidência de ISS sobre as prestações de serviços internacionais, conforme segue.

### *3.2.3 O princípio do destino e a prestação de serviços submetidos ao ISS*

Levando em conta a tendência de alargamento do conceito de serviços, para permitir a incidência de ISS também sobre os intangíveis digitais, é pertinente uma breve análise do critério espacial deste imposto, e de como ele dialoga com os arranjos de consumo do século XXI. Tratando-se de um imposto de competência municipal, há duas facetas desta análise: a definição do critério espacial a ser adotado nas operações internacionais; e a definição deste critério nas operações intermunicipais (tema que abre espaço para acentuada complexidade do sistema tributário, como será demonstrado ao longo deste tópico).

No que toca ao comércio internacional propriamente dito, o ISS está alinhado às diretrizes internacionais, com desoneração do imposto sobre as operações de exportação,[767] e oneração das importações.[768] Ou seja, o sistema tributário brasileiro está alinhado ao princípio do destino.[769]

Nas exportações de serviço, o ISS não é devido quando o resultado ocorre no exterior, ainda que a execução do serviço ocorra em território nacional. Rafhael Frattari e Fernanda Prata Moreira Ribeiro debatem exatamente o que deve se considerar “resultado ocorrido no exterior”, criticando a jurisprudência do STJ e a orientação administrativa do município de São Paulo, que, para definir o local de ocorrência do resultado, se embasam no local onde o serviço é desenvolvido.[770] Este debate evidencia as dificuldades de definição do critério espacial na prestação de serviços remotos, na medida em que o local do efetivo proveito econômico do serviço nem sempre é evidente, como já indicado no tópico anterior.

O caso de importação de serviços também suscita perplexidades. Betina Treiger Grupenmacher considera a regra que autoriza os municípios a cobrar ISS na importação de serviços inconstitucional, pois o legislador constituinte não autorizou expressamente a incidência na importação.[771] Não obstante,

767. Art. 2º, I, da Lei Complementar 116/2003.

768. Art. 1º, § 1º, da Lei Complementar 116/2003.

769. Sobre a constitucionalidade da incidência do ISS sobre serviços importados, já que o tomador reside ou está estabelecido no Brasil, vide: LOCHAGIN, Gabriel Loretto. A Aplicabilidade dos Acordos de Bitributação ao ISS sobre a Importação de Serviços do Exterior. *Revista Tributária das Américas* [recurso eletrônico]. SP: RT, vol. 8, p. 19-38, jul-dez/2013. Em sentido contrário, vide: LACKS, Larissa. O Princípio da territorialidade tributária e o debate acerca da incidência do imposto sobre serviços de qualquer natureza nas importações de serviços. *Revista Tributária e de Finanças Públicas* [recurso eletrônico]. SP: RT, vol. 129, p. 121-40, jul-ago/2016; ROCHA. *Tributação Internacional*. p. 299.

770. FRATTARI, Rafhael; RIBEIRO, Fernanda Prata Moreira. Exportação de Serviços e Isenção Tributária. *In*: MATA, Juselder Cordeiro da; BERNARDES, Flávio Couto; LOBATO, Valter de Souza. *Tributação na Sociedade Moderna*. BH: Arraes, 2019. p. 89-93.

771. GRUPENMACHER. *Tributação de Streaming e Serviços Over the Top*. p. 411.

pressupondo-se a constitucionalidade da exigência, fato é que a Lei Complementar 116/2003, ao prever a cobrança de ISS na importação, atribui a responsabilidade pelo pagamento do imposto ao tomador do serviço,[772] independentemente de ele ser ou não pessoa jurídica. Como bem destaca Betina Grupenmacher, contudo, nas prestações de serviços digitais é inimaginável exigir do consumidor final, pessoa física, esta retenção.[773]

Até a onda dos arranjos de consumo do século XXI, o tema atinente à importação ou exportação de serviços tinha relevância marginal no sistema tributário, tanto que o Decreto-lei 406/1968 sequer previa estas hipóteses de incidência ou não incidência, respectivamente.[774] Isso porque, como bem observa Marie Lamensch, antes da economia digital, a maioria dos serviços "não podia ser transportada", de modo que sua prestação transfronteiriça acontecia com a efetiva locomoção de uma das partes – seja do tomador, que se dirigia ao estabelecimento do prestador do serviço; ou do prestador, que visitava o seu cliente.[775] Esta relação se modificou radicalmente com as relações de consumo do século XXI, motivo pelo qual o adequado tratamento tributário da prestação internacional de serviços passa a adquirir marcada relevância.

Não obstante, pelos motivos apresentados nos tópicos 3.2.1 e 3.2.2, parece possível concluir que a efetiva incidência de ISS na importação de serviços tem resultados práticos pouco satisfatórios. Conforme analisado acima, nas operações B2B, o que move os adquirentes de intangíveis digitais – na

---

772. Art. 6º, § 2º, I, da Lei Complementar 116/2003.

773. GRUPENMACHER. *Tributação de Streaming e Serviços Over the Top*. p. 413.

774. BRASIL. Decreto-Lei nº 406, de 31 de dezembro de 1968. Estabelece normas gerais de direito financeiro, aplicáveis aos impostos sobre operações relativas à circulação de mercadorias e sobre serviços de qualquer natureza, e dá outras providências. DOU 31 dez. 1968. Disponível em: https://bit.ly/3wpuoqV Acesso em: 21 maio 2020.Vide, sobre o tema: LACKS. O Princípio da territorialidade tributária e o debate acerca da incidência do imposto sobre serviços ..., tóp. 4.

775. LAMENSCH. Are 'reverse charging' and the 'one-stop-scheme' efficient ways to collect VAT on digital supplies? p. 1.

condição de sujeitos passivos do imposto – ao pagamento do IVA, é o sistema de não cumulatividade. De fato, como o IVA é um imposto não cumulativo, cujo contribuinte recebe créditos pelo imposto pago na etapa anterior, o contribuinte que adquire um intangível importado se vê obrigado a pagar o imposto devido na importação, mas recebe créditos deste IVA, que serão utilizados quando efetuar uma saída tributada. Por consequência, não há maiores impactos econômicos decorrentes do pagamento do IVA quando do ingresso do bem intangível importado, não havendo incentivo à evasão fiscal.

O ISS, por outro lado, é um tributo cumulativo, de modo que o tomador do serviço arcará com o encargo econômico do imposto, não tendo o mesmo estímulo para seu pagamento espontâneo. Ademais, deve se ter presente que o tomador de serviços frequentemente não é contribuinte de ISS[776] – e, em grande parte dos casos, é o consumidor final do serviço, uma pessoa física – não tendo sequer cadastro junto às autoridades municipais, o que dificulta o pagamento e a cobrança do imposto.

Portanto, a melhor abordagem para assegurar a arrecadação do ISS, tanto nas importações B2B, quanto nas B2C, seria aquela aplicada, no IVA, às importações B2C. Nesses casos, o fornecedor estrangeiro permanece sendo o responsável pelo pagamento do imposto, ao contrário da regra estabelecida pela Lei Complementar 116/2003. Com efeito, não há sentido em atribuir a responsabilidade tributária ao tomador do serviço, na medida em que este não tem direito a crédito pelo imposto pago, não existindo estímulo à autorregulação do sistema. Caso se estabelecesse, para os prestadores de serviços estrangeiros, um sistema de registro simplificado, por outro lado, seria possível assegurar alguma arrecadação de ISS.

Não obstante, considerando que todos os municípios brasileiros têm competência para cobrar o ISS, resta evidente a inviabilidade prática de um modelo que atribui a sujeição

776. LACKS. O Princípio da territorialidade tributária e o debate acerca da incidência do imposto sobre serviços... tóp. 4.

passiva ao prestador de serviços estrangeiro. Exceto se fosse desenvolvido um mecanismo de cooperação entre as administrações tributárias municipais, permitindo-se que a empresa estrangeira se cadastrasse em um município, e, a partir deste, pagasse o imposto devido por serviços prestados para todos os demais – na linha do OSS europeu – os custos de *compliance* seriam extremamente nocivos aos prestadores dos serviços estrangeiros, inviabilizando a arrecadação do imposto nas importações de serviços.

Ademais, a empresa estrangeira está fora do âmbito de coercibilidade brasileira, como bem rememora Larissa Lacks,[777] o que importa em dificuldades sistêmicas para a cobrança coercitiva do imposto. Portanto, no que toca à importação de serviços, tanto o modelo atual – que responsabiliza o tomador do serviço pelo pagamento do ISS –, quanto o modelo de registro simplificado do prestador de serviços estrangeiros, têm poucas viabilidades de assegurar uma incidência eficaz do imposto.

No âmbito interno, por outro lado, os problemas inerentes à adequada delimitação do critério espacial nas relações de consumo do século XXI também estão presentes. A regra geral determina que o critério espacial do ISS se dê no local de estabelecimento do prestador do serviço.[778] Portanto, o sistema tributário brasileiro consagra o princípio da tributação na origem.[779] Ocorre que, em fenômeno semelhante ao que aconteceu quando da modificação do critério espacial das vendas de mercadorias através de plataformas de comércio eletrônico,[780] a competência para a cobrança do ISS vem sendo gradualmente alterada para o local de domicílio do tomador do serviço. Com efeito, a lista de exceções à regra geral de incidência no local de estabelecimento do prestador cresceu

777. Ibid. loc. cit.

778. Art. 3º da Lei Complementar 116/2003.

779. RONZANI. Princípios da Tributação na Origem e da Tributação no Destino... p. 196.

780. Vide tópico 1.3.1.2.

com o advento da Lei Complementar 157/2016, para abranger diversas situações, tais como os serviços de planos de saúde e de administração de cartões de crédito.[781]

Especificamente sobre estes serviços (e como bem pontuado por Daniel Corrêa Szelbracikowski[782]), o Min. Alexandre de Moraes, em decisão monocrática que deferiu medida cautelar na ADI 5.835, reconheceu a inconstitucionalidade da alteração do critério espacial. No entender do Ministro relator, a modificação do critério espacial exigiria que a nova disciplina normativa apontasse com clareza o conceito de tomador de serviços, para fins de definir com segurança jurídica onde é devido o imposto, o que não ocorreu na Lei Complementar 157/2016.[783] Com efeito, a alteração legislativa dá margens a interpretações divergentes. Por "domicílio do tomador do serviço no caso dos serviços prestados pelas administradoras de cartão de crédito ou débito" – critério previsto no inciso XXIV do art. 3º da LC 116/2003 – deve ser compreendido o local de estabelecimento da empresa que contrata e coloca à disposição de seus clientes os serviços de cartão de crédito, ou a efetiva residência do titular do cartão de crédito utilizado como meio de pagamento?

Só essa dúvida já evidencia que a lei precisava ser mais detalhada, para bem estabelecer um critério espacial uniforme, a ser utilizado por todos os municípios brasileiros. A Lei Complementar 175/2020[784] supre esta lacuna, detalhando pa-

---

781. Dita alteração se deu a partir da inclusão dos incisos XXIII, XXIV e XXV ao art. 3º da Lei Complementar 116/2003 pela Lei Complementar 157/2016 (BRASIL. Lei Complementar 157, de 29 de dezembro de 2016. Altera a Lei Complementar nº 116, de 31 de julho de 2003, que dispõe sobre o Imposto Sobre Serviços de Qualquer Natureza..., e dá outras providências. DOU 1º jun. 2017. Disponível em: https://bit.ly/2TSIR1f Acesso em: 17 maio 2020).

782. SZELBRACIKOWSKI. *Novas Tecnologias e a Necessidade de Reforma Tributária*. p. 151.

783. BRASIL, Supremo Tribunal Federal (Tribunal Pleno). *Decisão Monocrática em Ação Direta de Inconstitucionalidade 5.835*, Relator(a) Min. Alexandre de Moraes. Julgado em 23 mar. 2018, DJe 04 abr. 2018.

784. BRASIL. Lei Complementar 175, de 23 de setembro de 2020. Dispõe sobre o

râmetros para a definição do critério espacial da obrigação tributária, na forma dos§§ 5º a 12 do art. 3º da Lei Complementar 116/2003.

Independentemente das lacunas que levaram à decisão proferida na ADI 5.835, certo é que a alteração legislativa instituída pela Lei Complementar 157/2016 procurou alinhar o modelo de tributação sobre serviços à melhor técnica internacional, assegurando que a receita do ISS seja destinada para o município onde a utilidade social é gerada.[785] Como amplamente debatido no tópico 1.3.1.2, os tributos sobre o consumo devem incidir no local em que efetivamente ocorre o consumo. No caso dos serviços previstos nos incisos XXIII a XXV do art. 3º da Lei Complementar 116/2003, o legislador percebeu que frequentemente há uma dissociação entre o local do estabelecimento do prestador do serviço e o local do domicílio de seu tomador. Portanto, casuisticamente, alterou o critério espacial para estes serviços específicos, alinhando-o ao local do efetivo consumo.

É discutível se foi adotada a melhor técnica legislativa. Uma alteração ampla do critério espacial, para todos os serviços, poderia ser preferível, mas representaria uma ruptura mais acentuada do sistema em vigor. Certo é que as alterações na Lei Complementar 116/2003 pelas Leis Complementares 157/2016 e 175/2020 são reflexo da insuficiência do sistema tributário brasileiro para fazer frente aos arranjos de consumo do século XXI. O legislador percebeu a concentração da arrecadação tributária em poucos municípios (aqueles que sediam os fornecedores

---

padrão nacional de obrigação acessória do Imposto Sobre Serviços de Qualquer Natureza (ISSQN), de competência dos Municípios e do Distrito Federal, incidente sobre os serviços previstos nos subitens 4.22, 4.23, 5.09, 15.01 e 15.09 da lista de serviços anexa à Lei Complementar 116, de 31 de julho de 2003; altera dispositivos da referida Lei Complementar; prevê regra de transição para a partilha do produto da arrecadação do ISSQN entre o Município do local do estabelecimento prestador e o Município do domicílio do tomador relativamente aos serviços de que trata; e dá outras providências. DOU 24 set. 2020. Disponível em: https://bit.ly/3k2uUZa Acesso em: 24 set. 2020.

785. TAVARES, Eduardo Sobral. Considerações sobre o Aspecto Espacial do ISS e Análise de Constitucionalidade da Lei Complementar n. 157/2016. *Revista Direito Tributário Atual*. SP: IBDT. vol. 41, p. 198, 2019.

dos serviços previstos nos incisos XXIII a XXV do art. 3º da Lei Complementar 116/2003), ainda que a riqueza destas atividades econômicas fosse gerada de forma pulverizada, em todo o território nacional. Portanto, tentou resolver esta distorção do critério espacial, alterando o critério de competência arrecadatória destes serviços, da origem para o destino.

Por outro lado, é evidente que a alteração deste critério espacial se mostra muito complexa em um tributo de competência municipal, tal como é o ISS. Com o advento da Lei Complementar 157/2016, as prestadoras de serviços arrolados nos incisos XXIII a XXV do art. 3º da Lei Complementar 116/2003 passaram a ser obrigadas a pagar ISS, potencialmente, para 5.570 municípios, cada um deles com regras de registro e arrecadação ligeiramente distintas. Para viabilizar a operacionalização desta mudança, sem um aumento exacerbado do custo de conformidade, deveria ser criado um sistema de arrecadação centralizada do imposto, que atendesse especificamente às necessidades das prestadoras de serviços de forma remota. Mais uma vez, rememora-se, como fonte de inspiração de modelagem jurídica, o mecanismo OSS europeu, que foi instituído especificamente para facilitar a arrecadação do IVA devido por algumas prestadoras de serviços ou fornecedoras de intangíveis digitais.

A LC 175/2020 caminha exatamente neste rumo, ao dispor "sobre o padrão nacional de obrigação acessória do Imposto Sobre Serviços de Qualquer Natureza (ISSQN)". Como definido no art. 2º da referida Lei Complementar, o ISS devido pelas prestadoras dos serviços indicados no art. 1º deverá ser apurado e declarado por meio de sistema eletrônico de padrão unificado em todo o território nacional.

Curiosamente, este sistema será desenvolvido pelo próprio contribuinte, nos termos do § 1º do art. 2º da LC 175/2020, cabendo aos municípios alimentar o sistema com as alíquotas do ISS, a legislação municipal em vigor e os dados bancários para recebimento do imposto. Portanto, é de responsabilidade dos municípios e do Distrito Federal a higidez dos dados relativos à alíquota e à forma de pagamento,[786] ainda que o sistema não seja desenvolvido por eles.

A solução encontrada pelo legislador complementar pode ser apresentada sob dois enfoques: de um lado, desonera o Poder Público Municipal do dever de desenvolver o sistema padrão unificado, o que certamente permite maior celeridade no seu desenvolvimento, especialmente quando se rememora a pulverização dos municípios, e a necessidade de alinhamento entre todos eles, para o desenvolvimento de um sistema nacional. De outro, atribui ao contribuinte uma obrigação acessória que, ordinariamente, não é sua. Esta atribuição de nova obrigação acessória aumenta os custos de conformidade das empresas. Contudo, as empresas submetidas à declaração do ISS no sistema padrão unificado são todas empresas de grande porte, com alcance nacional, e elevada informatização de seus sistemas.

Por consequência, a possibilidade de desenvolver o sistema eletrônico padrão unificado pode até ser uma vantagem para estas grandes empresas, que podem customizar o novo sistema às suas necessidades, integrando-o aos sistemas que elas já possuem. Sob esta perspectiva, a inovação legislativa é muito bem-vinda.

Ao longo deste tópico 3.2 percebe-se que há duas grandes diretrizes para a cobrança de IVA em operações transfronteiriças com intangíveis digitais: nas operações B2B, o adquirente usualmente paga o imposto; e nas operações B2C, a responsabilidade pelo pagamento é do próprio fornecedor remoto, que deve se submeter a um sistema de registro simplificado. A primeira diretriz não pode ser transposta, com resultados satisfatórios, para um imposto cumulativo e de competência municipal, tal como o ISS, uma vez que a sistemática deste imposto não tende à autorregulação sistêmica. Resta, portanto, a opção de responsabilizar o prestador do serviço remoto,

786. Nesse sentido: LIMA, Paulo Cunha; SANTOS, João Amadeus; e CORDEIRO, João Gabriel. Lei Complementar 175/2020 apresenta alteração no recolhimento do ISS. *Consultor Jurídico*, São Paulo, 02 nov. 2020. Disponível em: https://bit.ly/3hUcT-cX Acesso em: 02 dez. 2020.

pelo pagamento do imposto. A LC 175/2020 representa um avanço no sentido da segunda diretriz, na medida em que começa a estruturar um sistema unificado para o pagamento do ISS pelas prestadoras de serviço que têm alcance nacional. No momento, essa unificação fica restrita a alguns serviços, e a legislação silencia acerca dos casos de importação desses serviços. Contudo, é um primeiro passo.

Confirmando-se a tendência de ampliação do conceito de serviços, para englobar os intangíveis digitais, por outro lado, o sistema tributário brasileiro deverá estender a sistemática da LC 175/2020 para estes bens. Caso contrário, terá grandes dificuldades para assegurar a efetiva tributação destes intangíveis de forma eficiente e uniforme entre todos os municípios onde ocorre seu efetivo consumo.

## 3.2 A ausência de parâmetros objetivos para mensurar o valor agregado na produção de intangíveis

Conforme demonstrado no tópico 2.3, a desmaterialização e a desintermediação dos arranjos de consumo do século XXI tornam mais difícil identificar o valor individualmente agregado em cada etapa da cadeia de consumo. Mas, quando se está diante de uma operação de circulação do bem intangível, com sua efetiva transferência entre pessoas distintas, e o correspondente pagamento do preço estabelecido contratualmente, estas características do intangível não chegam a impor dificuldades para o cálculo do IVA devido. Nesse caso, o IVA será apurado com base no valor pago pelo intangível, tal como ocorre quando da circulação de bens tangíveis, sendo irrelevantes maiores questionamentos sobre o valor efetivamente agregado no processo produtivo.

Por outro lado, a situação se torna mais complexa nos casos de circulação do intangível entre dois estabelecimentos de uma mesma pessoa jurídica (ou entre duas empresas de um mesmo grupo econômico), já que os parâmetros para estabelecimento do preço de transferência são bem menos claros nesse contexto. Com efeito, a própria OCDE, ao traçar as diretrizes para a tributação por IVA de serviços e intangíveis, reconhece esta dificuldade, especialmente quando se está diante de estruturas empresariais complexas.[787]

Para bem compreender os limites do problema, imagine-se a situação hipotética de uma empresa multinacional, que faz uma aquisição centralizada de intangíveis, e redistribui o direito de uso destes bens entre seus diversos estabelecimentos, localizados em países diferentes. Como os bens intangíveis são não competitivos, podendo ser utilizados de forma abundante, a aquisição centralizada deles tem o condão de beneficiar todos os estabelecimentos da empresa multinacional. Esta característica estimula a centralização da aquisição, ao contrário do que ocorre com os bens tangíveis, especialmente porque não há custo de transporte dos intangíveis entre os diversos estabelecimentos. Mas a aquisição centralizada também desestrutura o princípio de que o IVA deve ser cobrado no local de consumo do bem. Como o consumo se pulveriza globalmente, fica difícil determinar o IVA individualmente devido em cada país.

Nesse caso, a OCDE sustenta que a remessa dos intangíveis entre os estabelecimentos da multinacional deve ser tributada no país de destino,[788] assim entendido como o país do estabelecimento que efetivamente se beneficia com o intangível digital, a fim de assegurar a neutralidade do imposto. Contudo, a organização internacional admite que esta incidência nem sempre é de fácil mensuração, e que a empresa multinacional provavelmente precisará utilizar métodos de repartição/fracionamento das responsabilidades tributárias entre os diversos estabelecimentos, para apurar o IVA devido na operação,[789] o que representa custo de conformidade tributário.[790]

A alternativa, para evitar este custo de conformidade, seria concentrar a cobrança do IVA. Nesse modelo, o imposto incidiria

---

787. OCDE. *International VAT/GST Guidelines*. p. 60.

788. Ibid. loc. cit.

789. Ibid. p. 60-1.

790. CHARLET; HOLMES. *Determining the Place of Taxation of Transactions under VAT/GST:...* p. 435.

quando do ingresso do intangível digital na empresa multinacional, usualmente na sede administrativa da empresa. Em seguida, a empresa adquirente efetua as transferências posteriores, entre seus diversos estabelecimentos, sem a incidência do imposto. Ocorre que este modelo traz outro problema: como bem destacado pelo prêmio Nobel de economia em 2014, Jean Tirole, esta estrutura negocial permite planejamento tributário tendente à redução do pagamento do IVA.[791] Isso porque o imposto é devido ao local do estabelecimento adquirente do bem intangível.[792] Ora, nada impede que o adquirente efetue a aquisição em um país com tributação favorecida, para reduzir a carga tributária global incidente na operação como um todo.[793]

A forma de evitar a redução artificial da carga tributária, decorrente da concentração da arrecadação do IVA em um país com tributação favorecida, parece ser adotando a recomendação da OCDE: as transferências subsequentes do intangível digital, entre dois estabelecimentos de uma mesma empresa, devem ser tributadas com IVA, a ser pago no país de destino.

---

791. O autor trata especificamente das plataformas digitais gratuitas, que, como indicado no tópico 2.1.2, prestam serviços gratuitos ao usuário final, mas se remuneram através de receitas de publicidade e uso de *big data*. Neste contexto, a hipótese de incidência tributária do IVA ocorre na relação entre plataforma digital e contratante do serviço de publicidade e/ou análise de dados. Contudo, o mesmo raciocínio é válido para aquisições centralizadas dos demais intangíveis digitais (TIROLE. *Economia do Bem Comum*. p. 445-6).

792. Como visto no tópico 3.2.1.

793. Paulo Caliendo já analisou risco semelhante, em um contexto de tributação da renda, apresentando as diversas linhas teóricas sobre o conceito de estabelecimento permanente em face do comércio eletrônico. Em síntese, alguns autores propõem o abandono do conceito de estabelecimento permanente para este tipo de comércio, devido à ausência de presença física do website. Outros propõem a manutenção do conceito, com a manutenção do seu núcleo significativo (que engloba a "presença física"), e um terceiro grupo de autores defende a manutenção do conceito com modificação do seu núcleo significativo, diminuindo a relevância da presença física. Dentre esses autores, se destaca a proposta de Avi-Jonah, que sustenta a utilização dos métodos de definição de estabelecimento utilizados para os impostos sobre consumo (CALIENDO, Paulo. *Estabelecimentos Permanentes em Direito Tributário Internacional*. São Paulo: RT, 2005. p. 644-654.). Em um estudo mais recente, constatou-se que empresas de tecnologia como a Google deixam de pagar bilhões de dólares em tributos, exatamente por se estabelecer em países com tributação favorecida (CORKERY, Jim; et. al. Taxes, the Internet and the Digital Economy. *Revenue Law Journal*, vol. 23, n. 1, 2015-2017. Disponível em: https://bit.ly/3hMLavQ Acesso em: 27 Jun. 2017).

Nesse modelo, o estabelecimento (A) adquire o intangível digital, e se credita do IVA pago nas etapas antecedentes. Posteriormente, efetua uma saída não tributada, quando da "exportação" do intangível digital para outros estabelecimentos de sua empresa, se creditando do IVA pago nas etapas anteriores. Os estabelecimentos destinatários (B e C) devem recolher todo o IVA, proporcionalmente ao consumo de cada um, como demonstrado na Figura 1, em que se arbitrou que 20% do consumo do intangível ocorreu no estabelecimento (A), 50% no estabelecimento (B) e 30% no estabelecimento (C). Considerando-se que houve o pagamento de U$ 15,00 em IVA no país (A), mas que a empresa se creditou de U$ 12,00 (U$ 7,50 + U$ 4,50) decorrentes da saída internacional não tributada, houve o pagamento de U$ 3,00 para o país (A), correspondentes aos 20% do intangível que foram consumidos no país (A). Para o país (B) foi pago U$ 7,50, já que 50% do intangível foram consumidos lá, e para o país (C) a empresa pagou U$ 4,50.

**Figura 1**- transferência internacional de intangível entre estabelecimentos de uma mesma empresa. IVA de 15% em todos os países.

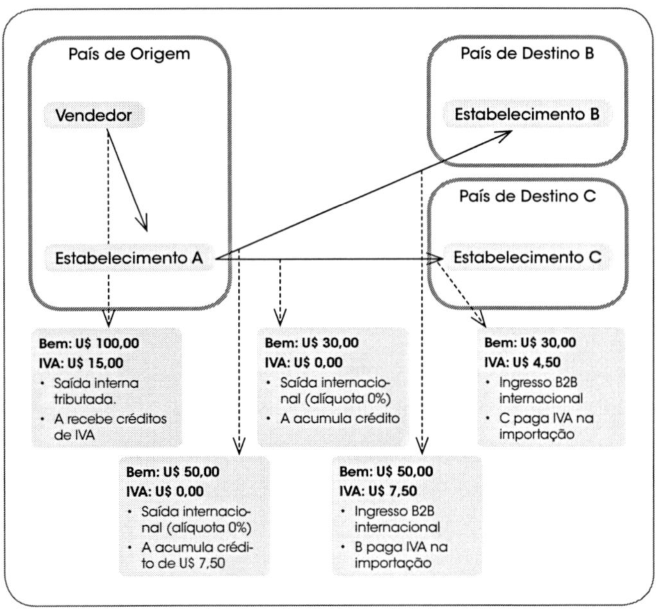


Fonte: a autora (2020).

Segundo a OCDE, a divisão do IVA que deve ser pago por cada estabelecimento deve se pautar em critérios "justos e razoáveis", mas a OCDE não chega a definir uma metodologia de fracionamento do imposto.[794] Isso pode gerar grande insegurança jurídica, tanto para os contribuintes, quanto para a administração tributária. Para que a proposta possa ser operacionalizada, o valor da transferência entre os estabelecimentos tem que ser arbitrado, com base em critérios prévia e claramente estabelecidos na legislação tributária do país de destino.

Não obstante, a Figura 1 deixa transparecer outro empecilho à metodologia proposta: se os países de destino (B) e (C) tiverem regras de arbitramento diferentes, é possível que ocorra bitributação. Se as regras de arbitramento do país (B) indicarem que 50% do consumo do intangível ocorreu em seu território, e as regras do país (C) levarem à conclusão de que 40% do consumo se deu neste país, a carga de IVA global acabaria em 110%, no exemplo dado acima.

Por outro lado, caso os países não estabeleçam o critério de arbitramento, e permitam que a empresa multinacional efetue o fracionamento do IVA de acordo com parâmetros que ela própria estabelece, não há nada que impeça o estabelecimento (A) de efetuar a transferência para os estabelecimentos (B) e (C) por um valor simbólico, reduzindo o imposto devido na etapa final da cadeia de consumo, por exemplo. No outro extremo, na ausência de parâmetros claros de arbitramento, a administração tributária poderia considerar que o valor da remessa não se deu por um critério "justo e razoável", colocando a empresa em situação de vulnerabilidade.

Para evitar este debate, Charlet e Holmes propõem a incorporação, pela legislação do IVA, das técnicas de apuração de preços de transferência. Estas técnicas seriam utilizadas para arbitrar o valor da transferência do intangível digital entre estabelecimentos de uma mesma empresa, e, com base neste valor, calcular o

794. OCDE. *International VAT/GST Guidelines*. p. 61.

IVA devido.[795] A utilização das técnicas de preços de transferência para calcular os tributos indiretos devidos em operações internacionais entre estabelecimentos de uma mesma empresa também é defendida por Jonathan Barros Vita, que sustenta esta forma de apuração dos tributos devidos nos casos de serviços importados para empresa brasileira – tanto quando o tributo devido é o ISS, como quando a operação é tributada por ICMS.[796]

Não obstante, há problemas práticos neste arbitramento: conforme Charlet e Holmes, o IVA é devido no momento da operação de cessão de direito de uso, ao passo que os preços de transferência serão calculados somente ao final do exercício financeiro, o que pode dificultar o cálculo do imposto. Ademais, aplicar esta metodologia em cada operação de circulação do bem intangível gerará custos de *compliance* elevados.[797]

Não bastasse isso, as técnicas tradicionais de apuração do preço de transferência, que se centram no princípio do *arm´s length,* ou seja, em avaliar a transferência entre dois estabelecimentos de uma mesma empresa nos mesmos parâmetros de valor que a operação teria, caso fosse feita entre duas empresas independentes,[798] dificilmente são transpostas para a realidade da transferência de intangíveis digitais. Com efeito, devido à escalabilidade dos intangíveis, que podem ser reproduzidos com custo marginal próximo a zero, as técnicas tradicionais de preços de transferência acabariam por ampliar o IVA incidente sobre a operação como um todo.[799]

795. CHARLET; HOLMES. Determining the Place of Taxation of Transactions under VAT/GST:... p. 435. Esta ideia também é apresentada em: EY. 3D printing taxation issues and impacts. p. 12.

796. VITA, Jonathan Barros. *Preços de transferência* [recurso eletrônico]. SP: Fiscosoft, 2013. tóp. 2.2.

797. CHARLET; HOLMES. Determining the Place of Taxation of Transactions under VAT/GST:... p. 435.

798. Sobre o tema, vide: XAVIER, Alberto. *Direito Tributário Internacional do Brasil.* 6ª ed. RJ: Forense, 2004. p. 363-4; VITA. *Preços de transferência.* tóp. 3.3: ROCHA. *Tributação Internacional.* p. 84.

799. O exemplo do manual de procedimentos da Starbucks, de que se tratou no tó-

Como pode ser visualizado em uma reinterpretação da Figura 1, caso se arbitrasse que cada transferência do intangível se deu pelo seu valor de mercado, a empresa acabaria tendo uma carga tributária total muito mais elevada. Com efeito, o valor de mercado do intangível, no exemplo dado, era U$ 100,00. Caso tanto o país de destino (B), quanto o país de destino (C), arbitrassem o valor da operação em U$ 100,00, a carga tributária total de IVA seria de U$ 30,00 (U$ 15,00 em cada país, pressupondo-se alíquota de 15% e imaginando-se que a empresa consiga aproveitar todos os créditos que acumulou no país de origem). Evidentemente, este montante não guarda relação com o valor pago pelo bem digital, sendo desproporcionalmente elevado. Por consequência, a utilização da técnica de preços de transferência, neste caso, impactaria na neutralidade do IVA.

O problema também ocorreria caso fosse adotado o modelo de preços de transferência brasileiro, que presume, em alguns casos, margens fixas de lucro na determinação do preço da transação, para assegurar praticabilidade às regras de tributação internacional.[800] Nesse caso, a utilização de margens fixas predeterminadas também poderia aumentar o IVA devido globalmente pela empresa, exatamente como ocorreu no exemplo dado acima.

No atual cenário jurisprudencial dos países objeto do presente estudo (Brasil e integrantes da União Europeia), contudo, o problema dos preços de transferência não se apresenta, pois não há tributação na remessa de bens intangíveis entre os diversos estabelecimentos de uma mesma empresa. Com efeito, a União Europeia não cobra IVA sobre as transferências de serviços entre dois estabelecimentos de uma empresa.[801] Por outro lado, se a transferência for entre duas empresas integrantes do mesmo grupo econômico, haverá a

pico 2.3.1, é especialmente elucidativo deste problema.

800. Sobre o modelo brasileiro de preços de transferência, vide: ROCHA, Sérgio André. *Política Fiscal Internacional Brasileira*. RJ: Lumen Juris, 2017. p. 170 e ss.

801. Vide nota de rodapé 599.

incidência do imposto.[802] E, curiosamente, se a transferência entre estabelecimentos de uma empresa for de bens tangíveis, o IVA incidirá.[803]

Portanto, na União Europeia, no particular caso de transferência de intangíveis e serviços entre dois estabelecimentos de uma mesma empresa, a incidência do IVA inevitavelmente ocorrerá de forma concentrada, quando do ingresso do intangível em um dos estabelecimentos desta. Logo, quando os intangíveis são fornecidos em um contrato global, para todos os estabelecimentos de uma empresa, o IVA deve ser pago no local da sede desta, assim entendido como o local em que a diretoria se reúne.[804] O potencial para planejamento tributário, tendente à redução da carga tributária global, torna-se grande, como já ressaltou Tirole.[805]

No Brasil, por outro lado, caso haja alguma situação de incidência do ICMS sobre o fornecimento do intangível digital,[806] a transferência entre estabelecimentos de uma mesma pessoa jurídica tampouco seria uma operação tributada, por força da Súmula 166 do Superior Tribunal de Justiça.[807] Isso porque, no entender da doutrina majoritária, que acabou referendada pelos Tribunais Superiores, a transferência de um bem entre matriz e filial não importa em circulação de mercadoria, uma vez que não há mercancia na operação, não ocorrendo a circulação jurídica do bem.[808]

---

802. EY Tax Insights. Cross-border intracompany transactions with the EU. Disponível em: https://go.ey.com/3wy6oSi Acesso em: 18 jul. 2020.

803. Vide o art. 17º da Diretiva 2006/112/CE do Conselho.

804. CHARLET; HOLMES. Determining the Place of Taxation of Transactions under VAT/GST:... p. 434.

805. TIROLE. *Economia do Bem Comum.* p. 445-6.

806. Vide o tópico 3.1.

807. BRASIL, Superior Tribunal de Justiça (1ª Seção). *Súmula 166.* "Não constitui fato gerador do ICMS o simples deslocamento de mercadoria de um para outro estabelecimento do mesmo contribuinte."14 ago. 1996, DJe 23 ago. 1996.

808. Esta é a opinião de Souto Maio Borges, Aliomar Baleeiro, Geraldo Ataliba, Fernando Brockstedt, Paulo de Barros Carvalho, José Eduardo Soares de Melo, Roque

Portanto, assim como ocorre na União Europeia, neste tema, o país não está alinhado às diretrizes da OCDE de tributação no local em que o consumo efetivamente acontece. Conforme Ricardo Lobo Torres, no Brasil, prepondera a tese formalista de definição do núcleo do fato gerador do ICMS, em detrimento da tese jurídico-econômica,[809] que parece ser a acolhida pela OCDE em sua proposição. Por consequência, no específico caso de transferência de bens intangíveis entre estabelecimentos de uma mesma empresa, caso eles sejam tributados por ICMS, a arrecadação deste imposto acaba concentrada em um dos estados beneficiados pela mercadoria digital, que circula entre os vários estabelecimentos de uma mesma empresa.

Esta distorção da neutralidade do ICMS – que já existia em uma realidade de circulação de bens tangíveis – se agrava caso algum bem intangível seja inserido na cadeia de circulação do ICMS. Isso porque, ao contrário do que ocorria com a aquisição centralizada de bens tangíveis – que deveriam, posteriormente à aquisição, ser transferidos para os diversos estabelecimentos de uma mesma empresa, com o correspondente custo de transporte – a aquisição centralizada de intangíveis tende a ser muito vantajosa para uma empresa com múltiplos estabelecimentos, pois o subsequente custo de transferência desses intangíveis para os outros estabelecimentos é insignificante. Portanto, em não se acolhendo a sugestão da OCDE – de que deve ser cobrado o IVA nas transferências entre estabelecimentos de uma mesma empresa – haverá distorções na neutralidade tributária, e o imposto não incidirá no local de consumo.

No Brasil, esta distorção será ainda mais grave quando incidir o ISS sobre os intangíveis digitais. Nesse cenário, haverá não só a concentração de tributação em uma etapa da cadeia produtiva (no caso do ISS, a arrecadação será usualmente

---

Antônio Carrazza, Alberto Xavier e Hugo de Brito Machado, dentre outros (COÊLHO. O IVA brasileiro. p. 575-6). Vide, também: MELO. *ICMS*. p. 27-8; CALIENDO. *Curso de Direito Tributário*. p. 922; VELLOSO. *Constituição Tributária Interpretada*. p. 430.

809. TORRES. *Tratado de Direito Constitucional Financeiro e Tributário*. v. IV. p. 243-52.

devida para o município onde o fornecedor estiver estabelecido), como também haverá a cumulatividade residual do imposto, já que o ISS não dá direito a créditos, como amplamente debatido ao longo deste capítulo.

Percebe-se que a fluidez dos intangíveis reestruturou os arranjos de consumo do século XXI, ao permitir aquisições centralizadas, com posterior transferência entre estabelecimentos de uma mesma empresa, a um custo operacional desprezível. Esta reestruturação está colidindo com a tradição jurídica brasileira e europeia, de não tributar transferências de bens entre dois estabelecimentos de uma mesma empresa. Contudo, mantendo-se esta não incidência tributária sobre a circulação do intangível digital entre os estabelecimentos da empresa, o IVA não incidirá no destino, se afastando das diretrizes de neutralidade propostas para esta espécie de imposto.

Por outro lado, a incidência do IVA na circulação do intangível entre estabelecimentos de uma mesma empresa pressupõe o arbitramento do valor da operação, o que importa em elevados custos de conformidade, pelos motivos apresentados acima. A forma como ocorrerá este arbitramento precisa ser estruturada com cautela pelas administrações tributárias, levando em conta as especificidades internas de cada legislação tributária, bem como a necessária cooperação internacional entre os diversos países envolvidos no fornecimento internacional. Contudo, considerando que as técnicas de arbitramento são de natureza eminentemente contábil, elas não são detalhadas neste livro.

Diante do exposto, percebe-se que, em um contexto de operações entre estabelecimentos de uma mesma empresa, ou entre empresas de um mesmo grupo econômico, há dificuldades em mensurar o valor agregado pelos intangíveis digitais em cada etapa da cadeia de consumo. Contudo, é possível adaptar o imposto, para viabilizar a incidência de forma neutra e eficaz, motivo pelo qual o problema de mensuração do valor agregado pelos intangíveis na cadeia de consumo não parece suficiente para afastar a hipótese de que o IVA está apto a incidir sobre os arranjos de consumo do século XXI.

No particular caso tratado neste tópico, o sistema jurídico precisa incorporar técnicas de arbitramento do valor da operação, para assegurar a incidência do imposto no destino. O sistema tributário também precisa superar o pressuposto de que não há incidência de IVA nas transferências entre estabelecimentos de uma mesma empresa.

Feitas todas as adequações sugeridas neste capítulo, a intangibilidade dos bens de consumo do século XXI não parece inviabilizar a incidência do imposto sobre valor agregado de forma neutra e eficiente. Passa-se, a seguir, a analisar outra característica destas novas relações de consumo: a acentuada mobilidade dos bens – tanto tangíveis, quanto intangíveis – nos arranjos de consumo do século XXI.

# 4. ADAPTANDO O IVA AOS ARRANJOS DE CONSUMO DO SÉCULO XXI - O PROBLEMA DA MOBILIDADE

Um dos grandes impactos das relações de consumo do século XXI foi encurtar a cadeia de circulação de bens, na medida em que as plataformas de comércio eletrônico viabilizam o contato direto entre fornecedor e consumidor, dando maior mobilidade aos bens de consumo.[810] Este encurtamento da cadeia ocorre tanto na circulação de bens tangíveis, quanto de intangíveis. Ademais, ele impacta na aptidão do IVA para tributar operações internacionais *stricto sensu*, bem como operações internas aos mercados integrados.

Isso porque as plataformas alteraram a forma de agregação de valor ao processo produtivo, ao introduzir o que Aires chamou de "modelo de negócios multilateral", em que tanto fornecedor, quanto consumidor final, são tomadores dos serviços da plataforma.[811] Este modelo de negócios traz perplexidades à lógica linear da clássica cadeia de produção em que se desenvolveram os IVAs, mas também pode representar uma vantagem à eficiência desta técnica de tributação,

---

810. Conforme debatido no tópico 2.2.1.

811. AIRES. O labirinto tributário na nova economia: da transformação digital à odisseia fiscal. p. 7.

especialmente quando se está diante de aquisições internacionais, como será detalhado ao longo deste capítulo.

Na esfera internacional, as plataformas de comércio eletrônico permitem a aquisição de produtos importados diretamente pelo consumidor final, processo este que era extremamente complexo antes do desenvolvimento da economia digital. Com efeito, estima-se que estas pequenas importações já movimentam um trilhão de dólares globalmente.[812] E elas trazem impactos imediatos na neutralidade do IVA: as administrações tributárias usualmente estabelecem um limite de valor, abaixo do qual não se mostra economicamente viável arrecadar o IVA na importação de um bem.[813] Esta isenção encontra respaldo no princípio da eficiência tributária, pois a administração não pode incorrer em custos excessivos para assegurar a tributação,[814] mas acaba tornando as pequenas importações mais atrativas do que o consumo do produto similar nacional (já que a importação é isenta do imposto, e o similar nacional não), em clara afronta ao princípio da neutralidade tributária.[815] Muitos países já consideram inaceitável esta afronta,[816] sugerindo a eliminação da isenção.

812. OCDE. *The Role of Digital Platforms*... p. 12.

813. Segundo Tamer Budak, na União Europeia essa isenção se aplicava para a importação de bens com valor inferior a € 10,00 (ou € 22,00, se o país desejasse ampliar o limite). Contudo, em 2018 ela foi substituída por um modelo de limite anual, abaixo do qual o IVA não é cobrado da empresa exportadora (BUDAK. The Transformation of International Tax Regime:... p. 311-2). Os limites anuais de isenção são fixados pelos estados-membros, variando de € 30.000 a € 100.000 (UNIÃO EUROPEIA. O IVA nas transações transnacionais. Abr. 2018. Disponível em: https://bit.ly/3hu0FIX Acesso em: 29 maio 2020). No Brasil, cada estado tem regramento específico no que toca à isenção do imposto incidente sobre importações por consumidor final, não havendo tratamento uniforme nacional.

814. OCDE. *International VAT/GST Guidelines*. p. 24. Luís Aires indica outros fundamentos para a isenção nas importações: dar tratamento fiscal semelhante entre importações e operações internas; aproximar as isenções de IVA das aduaneiras; reconhecer benefícios fiscais previstos em acordos internacionais; e evitar situações de dupla tributação (AIRES. O labirinto tributário na nova economia: da transformação digital à odisseia fiscal. p. 39).

815. OCDE. *International VAT/GST Guidelines*. p. 32.

816. OCDE. *The Role of Digital Platforms*... p. 14.

Mas o encurtamento da cadeia de circulação de bens não impacta somente as operações internacionais propriamente ditas. Os *marketplaces* mitigaram a barreira comercial decorrente da distância física entre fornecedor e consumidor, facilitando compras remotas por não contribuinte do imposto, tanto em importações, quanto em operações internas aos mercados integrados, na modalidade não presencial.

No Brasil, nas operações interestaduais, o critério espacial do ICMS, que enfatizava a cobrança do imposto na origem, rapidamente demonstrou suas limitações para alcançar o comércio eletrônico. Contudo, o impacto econômico do comércio eletrônico foi tão grande que teve o condão de desorganizar o equilíbrio federativo do país, fomentando a promulgação da Emenda Constitucional 87/2015. Esta Emenda Constitucional limitou a competência tributária dos estados de origem, levando uma parcela maior da arrecadação do ICMS para o estado de destino.[817]

Essa alteração foi necessária porque, com o incremento do comércio eletrônico, e o consequente aumento das operações de compra e venda interestaduais por consumidor final, houve modificação do equilíbrio de receitas entre os entes da Federação. Os estados de origem começaram a concentrar arrecadação que anteriormente costumava ser auferida pelos estados de destino. Conforme salienta Kiyoshi Harada, a mudança de hábitos dos consumidores, favorecidos pelo avanço tecnológico possibilitado pelo comércio eletrônico, impulsionou a alteração constitucional de 2015.[818]

Com efeito, para evitar este desequilíbrio no pacto federativo brasileiro, a Emenda Constitucional 87/2015 determinou

---

817. VAGETTI; e SEPULCRI. Análise Crítica da EC 87/2015 e seus reflexos na denominada guerra fiscal de ICMS; GRUPENMACHER, Betina Treiger. Emenda que Disciplina a Incidência do ICMS sobre Operações Interestaduais. *Consultor Jurídico*, São Paulo, 23 abr. 2015. Disponível em: https://bit.ly/3hStJJg Acesso em: 03 set. 2019. Vide, também, o tópico 1.3.1.2.

818. HARADA, Kiyoshi. *ICMS* - Doutrina e Prática [recurso eletrônico]. 2ª ed. SP: Atlas, 2019. tóp. 2.8.

que, nas operações que remetam bens para consumidor final, sempre cabe ao estado de destino o imposto correspondente à diferença entre a alíquota interna do estado de origem e a alíquota interestadual.[819] Este exemplo deixa claro não só o encurtamento da cadeia produtiva, como também o potencial de impacto da economia digital sobre a tributação: a perda de arrecadação dos estados de destino foi de tal monta, que estes se mobilizaram, e asseguraram a aprovação de uma Emenda à Constituição, a fim de proteger seus interesses financeiros.

Contudo, a alteração constitucional do critério espacial do ICMS também representou custos de *compliance* para o fornecedor que utiliza o comércio eletrônico para viabilizar suas vendas. Este fornecedor passou da condição de contribuinte em um único estado da Federação – o estado onde está seu estabelecimento – para a condição de contribuinte em potencialmente todos os estados – os estados onde estão seus clientes. Uma das formas de mitigar o incremento deste custo de conformidade será analisada no tópico 4.1.

No tópico 4.2, por sua vez, serão estudadas as especificidades das plataformas de economia compartilhada, que também permitem o encurtamento da cadeia de circulação. Tanto na esfera internacional, quanto no âmbito interno, as transações intermediadas por estas plataformas facilitam operações entre dois não contribuintes do IVA, na modalidade *consumer-to-consumer* (C2C).[820] Portanto, pode haver discussão acerca da incidência do IVA nestas operações. Quando se adota uma interpretação restritiva do conceito de contribuinte do IVA – como ocorre no ICMS brasileiro[821] – dificilmente haverá a incidência do imposto, em clara afronta à neutralidade tributária. Já quando os sujeitos passivos do IVA são definidos de forma

819. Até então, a diferença entre a alíquota interna do estado de origem e a alíquota interestadual competia ao estado de destino somente nas operações B2B. Nas operações B2C, o ICMS era devido integralmente ao estado de origem, como debatido no tópico 1.3.1.2.

820. VERDI. Economía Digital y Tributación. p. 44.

821. Vide o tópico 1.3.2.1.

ampla, como ocorre na União Europeia, em tese, há a possibilidade de incidência tributária, ainda que existam problemas operacionais de fiscalização e controle para viabilizá-la.

## 4.1 A proposta da OCDE para fazer frente à alteração das cadeias produtivas – a responsabilização dos *marketplaces*

O incremento da mobilidade dos bens – tangíveis ou intangíveis – é consequência direta do comércio eletrônico, que tornou dispensável a proximidade física entre alienante e adquirente, modificando a cadeia de consumo. Para assegurar a incidência tributária de forma neutra e eficiente nesses casos, a OCDE vislumbrou um modelo de exigibilidade do IVA que se afasta tanto da atribuição de responsabilidade ao adquirente,[822] quanto da dependência do pagamento espontâneo pelo alienante.[823] Nas vendas transfronteiriças, com o intermédio de *marketplaces*, a organização internacional recomenda que se imponha a sujeição passiva pelo pagamento do IVA aos intermediários que, de alguma forma, estão envolvidos na cadeia de fornecimento dos bens tangíveis e intangíveis digitais.[824] Como será demonstrado, a OCDE pressupõe que a plataforma está inserida na cadeia de circulação do bem, como se ela mesmo tivesse feito a venda ao consumidor final.[825]

Esta responsabilização pode ser adotada para facilitar a incidência do IVA tanto em operações internacionais propriamente ditas, quanto em operações internas a um mercado integrado (transferências interestaduais, no Brasil; ou entre dois países-membros, na União Europeia). Em ambos os casos, o modelo se mostra especialmente útil nas vendas B2C. Nas vendas para contribuinte do imposto, a responsabilização do adquirente pelo

822. Objeto do tópico 3.2.1.

823. Como analisado no tópico 3.2.2.

824. OCDE. *The Role of Digital Platforms*... p. 25.

825. Ibid. p. 47.

pagamento do IVA devido na venda à distância usualmente traz resultados satisfatórios, como já analisado acima.

No modelo proposto pela OCDE, a responsabilização do intermediário digital pode tanto decorrer de obrigação contratual estabelecida entre o fornecedor do bem e o intermediário, quanto de imposição por parte da autoridade tributária.[826] Aqui, se analisará com mais detalhes a segunda hipótese de responsabilização, já que os ajustes voluntários entre fornecedor e intermediário não têm o condão de criar um sistema cogente de cobrança do IVA nas operações de comércio eletrônico.[827] Para a OCDE, quando a autoridade tributária determina a responsabilidade de terceiro, ela deve responsabilizar as plataformas de comércio eletrônico,[828] e não outros intermediários que não estão diretamente envolvidos com a cadeia de fornecimento do bem – tais como meios de pagamento e provedores de acesso à internet.[829]

De certa forma, a responsabilização dos *marketplaces* é um refinamento da ideia de que deve haver retenção na fonte dos tributos devidos nas transações digitais, quando o fornecedor não for residente do país competente para exigir o IVA. Com efeito, e conforme leciona Clotilde Celorico Palma, a Comunicação da Comissão Europeia sobre "Um sistema fiscal equitativo e eficaz na União Europeia para o Mercado Único Digital", de 21 de setembro de 2017, propõe algumas alternativas de adaptação do sistema tributário à economia digital, dentre as quais a retenção na fonte dos tributos, quando houver o pagamento para não residentes na UE.[830] Como se verá adiante, no modelo

826. Ibid. p. 26.

827. No Brasil, estes ajustes sequer são oponíveis à administração tributária, na forma do art. 123 do Código Tributário Nacional.

828. Márcio F. Verdi indica, como possíveis responsáveis tributários, além das plataformas de comércio eletrônico, as empresas de logística, os serviços postais ou os intermediários financeiros (VERDI. Economía Digital y Tributación. p. 47).

829. OCDE. *The Role of Digital Platforms*... p. 26.

830. PALMA. A tributação da economia digital e a evolução recente na União Europeia.

proposto pela OCDE – e já acolhido pela União Europeia – a plataforma de comércio eletrônico, na condição de intermediária digital, em algumas situações retém o IVA devido, e repassa aos cofres públicos do país de destino.

Com enfoque ligeiramente distinto, mas seguindo a mesma lógica de responsabilização do intermediário pelo pagamento do IVA, Marie Lamensch defendeu a responsabilização das instituições financeiras.[831] Segundo a autora, todas as operações que se dão por intermédio de uma plataforma eletrônica são pagas a partir de um meio eletrônico de pagamento.[832] A administração tributária poderia impor a este meio eletrônico de pagamento a obrigação de calcular e arrecadar o imposto devido. Nesse modelo, o adquirente do bem ou serviço pagaria o valor total deste (preço final, incluindo o IVA), e a própria instituição financeira separaria o montante devido ao fornecedor, e o montante de IVA.[833] Ou seja, todo o custo de *compliance* tributário seria transferido à instituição financeira, na condição de terceira responsável pelo pagamento do imposto.

Como bem pontuado por Lamensch, esta atribuição de responsabilidade não é algo novo para os bancos.[834] No Brasil, por exemplo, as instituições financeiras são responsáveis pela retenção e arrecadação do imposto de renda devido sobre o rendimento de aplicações financeiras, para citar apenas um exemplo.[835]

---

831. LAMENSCH. Are 'reverse charging' and the 'one-stop-scheme' efficient ways to collect VAT on digital supplies? p. 15.

832. Ibid. loc. cit.

833. Ibid. p. 15-6.

834. Ibid. p. 16.

835. Nos termos do art. 801 do Decreto 9.580/2018 (BRASIL. Decreto nº 9.580, de 22 de novembro de 2018. Regulamenta a tributação, a fiscalização, a arrecadação e a administração do Imposto sobre a Renda e Proventos de Qualquer Natureza. DOU 23 nov. 2018. Disponível em: https://bit.ly/3wuuhKw Acesso em: 22 maio 2020). Segundo Luisa Scarcella, é usual atribuir aos bancos a responsabilidade pelo pagamento do imposto de renda sobre os rendimentos de aplicações financeiras, precisamente porque eles têm mais condições de calcular o imposto devido do que os próprios contribuintes, o que nem sempre ocorre nos casos do IVA devido no comércio eletrônico (SCARCELLA, Luisa. E-commerce and effective VAT/GST

Daniel Vitor Bellan também analisa a responsabilização do intermediário financeiro. O autor entende ser inadequada a responsabilização das administradoras de cartões de crédito pelo pagamento do ICMS ou do ISS devido nas vendas *on-line* de bens ou de serviços, dadas as particularidades do sistema jurídico tributário brasileiro. Bellan expõe que, no Brasil, a responsabilidade tributária dependerá sempre de expressa previsão legal, e poderá recair sobre pessoas vinculadas ao fato gerador, nos termos do art. 128 do Código Tributário Nacional.[836] Prosseguindo seu raciocínio, entende que as administradoras de cartão de crédito não têm vínculo com o fato gerador do ICMS ou do ISS devido nas operações de comércio eletrônico, não tendo conhecimento da natureza da operação, de modo que não teriam como calcular e reter o imposto devido,[837] sendo impraticável a responsabilização.

Bellan constrói seu raciocínio com base em decisão do Superior Tribunal de Justiça de 1995, que afastou a responsabilidade das operadoras de cartão de crédito pelo pagamento do ISS devido ao município do Rio de Janeiro, decorrente dos serviços prestados por estabelecimentos a elas filiados.[838] Contudo, como bem destaca o autor, a referida decisão foi proferida por maioria, sem análise pormenorizada do instituto da responsabilidade tributária.[839]

Passadas mais de duas décadas desde a decisão do STJ, o Brasil se depara com nova tentativa de responsabilizar as

---

enforcement: Can online platforms play a valuable role? *Computer Law & Security Review*. Amsterdam: Elsevier. vol. 36, p. 5, abr/2020. Disponível em: https://bit.ly/3xzmD2T Acesso em: 21 jun. 2020).

836. BELLAN, Daniel. Vitor. Comércio Eletrônico e Responsabilidade Tributária das Administradoras de Cartão de Crédito. *In*: SCHOUERI, Luís Eduardo. *Internet* – O Direito na Era Virtual. 2ª ed. RJ: Forense, 2001. p. 197.

837. Ibid. p. 207.

838. BRASIL, Superior Tribunal de Justiça (1ª Turma). *Recurso Especial nº 55.346/RJ*, Relator(a) Min. Milton Luiz Pereira. Julgado em 25 out. 1995, DJ 12 fev. 1996.

839. BELLAN. Comércio Eletrônico e Responsabilidade Tributária das Administradoras de Cartão de Crédito. p. 203.

administradoras de cartão de crédito. Em 2020, o estado do Rio de Janeiro legislou sobre a responsabilidade dos intermediários financeiros, inclusive as operadoras de cartão de crédito. Nos termos da Lei Estadual 2.657/1996, esses intermediários são responsáveis pelo pagamento do ICMS devido nas operações com mercadorias digitais, em duas situações: quando a plataforma em que é fornecida a mercadoria digital não efetua a transação financeira, ou quando houver operação de importação.[840]

A par das experiências do Rio de Janeiro, não se tem conhecimento de outra tentativa de responsabilização dos meios de pagamento pelo recolhimento do ICMS ou do ISS, em operações de comércio eletrônico. Portanto, em regra, o sistema jurídico brasileiro se alinha às premissas da OCDE, afastando-se da responsabilização dos intermediários financeiros, uma vez que eles não estão diretamente envolvidos com a cadeia de fornecimento do bem ou do serviço, não tendo condições fáticas de assumir a responsabilidade tributária, pois não teriam como calcular o imposto devido.

Outra razão para não imputar às instituições financeiras a reponsabilidade pelo pagamento do IVA devido em vendas remotas decorre do fato de que esta responsabilização pode estimular uma fuga dos intermediários financeiros. Estes intermediários não são essenciais, já que o pagamento pode ser feito por outros meios, sem a intervenção de uma instituição financeira. As plataformas de comércio eletrônico podem

840. Conforme disposto no art. 18, VIII, *b* e *d*, da Lei Estadual 2.657/1996, na redação dada pela Lei Estadual 8.795/2020 (RIO DE JANEIRO. Lei nº 2.657, de 26 de dezembro de 1996. Dispõe sobre o Imposto Sobre Circulação de Mercadorias e Serviços. DOE: 27 dez. 1996; RIO DE JANEIRO. Lei 8.795, de 17 de abril de 2020. Altera a Lei 2.657, de 26 de dezembro de 1996, para disciplinar a sujeição passiva nas hipóteses de operações com bens e mercadorias digitais e não digitais e de prestações de serviço de comunicação realizadas por pessoa jurídica detentora de site ou de plataforma eletrônica. DOE: 20 abr. 2020). Todos os artigos da Lei Estadual 8.795/2020 que interessam aqui tiveram sua constitucionalidade questionada perante o Tribunal de Justiça do Estado do Rio de Janeiro, em ADI ajuizada em 23/06/2020, ainda pendente de decisão (RIO DE JANEIRO. Tribunal de Justiça do Estado (Órgão Especial) *ADI 0040214-33.2020.8.19.0000*. Rel. Des. Leila Maria Rodrigues Pinto de Carvalho e Albuquerque).

aceitar criptomoedas, por exemplo,[841] fugindo do sistema financeiro oficial.

Ademais, há métodos de pagamento institucionalizados pelo sistema financeiro, a partir dos quais os bancos não têm condições de aferir o domicílio do adquirente. Por consequência, não podem ser responsabilizados pelo pagamento do IVA. É o que ocorre com a emissão de um boleto bancário, uma transferência bancária ou mesmo um Pix. Sobre estas formas de pagamento, é interessante notar que exigir o pagamento por transferência bancária – algo relativamente frequente na realidade brasileira – é considerado um indicativo de comportamento fraudulento por Lamensch,[842] exatamente por inviabilizar o controle propiciado pelo uso de outros meios de pagamento, tais como o cartão de crédito.

Diante destas dificuldades em atribuir a responsabilidade aos meios de pagamento, parece acertada a diretriz da OCDE, de que a responsabilização pelo pagamento do IVA em operações transfronteiriças não recaia sobre eles. Contudo, isso não afasta a possibilidade de identificar outros sujeitos, na cadeia de valor, que possam assumir a responsabilidade pelo imposto, conforme já sugerido por Bellan.[843] Na proposta da OCDE, estes intermediários são as plataformas de comércio eletrônico, que exercem o papel de "lojas" no ambiente virtual,[844] presumindo-se sua inserção na cadeia de consumo.

841. Sobre o uso de criptomoedas como meio de pagamento, vide, dentre muitas outras, a notícia de que as plataformas iFood, Evino e Rappi aceitam pagamentos em *bitcoin* (GREGORIO, Rafael. Bitcoin poderá ser usado para compras no iFood, Evino e Rappi. 29 ago. 2020. Disponível em: https://glo.bo/3yLGCM7 Acesso em: 22 set. 2020). Da mesma forma, as gigantes de tecnologia Dell, Microsoft e Amazon permitem este meio de pagamento (COINTIMES. O que comprar usando bitcoin? Veja uma lista de opções. 2018. Disponível em: https://bit.ly/3qXcbjk Acesso em: 22 set. 2020).

842. LAMENSCH. Are 'reverse charging' and the 'one-stop-scheme' efficient ways to collect VAT on digital supplies? p. 16.

843. BELLAN. Comércio Eletrônico e Responsabilidade Tributária das Administradoras de Cartão de Crédito. p. 207.

844. OCDE. *The Role of Digital Platforms*... p. 12. Vide, também: LUCIANO.

Imputar a responsabilidade tributária aos *marketplaces* é uma solução para reduzir as barreiras comerciais decorrentes da complexidade de arrecadar IVA em um cenário internacional, especialmente no caso de fornecimento de bens por pequenos e médios negócios.[845] As pequenas empresas, que utilizam as plataformas de comércio eletrônico como intermediários nas suas operações, dificilmente conseguem cumprir com as obrigações tributárias de forma global,[846] o que pode configurar uma barreira comercial à exportação de seus produtos.[847] Nessa linha, a atribuição de responsabilidade ao intermediário digital seria uma forma de assegurar a neutralidade tributária, na medida em que o custo de conformidade para pagar o IVA no estado de destino deixaria de servir de barreira aos pequenos fornecedores estrangeiros.

Sob outro enfoque, a justificativa para a responsabilização das plataformas de comércio eletrônico é a mesma que classicamente se dá para defender outras modalidades de responsabilização de terceiros, tais como a substituição tributária:[848] a responsabilização do terceiro reduz os riscos de inadimplemento, que são inerentes à pulverização dos fornecedores de determinado bem, na medida em que a fiscalização se concentra em um número limitado de plataformas,[849]

Consolidação de Componentes de Modelos de Negócios para o Comércio Eletrônico de Produtos Virtuais. p. 70.

845. OCDE. *The Role of Digital Platforms*... p. 30.

846. Adotando raciocínio semelhante, ainda que em outro contexto, Caliendo defende a utilidade da responsabilidade de terceiros, na modalidade substituição tributária, como fator de simplificação da arrecadação tributária de setores desorganizados, e com pouco conhecimento do sistema tributário (CALIENDO. *Curso de Direito Tributário*. p. 556-7).

847. OCDE. *International VAT/GST Guidelines*. p. 76.

848. SILVA NETO, Antônio Carlos da. *Substituição Tributária Progressiva no ICMS* – Fundamentos e Controvérsias. POA: Sérgio Fabris, 2019. p. 55-60.

849. OCDE. *The Role of Digital Platforms*... p. 46. Sobre a utilidade desta concentração, vide: PAULSEN, Leandro. *Curso de Direito Tributário Completo*. 11ª ed. SP: Saraiva, 2020. p. 236.

aumentando a praticabilidade da tributação.[850] Corroborando esta justificativa, menciona-se que o mercado de *e-commerce* é extremamente concentrado em torno de poucas plataformas. Segundo dados da Comissão Europeia, por exemplo, 57% das vendas transfronteiriças de bens ocorridas em 2016 tiveram, como intermediário, apenas três plataformas.[851]

Por outro lado, considerando a novidade e a velocidade com que os arranjos de consumo do século XXI evoluem, as incertezas sobre a modelagem da responsabilização do terceiro são ainda maiores do que em um contexto em que as cadeias de valor já estão bem consolidadas. Com efeito, a própria definição de plataforma de comércio eletrônico é equívoca, e tende a se modificar rapidamente.[852] Por este motivo, a OCDE deixa em aberto a definição do que considera uma "plataforma digital" (ou *marketplace*),[853] sugerindo que os países que optem por responsabilizar o intermediário digital elaborem listas indicativas dos requisitos que entendem ne-

850. Sobre o conceito de praticabilidade da tributação, vide: FERRAGUT, Maria Rita. *Responsabilidade Tributária.* 4ª ed. SP: Noeses, 2020, p. 39; ÁVILA, Humberto. Imposto sobre a Circulação de Mercadorias – ICMS. Substituição Tributária. Base de Cálculo. Pauta Fiscal. Preço Máximo ao Consumidor. Diferença Constante entre o Preço Usualmente Praticado e o Preço Constante da Pauta ou o Preço Máximo ao Consumidor Sugerido pelo Fabricante. Exame de Constitucionalidade. *Revista Dialética de Direito Tributário.* SP, n. 123, p. 124, dez/2005.

851. SCARCELLA. E-commerce and effective VAT/GST enforcement:... p. 2. Detalhando mais o tema, a Comissão Europeia informa que uma parcela significativa do comércio transfronteiriço de intangíveis digitais é feita a partir de plataformas, as quais assumem praticamente todas as obrigações tributárias dos fornecedores destes serviços (UNIÃO EUROPEIA. European Commission. Proposals for a Council Directive, a Council Implementing Regulation and a Council Regulation on Modernising VAT for cross-border B2C e-Commerce. 01 dez. 2016. Disponível em: https://bit.ly/3e3vkdZ Acesso em: 29 jun. 2020. p. 74). Sobre a concentração do mercado nas relações de consumo do século XXI, vide, ainda, o tópico 2.3.2.

852. OCDE. *The Role of Digital Platforms...* p. 26.

853. Para Luisa Scarcella, o termo "plataforma digital" deve ser usado para se referir ao gênero que engloba todos os atores essenciais para viabilizar uma venda *on-line*. A plataforma poderá ser responsabilizada pelo pagamento do imposto se tiver informações suficientes e precisas para calcular o IVA, e se tiver os meios para arrecadar o imposto, quando do pagamento (SCARCELLA. E-commerce and effective VAT/GST enforcement:... p. 6).

cessários para que os *marketplaces* assumam a condição de responsáveis pela arrecadação do IVA. Dessa forma, a organização internacional pretende dar segurança jurídica aos intermediários digitais.[854]

Alguns países já estão implementando esta responsabilização. Como pontuado pela OCDE, a União Europeia e a Austrália responsabilizam a plataforma de comércio eletrônico, notadamente quando se está diante de pequenas importações de bens,[855] os quais devem pagar IVA, mas não se submetem ao pagamento de impostos aduaneiros, por estarem abaixo do limite de isenção destes impostos. Ao responsabilizar as plataformas pelo IVA nesses casos, os países podem simplificar o processo de desembaraço aduaneiro das mercadorias, liberando a capacidade dos agentes alfandegários para tarefas mais relevantes.[856] Ademais, a adoção desta modalidade de responsabilidade tributária permite que se elimine a isenção do IVA incidente nas importações de baixíssimo valor, assegurando a efetiva neutralidade do imposto.[857] No Brasil, alguns estados legislaram recentemente sobre o tema da responsabilização dos *marketplaces*.[858] No país, esta nova responsabilização costuma ocorrer não só nas importações, como também nos casos de vendas internas, como será analisado a seguir.

Antes de proceder à análise dos casos práticos, contudo, algumas distinções são necessárias, para bem delimitar a proposta da OCDE.

---

854. OCDE. *The Role of Digital Platforms...* p. 27.

855. Ibid. p. 15.

856. Ibid. p. 40.

857. Ibid. p. 46.

858. Em matéria no Jornal *Valor Econômico*, Beatriz Olivon indica que Bahia, Ceará, Mato Grosso e Rio de Janeiro já têm leis sobre o tema (OLIVON, Beatriz. Estados responsabilizam plataformas on-line por inadimplência de lojistas. *Valor Econômico*. 27 abr. 2020. Disponível em: https://glo.bo/3hXY6y5 Acesso em: 27 abr. 2020).

- Primeiramente, a proposta da OCDE foca no comércio internacional propriamente dito,[859] tendo escopo muito mais limitado do que o que vem sendo proposto no Brasil, onde se responsabiliza as plataformas de comércio eletrônico também por operações internas e interestaduais. Não obstante, a organização internacional reconhece que pode ser difícil distinguir, em um contexto virtual, quando o fornecedor está estabelecido fora ou dentro do território onde deve ser pago o IVA, motivo pelo qual entende que pode ser interessante a responsabilização ampla das plataformas, em todos os casos de fornecimentos que as utilizam como intermediárias na operação.[860] Com efeito, e como bem aponta Luisa Scarcella, não só o fisco, mas as próprias plataformas podem operar em uma zona de dúvidas acerca do real domicílio do consumidor final, especialmente quando se trata do fornecimento de intangíveis,[861] motivo pelo qual a responsabilização ampla pode ser preferível.

- Em segundo lugar, a proposta da OCDE busca dar uma resposta tanto aos casos de comércio de bens tangíveis através de plataformas digitais,[862] como para o comércio de intangíveis e serviços.[863] Nesse contexto, a responsabilização das plataformas pelo pagamento do IVA devido nas operações com bens intangíveis e serviços – que é a que apresenta maiores dificuldades de controle – se mostra menos complexa, pois não envolve controle aduaneiro.[864] Por este motivo, a maior parte dos países que já responsabi-

859. OCDE. *The Role of Digital Platforms*... p. 12.

860. Ibid. p. 29.

861. SCARCELLA. E-commerce and effective VAT/GST enforcement:... p. 6.

862. OCDE. *The Role of Digital Platforms*... p. 26.

863. Ibid. p. 29.

864. Ibid. p. 26.

lizam as plataformas se limitam a responsabilizá-las quando há prestação de serviço ou fornecimento de intangíveis de forma remota.[865]

- Em terceiro lugar, a OCDE recomenda que as plataformas sejam responsabilizadas nos casos de vendas para não contribuintes de IVA,[866] especialmente quando o valor da operação está abaixo do limite para isenção de impostos de importação.[867] Nas vendas para contribuintes, o próprio adquirente será responsabilizado pelo pagamento do IVA;[868] e nas vendas de bens tangíveis com valor acima do limite de isenção de imposto de importação, o IVA seria arrecadado durante o processo de desembaraço aduaneiro.[869]

- Em quarto lugar, a OCDE analisa três modelos de responsabilização: 1) o de responsabilização exclusiva da plataforma de comércio eletrônico,[870] que se presume inserida na cadeia de circulação do bem, e passa a pagar o IVA devido, na condição de sujeito passivo; 2) o de atribuição, à plataforma, de deveres de colaboração para com a fiscalização tributária;[871] e 3) o de responsabilização subsidiária desta.[872] A organização internacional admite que o primeiro modelo representa uma quebra de paradigmas muito

865. OCDE. *The Role of Digital Platforms*...p. 29.

866. Ibid. p. 32.

867. Ibid. p. 44.

868. Vide o tópico 3.2.1.

869. SCARCELLA. E-commerce and effective VAT/GST enforcement:... p. 6.

870. OCDE. *The Role of Digital Platforms*... p. 21.

871. Ibid. p. 50.

872. Ibid. p. 62. No sistema jurídico-tributário brasileiro, a responsabilização subsidiária é prevista no art. 128 do CTN, e pode ser atribuída como "decorrência do descumprimento de uma obrigação sua de colaboração para com o Fisco", como leciona Leandro Paulsen (PAULSEN. *Curso de Direito Tributário Completo*. p.232).

grande para a maioria dos sistemas tributários, e que os países podem preferir escolher uma alternativa mais conservadora,[873] motivo pelo qual apresenta os outros dois modelos, menos invasivos.

Passa-se, nos tópicos a seguir, a analisar cada um desses três modelos de responsabilização, ilustrando-os com as experiências do Brasil e da União Europeia.

### *4.1.1 A responsabilização exclusiva do intermediário digital*

O primeiro modelo sugerido pela OCDE coloca as plataformas de comércio eletrônico dentro da cadeia de circulação dos bens tangíveis ou intangíveis. Da forma como a OCDE vislumbra esta responsabilização, as plataformas são inseridas na cadeia de circulação do bem, pressupondo-se, para fins fiscais, que elas receberam este bem em seus estabelecimentos, e o venderam para o consumidor final.[874] Por consequência, as plataformas devem pagar não só o IVA próprio – devido pela atividade de intermediação –, como também o IVA que seria devido pelo comerciante/prestador de serviços que usou seus serviços de intermediação. No Brasil, este enfoque apresenta grandes dificuldades, já que os *marketplaces* vêm sendo considerados contribuintes de ISS,[875] e, por consequência, não estão inseridos na cadeia de circulação do ICMS.

Por outro lado, em países que adotam IVAs de base ampla, a proposta da OCDE mitiga os efeitos da ruptura na cadeia de circulação do IVA, ruptura esta que sempre ocorre nas operações internacionais. Com efeito, com o vendedor do bem (A) faturando a operação em nome do *marketplace* (B), e este efetuando a venda subsequente para o consumidor

873. OCDE. *The Role of Digital Platforms...* p. 23.

874. Ibid. p. 24.

875. Conforme exposto no tópico 3.1.1.

final (C), se a plataforma atuar como parceira da administração pública, o espaço para fraudes parece diminuir, como será visualizado nas figuras a seguir. Contudo, mesmo diante da formulação desta operação fictícia de circulação de mercadorias, o modelo deixa brechas, ou para a redução da incidência do IVA, ou para a cumulatividade residual, a depender do local de estabelecimento da plataforma de comércio eletrônico.

Para boa visualização dos problemas que podem ocorrer, a seguir são traçados quatro cenários de possíveis operações de vendas internacionais de bens, cada qual com vantagens e desvantagens. Em todos os cenários, simulou-se uma operação de venda para consumidor final, já que, nos termos expostos no tópico 3.2.2, esta é a que permanece menos estruturada e mais suscetível a fraudes nas relações de consumo do século XXI. Para os propósitos deste tópico, considerando-se que a plataforma de comércio eletrônico assume a responsabilidade de arrecadar o imposto, é indiferente se a operação é de circulação de bens tangíveis ou intangíveis. Em ambos os casos, a efetiva arrecadação do IVA depende da colaboração da plataforma com a administração tributária do estado de destino.

No primeiro cenário, demonstrado na Figura 2, a plataforma de comércio eletrônico (B) tem estabelecimentos tanto no país de origem (estabelecimento do vendedor A), quanto no país de destino (domicílio do consumidor C). Assim, o vendedor (A) paga IVA no seu país de origem, gerando créditos para o *marketplace* (B). Ao efetuar a operação internacional, a plataforma (B) efetua uma saída de mercadoria não tributada, acumulando créditos no país de origem. No ingresso da mercadoria no país de destino, a plataforma (B) paga o IVA integral, sobre o valor da operação, e, depois, efetua outra saída tributada, entregando o bem ao consumidor (C).

**Figura 2** - compra e venda internacional com plataforma estabelecida nos países de origem e destino. IVA de 15% em ambos os países. Comissão do *marketplace*: 10%.

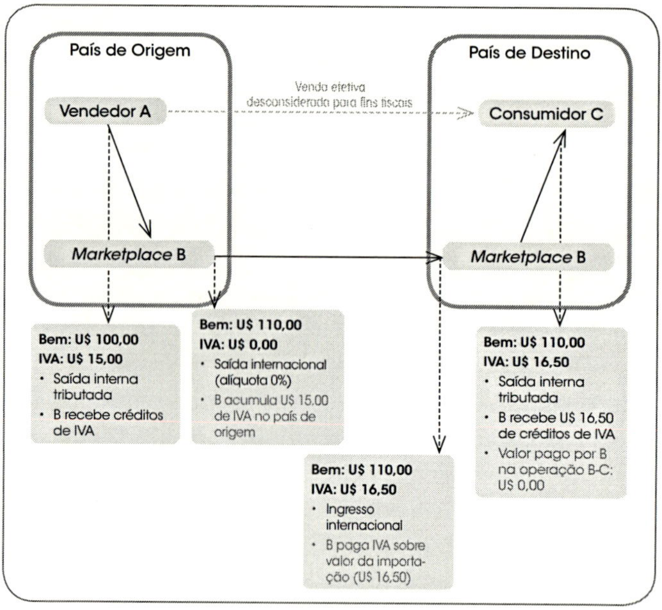


Fonte: a autora (2020).

Esta operação pode representar problemas de fluxo de caixa para a plataforma de comércio eletrônico (B),[876] que pode encontrar dificuldades em receber os créditos

876. OCDE. *The Role of Digital Platforms...* p. 24. No caso de bem intangível, os estados-membros da União Europeia podem determinar que o IVA europeu seja exigido no momento em que perfectibilizado o pagamento, que usualmente ocorre antes da entrega do bem, nos termos do art. 66° da Diretiva 2006/112/CE do Conselho. A partir de julho de 2021, o mesmo critério temporal será adotado para vendas de bens, com intermédio de plataformas, conforme os arts. 66°-A e 369°-N da Diretiva 2006/112/CE do Conselho, na redação dada pela Diretiva 2017/2455 do Conselho (UNIÃO EUROPEIA. Diretiva 2017/2455 do Conselho, de 05 dez. 2017. Altera a Diretiva 2006/112/CE e a Diretiva 2009/132/CE no que diz respeito a determinadas obrigações relativas ao imposto sobre o valor acrescentado para as prestações de serviços e as vendas à distância de bens. JO 29 dez. 2017. Disponível em: https://bit.ly/3hOGvcU Acesso em: 19 jul. 2021).

acumulados no país de origem, por exemplo. Contudo, do ponto de vista de garantia da efetiva arrecadação, o cenário parece bastante seguro. Considerando-se que a plataforma está estabelecida no país de destino, este tem condições de exercer seu poder de fiscalização sobre ela.

No outro extremo, visualizado na Figura 3, a plataforma (B) não tem estabelecimento nem no país de origem (estabelecimento do vendedor A), nem no país de destino (domicílio do consumidor C). Nesse caso, o vendedor (A) fará uma operação de exportação de mercadoria para a plataforma (B). Haverá uma operação de venda de mercadoria para contribuinte do imposto, de modo que a plataforma (B) deve pagar o IVA devido no desembaraço aduaneiro desta mercadoria no seu país de estabelecimento.[877] Contudo, a mercadoria não ingressa fisicamente no país do estabelecimento da plataforma (B), não ocorrendo o desembaraço aduaneiro no país intermediário.

Aqui, o problema maior decorre da complexidade de se inserir um terceiro país, que aparentemente não guarda relação com a cadeia de circulação daquela mercadoria em especial, na cadeia do IVA. Não há IVA devido no país (B) – já que o eventual IVA devido no ingresso será restituído na saída da mercadoria –, mas uma parte do custo de *compliance* tributário acontece lá. Por outro lado, só haverá efetiva neutralidade no trânsito fictício da mercadoria pelo país intermediário, se este país restituir o IVA pago no ingresso do bem importado. Ou seja, um regime especial, diverso do mecanismo de créditos e débitos, teria que ser atribuído aos *marketplaces*, para evitar que a plataforma tenha problemas de fluxo de caixa.[878] Além disso, o risco de inadimplemento tributário é maior, considerando-se que a autoridade tributária, estabelecida no

877. Vide o tópico 3.2.1.

878. PAPIS-ALMANSA, Marta. VAT and electronic commerce: the new rules as a means for simplification, combatting fraud and creating a more level playing field? *ERA Forum* [recurso eletrônico]. v. 20, p. 201–223, out. 2019. Disponível em: https://bit.ly/3yHlsi5 Acesso em: 03 jul. 2020.

país (C), não tem poder coercitivo sobre a plataforma, situada no país (B), como reconhecido pela OCDE.[879]

**Figura 3** - compra e venda internacional com plataforma estabelecida em país intermediário. IVA de 15% em todos os países. Comissão do *marketplace*: 10%.

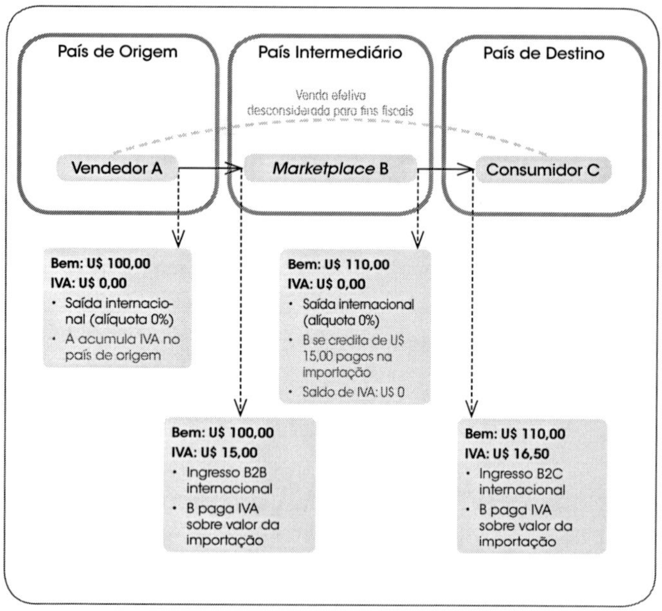


Fonte: a autora (2020).

Em uma situação intermediária entre estes dois extremos, demonstrada na Figura 4, imagina-se o cenário em que a plataforma (B) está estabelecida no país de origem (estabelecimento do vendedor A), mas não tem presença no país de destino (domicílio do consumidor C). Este caso é semelhante ao primeiro cenário, com a única diferença que o *marketplace* (B), por não ter presença física no país (C), pode ter algumas dificuldades para cumprir obrigações tributárias em um país estrangeiro. A ausência de estabelecimento da plataforma (B)

879. OCDE. *The Role of Digital Platforms*... p. 29.

no país de destino também representa um maior risco de inadimplemento, como retratado no segundo cenário.

**Figura 4** - compra e venda internacional com plataforma estabelecida no país de origem. IVA de 15% em ambos os países. Comissão do *marketplace*: 10%.

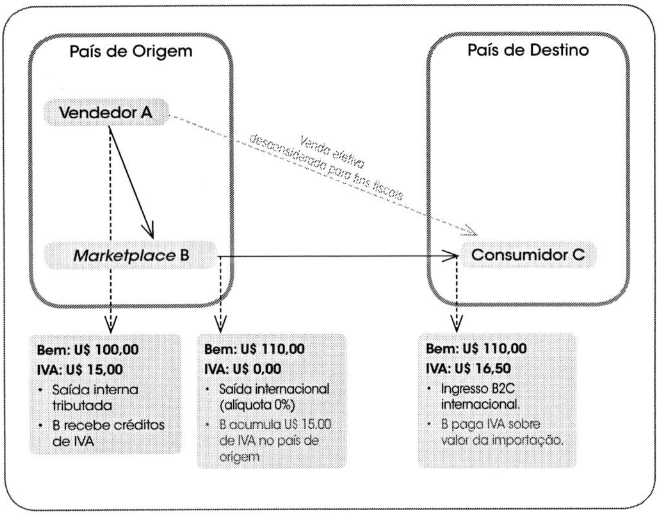


Fonte: a autora (2020).

Por fim, o quarto cenário (retratado na Figura 5) parece ser o mais usual na realidade brasileira: se a plataforma (B) não tiver estabelecimento no país de origem (estabelecimento do vendedor A), mas estiver estabelecida no país de destino (domicílio do consumidor C), o vendedor (A) fará uma operação de exportação de mercadoria para a plataforma (B), nos mesmos moldes do segundo cenário. Contudo, ao contrário do que aconteceu naquela situação, a plataforma (B), que está estabelecida no país de destino, arrecada o IVA para o seu próprio país, quando do desembaraço aduaneiro. Em seguida, efetua a etapa subsequente de circulação da mercadoria ao consumidor final (C), uma operação que é estritamente interna àquele país.

**Figura 5** - compra e venda internacional com plataforma estabelecida no país de destino. IVA de 15% em ambos os países. Comissão do *marketplace*: 10%.

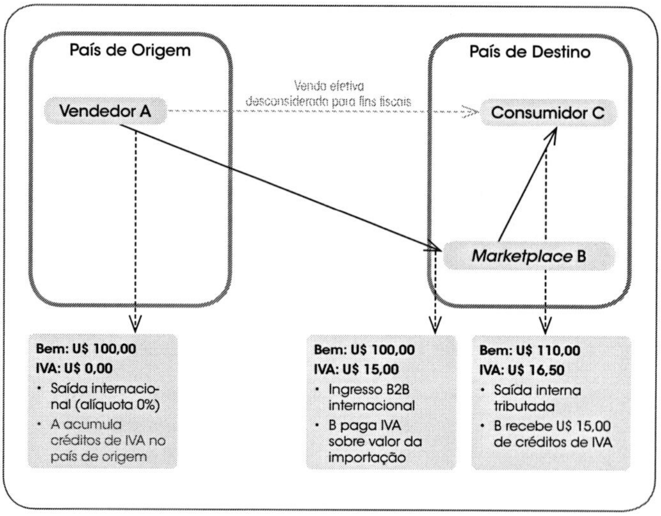


Fonte: a autora (2020).

Todos esses cenários foram traçados pressupondo que a plataforma de comércio eletrônico está inserida na cadeia de circulação do bem, recebendo o valor integral do consumidor (C), e repassando ao vendedor (A) a sua remuneração, líquida da comissão devida à plataforma (B). Contudo, em algumas situações a plataforma (B) não presta serviços financeiros, de modo que o consumidor (C) paga diretamente para o vendedor (A). Nesses casos, a plataforma (B) se limita a viabilizar o contato entre as partes que celebram a compra-e-venda, recebendo uma comissão pelos serviços prestados.

Por consequência, a responsabilização do intermediário digital se torna ainda mais delicada. Como o *marketplace* não recebe todo o dinheiro, mas só sua comissão, ele dificilmente pode figurar como responsável tributário. Caso se atribua responsabilidade pelo pagamento do IVA à plataforma, ela terá que recuperar, junto ao fornecedor (A), todas as informações necessárias para calcular o IVA devido na operação, como destacado pela OCDE.[880] Terá, ainda, que cobrar do vendedor (A) o valor do IVA, juntamente com a sua comissão. Evidentemente, nessa situação, a plataforma se expõe a maiores riscos de inadimplemento, por parte do vendedor (A).[881]

Portanto, percebe-se que o modelo de responsabilização exclusiva do intermediário digital apresenta problemas de consistência, deixando espaço para fraudes ou para cumulatividade e quebra da neutralidade do IVA, a depender da modelagem da operação desenvolvida pelas plataformas de comércio eletrônico, como visto nos quatro cenários descritos acima. Ademais, o custo de conformidade das plataformas aumenta muito, já que, na prática, elas precisam calcular e arrecadar o IVA, em substituição aos fornecedores, com base nas legislações de inúmeros países. Ademais, os *marketplaces* nem sempre terão informações suficientemente detalhadas do bem comercializado, de modo que teriam dificuldades para calcular o imposto devido.[882]

Contudo, apesar dos problemas identificados, a responsabilização dos *marketplaces* também representa avanços em relação ao modelo atualmente existente,[883] na medida em que desonera os pequenos e médios empresários do dever de declarar e arrecadar IVA para todos os países para os quais exportam seus produtos; bem como concentra a fiscalização tributária sobre poucos intermediários (as plataformas de comércio eletrônico).

---

880. OCDE. *The Role of Digital Platforms...* p. 25.

881. SCARCELLA. *E-commerce and effective VAT/GST enforcement:...* p. 7.

882. BAL, Aleksandra. Online Marketplaces and EU VAT: Global Reach but Compliance Still Local. *Kluwer International Tax Blog*. 26 fev. 2020. Disponível em: https://bit.ly/3yE4LnC Acesso em: 09 mar. 2020.

883. Vide tópico 3.2.2.

#### *4.1.1.1 A responsabilização exclusiva do intermediário digital na União Europeia*

Considerando as vantagens indicadas acima, a União Europeia está desenvolvendo um modelo de responsabilização das plataformas de comércio eletrônico, aplicável em duas situações: importação B2C de bens tangíveis com valor inferior a € 150,00;[884] e venda B2C de bens, ocorrida dentro do território da União Europeia, por um fornecedor que não tem estabelecimento em algum dos países da organização internacional.[885] Em ambos os casos, a partir de 2021, a plataforma que facilitar a venda à distância é responsável pelo pagamento do imposto. Em relação aos serviços eletrônicos, as plataformas de comércio eletrônico já são responsáveis pelo pagamento do IVA desde 2013, independentemente da origem destes. Atualmente, ainda não existe responsabilização nos casos de vendas intracomunitárias de bens (aqui entendidas como vendas entre uma empresa estabelecida em território europeu e uma pessoa física residente na UE).

No modelo desenvolvido pela União Europeia, a plataforma é ficticiamente inserida na cadeia de consumo,[886] tal como nos cenários traçados acima. É o que se depreende da transcrição literal do art. 14º-A,[887] incluído na Diretiva 2006/112/CE do Conselho pela Diretiva 2017/2455, que dispõe que "considera-se que esse sujeito passivo [a plataforma] recebeu e entregou pessoalmente esses bens".[888] É pertinente uma análise mais detida do regime europeu de responsabi-

884. Nos termos do novo art. 14º-A.1 da Diretiva 2006/112/CE do Conselho, na redação dada pela Diretiva 2017/2455 do Conselho.

885. Nesse segundo caso, não há limite de valor, como se depreende do art. 14º-A.2 da Diretiva 2006/112/CE do Conselho, na redação dada pela Diretiva 2017/2455 do Conselho. Vide, também: PAPIS-ALMANSA. VAT and electronic commerce: ...

886. PAPIS-ALMANSA. VAT and electronic commerce: ...

887. Disponível em: https://bit.ly/3xTmTd4 Acesso em: 19 jul. 2021.

888. Os estados-membros devem aplicar as disposições necessárias para dar cumprimento a este novo regime a partir de 1º de julho de 2021, conforme o art. 4º da Diretiva 2017/2455 do Conselho.

lização das plataformas, como forma de reflexão sobre as dificuldades de transposição do modelo teórico desenvolvido pela OCDE para a prática.

Primeiramente, a própria delimitação de quais são as responsáveis pelo pagamento do IVA é objeto de polêmica. O art. 14º-A atribui esta responsabilidade ao sujeito passivo que "facilitar" a operação de venda a distância de bens. Esse termo é considerado muito ambíguo, afastando-se das diretrizes da OCDE, que, como visto acima, recomendam que o país que pretenda responsabilizar as plataformas elabore uma lista de requisitos mínimos para que ocorra a responsabilização.[889] Por este motivo, a Comissão Europeia propôs, em dezembro de 2018, um novo Regulamento de Execução, que detalha o texto da Diretiva, definindo o que se entende por "facilitar" uma operação: permitir, no ambiente eletrônico, o contato entre consumidor e fornecedor, que terá como resultado o fornecimento de bens.[890]

O novo Regulamento de Execução também responsabiliza a plataforma que, direta ou indiretamente: estabelecer os termos em que o fornecimento de bens será feito, tiver envolvimento na cobrança dos valores devidos, ou se envolver na requisição ou entrega dos bens.[891] Para Marta Papis-Almansa, se a plataforma se enquadrar em apenas uma das atividades acima, ela já será responsável pelo IVA.[892]

Em segundo lugar, a atribuição de responsabilidade, com base no art. 14º-A.1 da Diretiva IVA, se limita às operações com bens de valor inferior a €150,00. Este limite é estabelecido precisamente porque as operações de circulação de bens tangíveis com valor mais elevado devem se submeter a desembaraço aduaneiro, já que são passíveis de pagamento de imposto

---

889. OCDE. *The Role of Digital Platforms*... p. 27.

890. SCARCELLA. E-commerce and effective VAT/GST enforcement:... p. 12-3. No momento da redação deste livro, o novo Regulamento de Execução ainda não foi aprovado.

891. PAPIS-ALMANSA. VAT and electronic commerce:...

892. Ibid.

de importação. Assim, o novo modelo europeu pretende, precipuamente, desonerar as autoridades alfandegárias do dever de fiscalizar as pequenas importações, liberando capacidade fiscalizatória para as operações de valor mais elevado,[893] na linha do recomendado pela OCDE.

Em terceiro lugar, o novo regime se limita à importação de bens *stricto sensu* (de países não membros da União Europeia), ou à circulação interna promovida por empresa que não esteja estabelecida no bloco europeu. Em relação aos serviços, o art. 9º-A do Regulamento de Execução (UE) 1042/2013 do Conselho já atribuía responsabilidade pelo pagamento do IVA aos intermediários digitais de serviços eletrônicos,[894] tais como jogos e aplicativos, dentre outros serviços identificados como intangíveis digitais. Assim, o bloco europeu já tem alguma experiência no modelo de responsabilização dos *marketplaces*, ainda que o novo regime seja mais amplo do que o anterior.[895] Segundo a Comissão Europeia, esta atribuição de responsabilidade simplificou consideravelmente os custos administrativos das pequenas empresas prestadoras de serviços eletrônicos, ainda que tenha gerado sentimentos dúbios das plataformas sobre as novas obrigações que lhes foram impostas.[896]

É importante destacar, ainda, que, no regime aplicável à prestação de serviços digitais, a atribuição de responsabilidade à plataforma pode ser afastada por acordo contratual entre a plataforma e o prestador desse serviço, desde que

---

893. Vide os considerandos (7) e (10) da Diretiva 2017/2455 do Conselho.

894. UNIÃO EUROPEIA. Regulamento de Execução (UE) nº 1042/2013 do Conselho, de 07 out. 2013. Altera o Regulamento de Execução (UE) n.º 282/2011 no que diz respeito ao lugar das prestações de serviços. JO 26 out. 2013. Disponível em: https://bit.ly/3yFTIdB Acesso em: 03 jul. 2020.

895. Como salienta Papis-Almansa, o termo "facilitar", do art. 14º-A da Diretiva IVA, é mais amplo do que o "participa na prestação desse serviço", do art. 9º-A do Regulamento de Execução (PAPIS-ALMANSA. VAT and electronic commerce:...).

896. UNIÃO EUROPEIA. Proposals for a Council Directive, a Council Implementing Regulation and a Council Regulation on Modernising VAT for cross-border B2C e-Commerce. p. 73-4.

algumas condições sejam obedecidas. Segundo Ine Lejeune e Sophie Claessens, as plataformas de comércio eletrônico são, em regra, responsáveis pelo pagamento do IVA devido na prestação de serviços digitais. Para se eximirem da responsabilidade, três condições devem ser cumulativamente atendidas: 1) todos os envolvidos na cadeia de circulação devem identificar o fornecedor do intangível digital nos instrumentos contratuais pertinentes; 2) os recibos e notas fiscais devem identificar este fornecedor; e 3) a plataforma não pode nem efetuar a cobrança do consumidor final, nem determinar os termos da operação comercial.[897]

Para que a plataforma se exima da responsabilidade pelo pagamento do IVA, ainda, deve haver a emissão de duas faturas, uma pelos serviços de intermediação da plataforma, e outra pelo serviço eletrônico, nos termos do art. 9º-A.1 do Regulamento de Execução 1042/2013 do Conselho. Ademais, a plataforma tem a obrigação de conservar os registros das operações, "suficientemente detalhados para que a administração fiscal [...] possa verificar se o IVA foi contabilizado corretamente", nos termos do art. 242º-A da Diretiva IVA.[898] Tendo em vista essas condições restritivas, para evitar o risco de eventual responsabilização subsidiária, e também para facilitar a prestação de serviços eletrônicos por parte de pequenas e médias empresas, as plataformas, na maioria dos casos, optam pelo pagamento do IVA, em substituição ao prestador do serviço.[899]

Portanto, atualmente, a União Europeia responsabiliza as plataformas apenas em situações pontuais: fornecimento de serviços eletrônicos, em regime facultativo; e fornecimento

---

897. LEJEUNE; e CLAESSENS. The VAT One Stop Shop System:...

898. Na redação dada pela Diretiva 2017/2455 do Conselho, com vigência a partir de 01 jul. 2021.

899. A Comissão Europeia informa que cerca de 15% dos prestadores de serviços eletrônicos intracomunitários tem registro no sistema MOSS, e pagam individualmente seus tributos. O restante utiliza os serviços das plataformas para cumprir suas obrigações tributárias, nos termos do art. 9º-A do Regulamento de Execução (UNIÃO EUROPEIA. Proposals for a Council Directive, a Council Implementing Regulation and a Council Regulation on Modernising VAT for cross-border B2C e-Commerce. p. 74).

de bens por pessoas não estabelecidas na União Europeia, seja no caso de importações de valor inferior a €150,00, seja quando há circulação intracomunitária de bens, e o fornecedor não está estabelecido no bloco europeu.

#### *4.1.1.2 A responsabilização exclusiva do intermediário digital no Brasil*

O modelo brasileiro é bem distinto. Como mencionado, no Brasil os *marketplaces*, em regra, não são contribuintes do ICMS, motivo pelo qual atribuir-lhes a responsabilidade pelo pagamento do imposto pode representar um custo de *compliance* maior do que responsabilizar as plataformas pelo pagamento do IVA europeu. Ademais, a experiência brasileira parte de modelos pontuais, desenvolvidos pelos estados federados.[900] Não há uniformidade nacional, o que pode tornar ainda mais complexa a colaboração das plataformas de comércio eletrônico com a administração tributária.[901]

Neste tópico, serão analisadas as iniciativas legislativas dos estados do Rio de Janeiro e da Paraíba de responsabilização das plataformas. Conforme pesquisa realizada, o Rio de Janeiro é o único estado a responsabilizar exclusivamente as plataformas de comércio eletrônico pelo pagamento do imposto. Esta responsabilidade ocorre quando a plataforma for utilizada para o fornecimento do que a legislação identifica como mercadoria digital.[902] Já o estado da Paraíba responsabiliza as

---

900. Nesse ponto, é interessante indicar que a Alemanha, o Reino Unido (à época, ainda membro da UE), a França, a Itália e a Áustria determinaram a responsabilização das plataformas pelo pagamento do IVA antes da União Europeia como um todo (SCARCELLA. E-commerce and effective VAT/GST enforcement:... p. 10-1; PAPIS-ALMANSA. VAT and electronic commerce:...; BAL. Online Marketplaces and EU VAT:...). Portanto, na UE – como no Brasil – as plataformas de comércio eletrônico não foram tratadas de maneira uniforme em todo o mercado integrado.

901. PISCITELLI, Tathiane. Responsabilidade tributária dos marketplaces. *Resenha de Notícias Fiscais*. 26 jun. 2020. Disponível em: https://bit.ly/3hSiVuA Acesso em: 27 jun. 2020.

902. Art. 18, VIII, *a*, da Lei Estadual 2.657/1996, na redação dada pela Lei Estadual 8.795/2020. Para os fins do presente tópico, pressupõe-se correta a incidência de ICMS sobre a circulação de "mercadorias digitais". Contudo, as fragilidades e dúvidas sobre este conceito foram apresentadas no tópico 3.1.

plataformas solidariamente com o fornecedor de mercadorias tangíveis, consoante ensina Paulo Ayres Barreto.[903]

O modelo fluminense coloca a plataforma na condição de contribuinte, sendo o sujeito passivo da obrigação de pagar ICMS. Isso porque o estado do Rio de Janeiro responsabiliza as plataformas somente quando elas realizam a oferta ou a entrega da mercadoria digital, e também operacionalizam a transação financeira. Nota-se que os requisitos são cumulativos, ao contrário do que ocorre no modelo europeu. No modelo fluminense, a plataforma, ao entregar a mercadoria digital, e receber o pagamento correspondente, acaba se inserindo na cadeia do ICMS, tal como no modelo proposto pela OCDE.

Nesse ponto, é pertinente esclarecer que a legislação estadual indica que a plataforma será "responsável" pelo pagamento do tributo. Contudo, e na linha do definido na cláusula quarta do Convênio ICMS 106/2017,[904] "a pessoa jurídica detentora de site ou de plataforma eletrônica que realize a venda ou a disponibilização [...] de bens e mercadorias digitais mediante transferência eletrônica de dados, é o contribuinte da operação". Portanto, não se trata aqui de responsabilização de terceiro pelo pagamento do imposto, mas de responsabilização do próprio contribuinte (no caso, a plataforma), que realizou operação de circulação de mercadoria digital. Ou seja, a plataforma é inserida na cadeia do ICMS.

Como consequência natural de sua posição de contribuinte do imposto, o *marketplace* deve pagar o imposto sempre que tiver inscrição estadual no Rio de Janeiro, independentemente tanto do local de estabelecimento do fornecedor da mercadoria digital, quanto do fato de o destinatário ser ou não contribuinte do imposto. Nas operações estritamente internas – em que plataforma, fornecedor da mercadoria digital, e consumidor final têm estabelecimento e/ou domicílio no estado do Rio de

---

903. BARRETO, Paulo Ayres. Limites Normativos à Responsabilidade Tributária das Operadoras de *Marketplace*. *Revista Direito Tributário Atual*, n.45. p. 636. SP: IBDT, 2º semestre 2020. Quadrimestral.

904. Como indicado no tópico 3.1.1, o STF considera que o Convênio ICMS 106/2017 perdeu sua eficácia jurídica desde o julgamento das ADIs 1.945 e 5.659.

Janeiro – o *marketplace* recebe a mercadoria digital de seu fornecedor, em uma operação B2B – e repassa para o adquirente, pagando o ICMS devido, como se depreende da Figura 6.

**Figura 6** - compra e venda interna de mercadoria digital. ICMS de 18%. Comissão do *marketplace*: 10%.

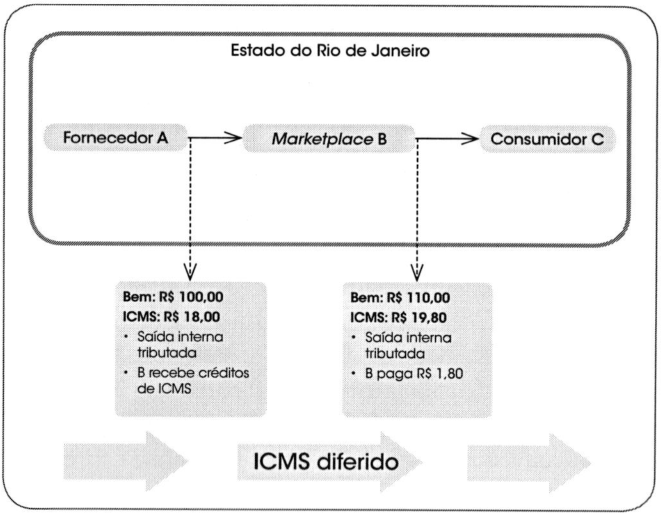


Fonte: a autora (2020).

Contudo, a legislação fluminense vai além, e cria hipótese de diferimento[905] do pagamento do ICMS devido pelo fornecedor da mercadoria digital (A). Por consequência, o *marketplace* (B) paga tanto o ICMS próprio, como também o imposto que seria devido na operação de venda de (A) para (B). É nesse sentido que a legislação fluminense atribui ao *marketplace* a condição de responsável pelo pagamento do imposto: ele deve pagar o ICMS devido na etapa anterior, em regime de diferimento.

Em relação às operações interestaduais, uma análise mais detida é necessária. É pertinente rememorar que o ICMS adota

905. Sobre o conceito de diferimento tributário, e sua distinção em relação à substituição tributária para trás, vide: CALIENDO. *Curso de Direito Tributário*. p. 557.

critério espacial misto,[906] de modo que uma parte do imposto é devido ao estado de origem, e uma parte ao estado de destino. Especificamente no que toca à saída de mercadorias digitais para consumidor final, o remetente da mercadoria deve pagar parte do imposto para o estado de origem, e parte para o estado de destino, nos termos do art. 155, § 2º, VII e VIII, *b*, da Constituição. Contudo, nos termos da Lei Estadual 8.795/2020, quando a plataforma de comércio eletrônico estiver estabelecida no estado do Rio de Janeiro, essa se insere na cadeia de circulação da mercadoria digital, de modo que o fornecedor desta mercadoria, estabelecido em outro estado, efetua uma saída B2B, como visualizado na Figura 7. Nesses casos, é o adquirente que deve pagar o ICMS devido ao estado de destino, nos termos do art. 155, § 2º, VII e VIII, *a*, da Constituição.

**Figura 7** - compra e venda interestadual de mercadoria digital. ICMS no destino: 18%. ICMS interestadual: 12%. Comissão do *marketplace*: 10%.

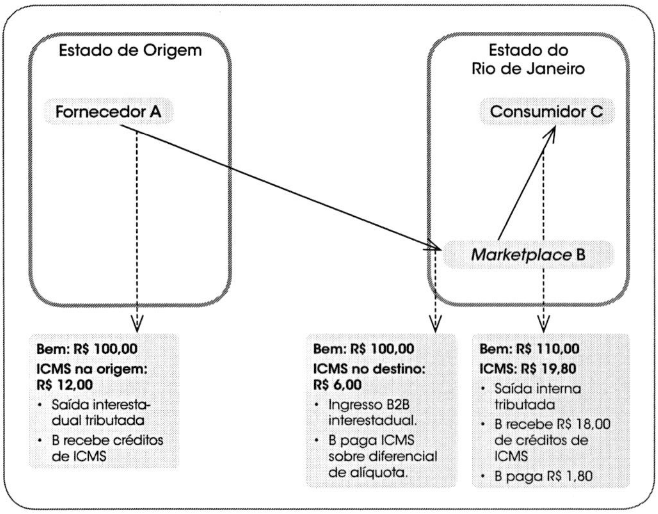


Fonte: a autora (2020).

906. Vide o tópico 1.3.1.2.

Nota-se que a recente legislação fluminense, ao responsabilizar as plataformas, simplifica as obrigações tributárias dos fornecedores de mercadorias digitais, especialmente daqueles que não têm inscrição no estado. Estes fornecedores em nenhuma hipótese precisarão efetuar o pagamento do ICMS diretamente para o estado do Rio de Janeiro, pois sempre efetuarão circulação de mercadoria digital B2B, para a plataforma de comércio eletrônico estabelecida no estado.

Por outro lado, nos casos em que a plataforma de comércio eletrônico não tiver inscrição no estado, a responsabilidade pelo pagamento do imposto devido ao estado do Rio de Janeiro será do adquirente da mercadoria digital.[907] Nota-se que a lei – que simplesmente reproduz a cláusula quinta, III, do Convênio ICMS 106/2017 – não faz distinção entre remessas B2B e B2C, o que possivelmente colide com o art. 155, § 2º, VIII, *b*, da Constituição, segundo o qual o consumidor final não deve pagar o imposto devido nas compras à distância. Ademais, esta regra, ao englobar operações B2C, se afasta das diretrizes da OCDE, e tem remotas chances de ser eficaz, já que a administração tributária não terá condições de fiscalizar as remessas para consumidor final.[908]

Não bastasse isso, a regra de responsabilização do consumidor final pelo pagamento do ICMS devido para o estado de destino funciona como um estímulo para que os *marketplaces* não se estabeleçam no estado do Rio de Janeiro. Se o *marketplace* não tiver estabelecimento naquele estado, não será responsável pelo pagamento do ICMS devido nas operações interestaduais. Este tributo dificilmente será pago para o estado do Rio de Janeiro, dadas às remotas possibilidades de que o consumidor final efetivamente arrecade o ICMS. Portanto, também nesse caso (que traz cenário semelhante ao demonstrado na Figura 4), a solução mais adequada seria a

907. Nos termos do art. 18, VIII, c, da Lei Estadual 2.657/1996, na redação dada pela Lei Estadual 8.795/2020.

908. Vide o tópico 3.2.2.

de responsabilizar o *marketplace*, por ter efetuado uma saída interestadual B2C.

Por fim, nas importações de mercadorias digitais, o estado do Rio de Janeiro tampouco responsabiliza a plataforma de comércio eletrônico, atribuindo o pagamento do imposto às operadoras de cartão de crédito.[909] Mais uma vez, a lei do estado do Rio de Janeiro se limita a reproduzir a cláusula quinta, IV, do Convênio ICMS 106/2017. Ocorre que, ao assim dispor, se afasta diametralmente da estrutura sugerida pela OCDE. Como visto nos quatro cenários analisados acima, a modelagem da OCDE foca nas operações internacionais, por duas razões principais: 1) nestas, o risco de fraude é maior do que nas operações internas; e 2) devido à concentração de mercado existente no setor de plataformas de comércio eletrônico, estas teriam condições de assumir a responsabilidade pelo pagamento do tributo no mercado global. Contudo, justamente na importação de mercadorias digitais, o modelo fluminense elege outro responsável pelo pagamento do ICMS.

Nota-se que a iniciativa de responsabilizar as plataformas de comércio eletrônico pelo pagamento de ICMS guarda relação com as diretrizes da OCDE e com a prática europeia. Caso o ordenamento constitucional acolhesse o conceito de "mercadoria digital", não se identificaria óbice constitucional ou legal à sistemática estabelecida pelo estado do Rio de Janeiro. Isso porque o sistema constitucional brasileiro permite a atribuição de responsabilidade, por lei, a qualquer pessoa que esteja indiretamente vinculada ao fato jurídico tributário; ou direta ou indiretamente vinculada ao sujeito que o praticou, conforme ensina Maria Rita Ferragut.[910] No presente caso, a plataforma de comércio eletrônico tem vínculos tanto com o fato jurídico tributário (já que efetuou a entrega da

909. Nos termos do art. 18, VIII, *d*, da Lei Estadual 2.657/1996, na redação dada pela Lei Estadual 8.795/2020. Vide, sobre o tema, a abertura do tópico 4.1.

910. FERRAGUT. *Responsabilidade Tributária*. p. 18.

mercadoria digital, e operacionalizou a transação financeira), quanto com o sujeito que o praticou.

Por outro lado, nas duas situações em que o estado do Rio de Janeiro afasta a responsabilidade das plataformas – nas importações, quando atribui a responsabilidade ao meio de pagamento, e quando o *marketplace* não tem inscrição no estado – há quebra do sistema de responsabilização desenvolvido, o que pode não só diminuir a eficiência da arrecadação tributária, como também aumentar o custo de conformidade das plataformas, que se verão obrigadas a dar tratamento distinto a operações semelhantes. Ademais, a quebra do sistema aumenta enormemente o risco de fraude fiscal.

Já o modelo do estado da Paraíba é aplicável a todas as circulações de mercadorias ou prestações de serviços que geram ICMS, quando estas são intermediadas por *marketplaces*. Estas plataformas respondem solidariamente pelo ICMS devido nas operações entre dois ou mais contribuintes ou entre contribuintes e consumidores finais, nas situações em que também intermediam os pagamentos realizados para a concretização das operações.[911] A legislação da Paraíba não distingue entre operações interestaduais e operações internas, e tampouco dá tratamento diferenciado entre operações B2B ou B2C. Nesse sentido, importa em responsabilização bem mais ampla do que aquela instituída na União Europeia, ou mesmo do que a sugerida pela OCDE.

E é precisamente a amplitude da lei paraibana, cumulada com sua falta de detalhamento, que levam às fragilidades identificadas por Paulo Ayres Barreto, que sustenta que esta lei estadual não encontra amparo nas normas gerais estabelecidas pelo Código Tributário Nacional. Segundo o autor, a legislação paraibana estabeleceu obrigação de retenção do

911. É o que dispõe o art. 32, X, da Lei Estadual 6.379/1996, na redação dada pela Lei Estadual 11.615/2019 (PARAÍBA. Lei 6.379, de 03 de dezembro de 1996 [versão consolidada]. Trata do Imposto sobre Operações Relativas à Circulação de Mercadorias e sobre Prestações de Serviços de Transporte Interestadual e Intermunicipal e de Comunicação (ICMS), e dá outras providências. DOE: 3 dez. 1996).

tributo, mas não indicou a maneira como o tributo seria calculado, e não dispôs sobre como o vendedor trataria o valor retido.[912] Barreto traz exemplos elucidativos dos problemas gerados pela falta de detalhamento da nova lei: não há qualquer dispositivo definindo como deve se dar a responsabilização do *marketplace*, quando o fornecedor da mercadoria for contribuinte pelo Simples Nacional;[913] tampouco se estabelece exceção específica para operações efetuadas por sujeitos que não são contribuintes do ICMS.[914]

Nota-se que estes problemas no *design* normativo não significam que toda e qualquer tentativa de responsabilização solidária dos *marketplaces* é vedada pelo sistema tributário brasileiro. Muito pelo contrário: uma modelagem legislativa que detalhe os direitos e as obrigações das plataformas de comércio eletrônico, restringindo a responsabilização às operações B2C, viabilizando a retenção do tributo, e vinculando a obrigação da intermediária digital ao valor de ICMS declarado pelo contribuinte, tem guarida no ordenamento jurídico pátrio, como restará evidenciado nos tópicos a seguir.

### *4.2.2 O intermediário digital na condição de auxiliar da administração tributária*

No segundo modelo proposto pela OCDE, a plataforma de comércio eletrônico passaria a ter obrigações acessórias, prestando informações à fiscalização, mas não seria a contribuinte do tributo. A OCDE propõe quatro obrigações acessórias: prestar informações, educar os fornecedores dos bens e serviços, celebrar acordos de integração com as administrações tributárias e assumir voluntariamente o papel de arrecadadora do tributo.[915]

---

912. BARRETO. Limites Normativos à Responsabilidade Tributária das Operadoras de *Marketplace*. p. 637.

913. Ibid. loc. cit.

914. Ibid. p. 638. Sobre este tema, vide o tópico 4.2.

915. OCDE. *The Role of Digital Platforms*... p. 49.

Em relação à obrigação de prestar informações, a OCDE propõe que esta obrigação seja imposta de forma ampla, para todas as transações de bens e serviços realizadas através das plataformas, como forma de evitar dúvidas acerca da necessidade ou não deste compartilhamento de dados.[916] Não obstante, a organização internacional reconhece que, no caso de plataformas estabelecidas fora do país competente para arrecadar o IVA, não será fácil exigir o cumprimento desta obrigação acessória.[917]

Ao atribuir à plataforma a obrigação de prestar informações, a administração, indiretamente, lhe impõe o dever de fiscalizar as operações que são celebradas com seu intermédio. Diego Simone e Beatriz Piazza tecem duras críticas à imposição desta obrigação acessória, ressaltando que o dever de fiscalização é do aparato estatal.[918] Contudo, é necessário destacar que esta modalidade de responsabilização não é nova no Brasil, e já foi considerada constitucional pelo Supremo Tribunal Federal. Com efeito, no Recurso Extraordinário 603.191,[919] a Ministra Ellen Gracie decidiu que é viável chamar terceiros para que colaborem com a administração tributária, prestando informações ao fisco, desde que se lhes imponham a prática de atos que estejam ao seu alcance, em razão da sua relação com o fato gerador ou com o contribuinte do tributo.

Especificamente no setor de comércio eletrônico, já no início dos anos 2000, a ideia de responsabilizar o intermediário digital pela fiscalização das operações por ele intermediadas foi objeto de análise por Marco Aurélio Greco. O autor questiona se os provedores de Internet poderiam ser responsabilizados pela fiscalização dos tributos decorrentes das operações celebradas

916. Ibid. p. 51.

917. Ibid. loc. cit.

918. SIMONE, Diego Caldas Rivas de; PIAZZA, Beatriz Antunes. A indevida responsabilização tributária das empresas de marketplace. *JotaInfo*. São Paulo, 08 jun. 2020. Disponível em: https://bit.ly/3k5Qwnw Acesso em: 27 jun. 2020.

919. BRASIL, Supremo Tribunal Federal (Tribunal Pleno). *Recurso Extraordinário 603.191/MT*, Relatora Min. Ellen Gracie, julgado em 01 ago. 2011, DJe 02 set. 2011, por maioria.

com o uso de suas infraestruturas.[920] Greco conclui que, sob uma perspectiva estritamente tributária, poderia ocorrer esta responsabilização, desde que fosse feita por lei,[921] mas que, por motivos tecnológicos, o provedor não teria condições de coletar e segregar os dados que interessam ao fisco. Por consequência, não poderia ter o dever de repassá-los à administração tributária.[922] Em outras palavras, o provedor de acesso não teria "capacidade de colaboração" com o poder público, consoante terminologia adotada por Leandro Paulsen.[923]

A evolução tecnológica ocorrida desde então, a partir da qual se desenvolveram as plataformas de comércio eletrônico, certamente eliminou estes empecilhos tecnológicos. Hoje, a maior parte das plataformas tem os meios de coletar e segregar os dados necessários para apurar a obrigação tributária, especialmente quando também operacionalizam a transação financeira. Devido a esta viabilidade tecnológica, tanto no Brasil, quanto na União Europeia, as plataformas de comércio eletrônico já vêm sendo obrigadas a prestar informações ao fisco.

Contudo, para que esta obrigação se mostre viável e eficaz, a administração tributária deve ser cautelosa, e delimitar exatamente quais informações serão exigidas das plataformas de comércio eletrônico. Estas informações devem corresponder ao essencial para viabilizar o cálculo do IVA.[924] A OCDE exemplifica as informações que podem ser exigidas: natureza do fornecimento, data, valor, identificação do fornecedor, valor do IVA, endereço de postagem, local do desembaraço aduaneiro, endereço do consumidor, informações utilizadas para confirmar o endereço do consumidor, meio de pagamento e nota fiscal.[925]

---

920. GRECO. *Internet e Direito*. p. 76.

921. Ibid. p. 102.

922. Ibid. p. 115.

923. PAULSEN. *Curso de Direito Tributário Completo*. p. 238.

924. OCDE. *The Role of Digital Platforms*... p. 51.

925. Ibid. p. 52.

Na União Europeia, a Diretiva 2017/2455 do Conselho introduziu o artigo 242º-A à Diretiva 2006/112/CE do Conselho, com efeitos a partir de julho de 2021. Este artigo atribui aos intermediários digitais ("uma plataforma, um portal ou meios similares") a obrigação de guardar registros "suficientemente detalhados para que a administração fiscal dos Estados-Membros onde essas entregas ou prestações são tributáveis possa verificar se o IVA foi contabilizado corretamente". Nota-se que a opção legislativa foi por uma redação ampla, sem delimitar o que se entende por registros suficientemente detalhados, ao contrário do sugerido pela OCDE. Segundo Trenta, a redação do art. 242º-A[926] aumentará os custos administrativos das plataformas, além de gerar incerteza acerca de quais intermediários digitais se inserem no escopo do dever de compilar informações.[927]

No Brasil, as leis estaduais que atribuem responsabilidades às plataformas de comércio eletrônico pelo pagamento do ICMS instituem deveres de prestar informações. Em todas elas, o descumprimento desta obrigação acessória importa na responsabilização pelo pagamento do ICMS[928] – devido tanto ao estado de origem, quanto ao estado de destino – como se visualiza nas Figuras 8 e 9, abaixo. Com efeito, os estados do Rio de Janeiro,[929] da Bahia,[930] do Ceará[931] e do Mato Grosso[932] atri-

926. Disponível em: https://bit.ly/3wUX7DX Acesso em: 19 jul. 2021.

927. TRENTA. European VAT and the digital economy:... p. 125-6.

928. Não se identificou responsabilização semelhante no modelo europeu. Este tema será objeto do tópico 4.1.3.

929. É o que se depreende do art. 18, IX, da Lei Estadual 2.657/1996, na redação dada pela Lei Estadual 8.795/2020.

930. Nos termos do art. 6º, XIX, da Lei Estadual 7.014, de 04 dez. 1996, na redação dada pela Lei Estadual 14.183, de 12 dez. 2019 (BAHIA. Lei nº 7.014, de 12 de dezembro de 1996 [versão consolidada]. Trata do Imposto sobre Operações Relativas à Circulação de Mercadorias e sobre Prestações de Serviços de Transporte Interestadual e Intermunicipal e de Comunicação (ICMS), e dá outras providências. DOE: 5 dez. 1996).

931. Nos termos do art. 16, XI, da Lei Estadual 12.670, de 27 dez. 1996, na redação dada pela Lei Estadual 16.904, de 03 jun. 2019 (CEARÁ. Lei nº 12.607, de 27 de dezembro de 1996 [versão consolidada]. Dispõe acerca do Imposto sobre Operações relativas à Circulação de Mercadorias e sobre Prestações de Serviços de Transporte Interestadual e Intermunicipal e de Comunicação - ICMS, e dá outras providências. DOE: 30 dez. 1996).

932. Nos termos do art. 18, X, da Lei Estadual 7.098, de 30 dez. 1996, na redação dada

buem à plataforma de comércio eletrônico a responsabilidade de verificar se os fornecedores de mercadorias tangíveis emitem notas fiscais. Nota-se que a obrigação acessória imposta às plataformas é bem delimitada, na linha do recomendado pela OCDE: elas devem controlar a emissão de nota fiscal pelos sujeitos passivos do ICMS.

No caso do estado do Mato Grosso, as obrigações das plataformas de comércio eletrônico são mais extensas, abrangendo também o dever de "exibir os impressos, os documentos, os livros, os programas e os arquivos magnéticos relacionados com o imposto, a prestar informações solicitadas pelo fisco e a não embaraçar a ação dos Fiscais de Tributos Estaduais".[933] Estas obrigações acessórias também parecem estar suficientemente claras e bem delimitadas, não extrapolando a capacidade de colaboração das plataformas.

Já o estado da Paraíba estabelece obrigação ainda mais ampla: as plataformas são responsáveis por fornecer ao fisco "as informações relativas às operações realizadas" com seu intermédio.[934] A amplitude da obrigação estabelecida pode representar dificuldades para a sua implementação, já que a legislação estadual não delimita quais informações serão exigidas das intermediárias digitais. Contudo, este detalhamento pode ser feito através de decreto regulamentar da lei estadual, como forma de dar certeza e segurança ao responsável tributário.

---

pela Lei Estadual 10.978, de 29 out. 2019 (MATO GROSSO. Lei nº 7.098, de 30 de dezembro de 1996 [versão consolidada]. Consolida normas referentes ao Imposto sobre Operações relativas à Circulação de Mercadorias e sobre Prestações de Serviços de Transporte Interestadual e Intermunicipal e de Comunicação - ICMS. DOE: 30 dez. 1996).

933. Nos termos do art. 17-E, XII, da Lei Estadual 7.098, de 30 dez. 1996, na redação dada pela Lei Estadual 10.978, de 29 out. 2019.

934. Nos termos do art. 70, II, da Lei Estadual 6.379/1996, na redação dada pela Lei Estadual 11.615/2019.

**Figura 8** - compra e venda interestadual de mercadoria. ICMS no destino: 18%. ICMS interestadual: 12%. Comissão do *marketplace*: 10%.

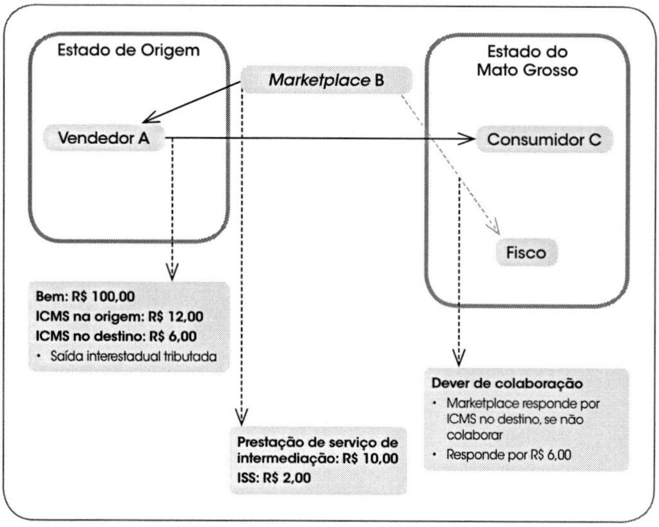


Fonte: a autora (2020).

**Figura 9** - compra e venda interestadual de mercadoria. ICMS no destino: 18%. ICMS interestadual: 12%. Comissão do *marketplace*: 10%.

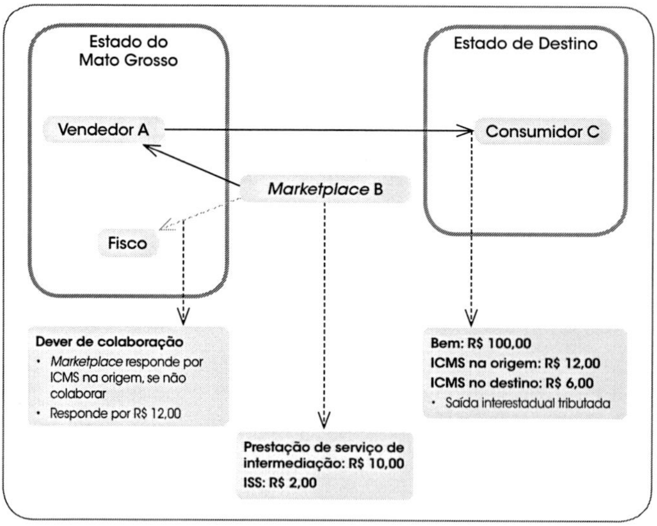


Fonte: a autora (2020).

O estado de São Paulo também atribui aos *marketplaces* o papel de auxiliares da administração tributária. Estes têm a obrigação de "exibir os impressos, os documentos, os livros, os programas e os arquivos magnéticos relacionados com o imposto e a prestar informações solicitadas pelo fisco",[935] sob pena de responder solidariamente pelo ICMS devido na operação subjacente.[936] Contudo, em contrapartida a estas obrigações acessórias amplas das plataformas, o estado de São Paulo simplifica as obrigações dos fornecedores das mercadorias,[937] o que acaba estimulando o adequado cumprimento da legislação tributária.

Sob a perspectiva do dever de prestar informações, as obrigações estabelecidas nas leis estaduais parecem adequadas e suficientes para assegurar o fim almejado pela administração tributária, qual seja, a viabilização da efetiva fiscalização e arrecadação do tributo devido. Não obstante, algumas críticas podem ser tecidas à consequência jurídica do descumprimento desta obrigação acessória. Como será demonstrado no tópico 4.1.3, a responsabilização do *marketplace* pelo pagamento do ICMS devido na operação subjacente precisa ser delineada de forma segura e detalhada na legislação.

Uma alternativa proposta pela OCDE, mas que tem sido menos explorada pelas autoridades tributárias europeias e brasileiras, consiste em colocar a plataforma de comércio eletrônico na condição de educadora dos fornecedores de bens e

---

935. Conforme o art. 75, XIII a XVI, da Lei Estadual 6.374, de 01/03/1989, na redação dada pela Lei Estadual 13.918, de 22/12/2009 (SÃO PAULO. Lei 6.374, de 01 de março de 1989 [versão consolidada]. Dispõe sobre a instituição do ICMS. DOE: 1 mar. 1989).

936. Art. 9º, XIII e XIV, da Lei Estadual 6.374/89, na redação dada pela Lei Estadual 13.918/2009.

937. Vão nesta linha o art. 4º do Decreto Estadual 57.608/2011 e o art. 3º, § 2º, da Portaria CAT 31/2019 (SÃO PAULO. Decreto 57.608, de 12 de dezembro de 2011 [versão consolidada]. Disciplina a concessão de regime especial para atribuição da condição de substituto tributário às empresas varejistas que realizem operações com mercadorias por meio de centros de distribuição localizados neste Estado, para fins de retenção e recolhimento do ICMS incidente sobre as saídas subsequentes. DOE: 13 dez. 2011; SÃO PAULO. Portaria CAT 31, de 18 de junho de 2019 [versão consolidada]. Dispõe sobre as atividades dos operadores logísticos para o armazenamento de mercadorias pertencentes a terceiros contribuintes do ICMS. DOE: 19 jun. 2019).

serviços. Sob esta perspectiva, a OCDE destaca as dificuldades que as administrações tributárias podem ter em se comunicar com fornecedores estabelecidos em países estrangeiros, notadamente se estes fornecedores fizerem vendas eventuais de bens ou serviços para o país do ente tributante.[938] As plataformas de comércio eletrônico, por outro lado, se comunicam muito bem com estes fornecedores, que são os seus clientes. Portanto, nada melhor do que atribuir às plataformas a responsabilidade de informar para os seus clientes acerca das obrigações tributárias que estes terão quando fornecerem bens ou serviços para o país A ou o país B. Na perspectiva brasileira, em que as regras de incidência de ICMS variam de estado para estado, e onde os recursos disponíveis à administração pública para campanhas educacionais são mais escassos, esta alternativa parece particularmente interessante.

Para viabilizar tanto o dever de prestar informações à autoridade tributária, quanto o dever de ensinar seus clientes acerca das obrigações tributárias, a OCDE sugere que as plataformas de comércio eletrônico celebrem acordos de cooperação técnica com as administrações tributárias dos países para os quais destinam bens e serviços.[939] Estes acordos também podem servir como um canal para denúncias de atividades suspeitas por parte dos fornecedores, ou mesmo como uma primeira etapa, para preparar as plataformas para assumirem a condição de responsáveis pelo pagamento do imposto, nos termos analisados no tópico 4.1.1.

Os acordos celebrados entre administração tributária e plataformas de comércio eletrônico têm a louvável vantagem de minimizar o risco de descumprimento das obrigações exigidas daqueles *marketplaces* que voluntariamente aderirem aos referidos acordos, previamente delimitando os limites de seus deveres de colaboração. Não obstante, eles escapam à lógica do sistema tributário brasileiro, calcado em regras

938. OCDE. *The Role of Digital Platforms*... p. 54.

939. Ibid. p. 55.

estabelecidas em lei, aplicáveis de modo uniforme para todos os particulares.

Por um lado, o tratamento isonômico que deve ser dado a todos os contribuintes que se encontram na mesma posição determina que a administração pública oferte a possibilidade de celebrar acordos para todas as plataformas. Por outro lado, exigir que as plataformas de comércio eletrônico celebrem estes acordos, como condição para que possam intermediar a venda de mercadorias e serviços para um determinado território, representa uma evidente barreira de entrada: a tendência é que somente as grandes plataformas tenham condições de celebrar os referidos acordos, o que possivelmente aumentaria a concentração de mercado da qual se tratou no tópico 2.3.2. Por consequência, os acordos podem ser uma boa alternativa para bem delimitar as responsabilidades do *marketplace*, enquanto colaborador com a administração tributária, mas devem ser facultativos e ofertados para todas as empresas atuantes no setor.

### *4.2.3 A imputação de responsabilidade subsidiária ou solidária ao intermediário digital*

A terceira forma de responsabilização do intermediário digital consiste na atribuição de responsabilidade solidária ou subsidiária. Segundo a OCDE, esta modalidade pode ser útil para dar suporte à autoridade tributária, no caso em que não ocorre o pagamento espontâneo do IVA.[940] Com efeito, ao responsabilizar a plataforma de comércio eletrônico, a administração tributária impõe ao *marketplace* o ônus de fiscalizar as operações efetuadas por seus clientes, assegurando que estes tenham registros, para fins de pagamento do IVA, no território de destino, bem como que cumpram suas obrigações tributárias.[941]

Aqui, se está a tratar da responsabilidade tributária *stricto sensu*, prevista no art. 128 do Código Tributário Nacional,

940. OCDE. *The Role of Digital Platforms*...p. 63.

941. Ibid. p. 64.

segundo o qual o responsável tem que ser vinculado ao fato gerador. Ou seja, o responsável tem que ter capacidade de colaboração com o fisco, estando apto ao cumprimento das normas tributárias.[942] Tem que estar "em situação tal que enseje a prática de atos que possam facilitar ou assegurar a tributação sem que sejam para si demasiadamente trabalhosos", como leciona Leandro Paulsen.[943] E, no caso de descumprimento dessas obrigações acessórias, o responsável pode ser chamado a pagar o tributo.[944]

Como abordado nos tópicos anteriores, parece inegável que as plataformas de comércio eletrônico, quando efetuam a intermediação financeira, têm capacidade de colaboração, pois detêm todos os dados necessários para apurar o IVA devido na operação. Não obstante, não se tem notícias de que esta responsabilidade solidária ou subsidiária tenha sido atribuída no âmbito da União Europeia como um todo. Dentre os estados-membros, contudo, a Itália responsabiliza as plataformas de comércio eletrônico pelo pagamento do IVA, caso elas não prestem as informações pertinentes à autoridade tributária; e a França as responsabiliza, caso elas não excluam do *marketplace* contribuintes que não estejam cumprindo suas obrigações tributárias.[945]

No Brasil, os estados que responsabilizam as plataformas de comércio eletrônico lhes atribuíram a condição de responsável pelo pagamento do tributo, caso elas não exerçam suas obrigações de monitoramento e prestação de informações,[946] como demonstrado nas Figuras 8 e 9, acima. Estes estados atribuem uma responsabilidade *in vigilando* às plataformas,

942. CALIENDO. *Curso de Direito Tributário*. p. 540.

943. PAULSEN. *Curso de Direito Tributário Completo*. p. 238.

944. Ibid. loc. cit.

945. BAL. Online Marketplaces and EU VAT:...

946. Vide os seguintes dispositivos legais: art. 18, IX, da Lei Estadual do Rio de Janeiro 2.657/1996; art. 6°, XIX, da Lei Estadual da Bahia 7.014/1996; art. 16, XI, da Lei Estadual do Ceará 12.670/1996; e art. 18, X, da Lei Estadual do Mato Grosso 7.098/1996.

que só são obrigadas a recolher o ICMS se não se certificarem de que a circulação da mercadoria seja acompanhada de documento fiscal idôneo, ou se deixarem de prestar as informações solicitadas pela autoridade tributária. Ou seja, se as plataformas não cumprirem o dever de colaboração para com o fisco, serão chamadas ao pagamento do imposto.

Paulo Ayres Barreto distingue duas situações ligeiramente distintas, dentre as leis estaduais que instituem a responsabilidade solidária/subsidiária das plataformas de comércio eletrônico. Para o autor, as leis dos estados de São Paulo e Mato Grosso, que exigem o fornecimento de informações diversas (tais como exibição de impressos, documentos, livros etc.), têm amparo nos arts. 124, II e 128 do CTN, bem como no art. 5º da Lei Complementar 87/96, sendo legítima a responsabilização da plataforma.[947] Conforme ele coloca, nesses casos, a responsabilização pelo pagamento do tributo seria uma espécie de sanção administrativa, pelo descumprimento da obrigação acessória.[948]

No entanto, Barreto considera que as leis que atribuem ao *marketplace* o dever de verificar se a operação foi acobertada por nota fiscal – tais como as leis dos estados da Bahia e do Ceará – não teriam amparo no ordenamento constitucional pátrio, pois as plataformas de comércio eletrônico não teriam condições de verificar a emissão de nota fiscal.[949] Para chegar a tal conclusão, Barreto parte de um exemplo muito específico: o do *marketplace* de alimentos. Segundo o autor, este *marketplace* não tem como verificar se a nota fiscal foi efetivamente emitida, pois ele atua em um momento anterior à circulação da mercadoria, limitando-se a intermediar o pedido. A nota fiscal é emitida depois do preparo da refeição, quando a atuação da plataforma já se encerrou. Portanto, ao transportador da refei-

947. BARRETO. Limites Normativos à Responsabilidade Tributária das Operadoras de *Marketplace*. p. 646.

948. Ibid. p. 644.

949. Ibid. p. 641.

ção – que concretiza a circulação da mercadoria – poderia ser atribuída a responsabilidade tributária, ainda que esta responsabilização seja de baixa eficácia arrecadatória.[950]

Não obstante, como dito na abertura deste capítulo, as relações de consumo do século XXI são muito menos lineares do que o modelo aqui apresentado, tendo "modelo de negócios multilateral".[951] No caso sob exame, se é certo que o *marketplace* atua em momento anterior à circulação da refeição, é igualmente correto afirmar que – quando ele opera como agente financeiro – ele também tem atuação posterior. De fato, a liberação do pagamento ao restaurante só ocorre depois da confirmação de que o consumidor recebeu sua refeição. Neste momento, a circulação da mercadoria já ocorreu, de modo que se mostra possível exigir a respectiva nota fiscal. Portanto, também, nesses casos, se mostraria viável a responsabilização da plataforma de comércio eletrônico.

Este exemplo demonstra que o instituto da responsabilização de terceiros não deve ser banalizado, devendo ser cuidadosamente desenvolvido, para incidir em situações nas quais ele será eficaz. O legislador deve refletir se efetivamente se faz necessária a responsabilização do *marketplace* em operações internas, tais como as vendas de refeições, ou se a medida deve se limitar à circulação internacional ou interestadual de mercadorias. As leis aqui analisadas não distinguem as operações com base no critério espacial, de modo que todas as operações se submetem ao regime de responsabilização instituído. Por um lado, este tratamento uniforme é louvável, pois as plataformas têm a clareza de que deverão se estruturar para coletar dados atinentes à emissão de notas fiscais em todas as situações. Por outro, pode representar um custo de conformidade excessivo, especialmente para as plataformas com atuação meramente local.

---

950. Ibid. loc. cit.

951. AIRES. O labirinto tributário na nova economia: da transformação digital à odisseia fiscal. p. 7.

Ainda acerca das nuances da responsabilização dos *marketplaces*, e como bem coloca Tathiane Piscitelli, as leis estaduais estabelecem modelos de responsabilização ligeiramente distintos. Segundo a autora, as leis do estado da Bahia e do estado do Mato Grosso atribuem responsabilidade solidária ao *marketplace*, ao passo que a lei do estado do Ceará não deixa claro se se trata de responsabilidade solidária ou subsidiária.[952] Complementando esta análise, menciona-se que as leis dos estados da Paraíba e de São Paulo atribuem responsabilidade solidária, e a do estado do Rio de Janeiro se limita a definir o *marketplace* como "responsável".

Evidentemente, a uniformidade de tratamento entre as legislações dos diferentes estados traria maior segurança jurídica a esta modalidade de responsabilização de terceiros, como bem pontuado por Piscitelli.[953] Na mesma linha, Aleksandra Bal critica a disparidade das modalidades de responsabilização das plataformas entre os países da União Europeia.[954] Contudo, lá, com a entrada em vigor do novo regime de responsabilização instituído pela Diretiva 2017/2455 do Conselho, se alcançou maior uniformidade.[955]

No Brasil, os projetos de reforma tributária também trarão uniformidade ao tratamento dado às plataformas, já que eles têm abrangência nacional. O art. 5º do Projeto de Lei 3.887/2020 responsabiliza as plataformas digitais, que deverão pagar a Contribuição Social sobre Operações com Bens e Serviços – CBS, caso o fornecedor não emita o correspondente documento fiscal.[956] Da mesma forma, a proposta de lei com-

952. PISCITELLI. Responsabilidade tributária dos marketplaces. Seguindo a lição de Leandro Paulsen, a incerteza acerca do grau de responsabilidade levaria à presunção de se tratar de responsabilidade subsidiária (PAULSEN. *Curso de Direito Tributário Completo*. p. 240).

953. PISCITELLI. Responsabilidade tributária dos marketplaces.

954. BAL. Online Marketplaces and EU VAT:...

955. Ibid.

956. BRASIL. Câmara dos Deputados. *Projeto de Lei 3.887/2020*. Institui a Contribuição Social sobre Operações com Bens e Serviços - CBS, e altera a legislação

plementar que regulamenta o IBS previsto na PEC 45/2019, elaborada pelo Centro de Cidadania Fiscal, responsabiliza solidariamente as plataformas, "pelo recolhimento do IBS relativo aos negócios jurídicos realizados por seu intermédio, nas hipóteses em que o sujeito passivo não emita documento fiscal eletrônico".[957]

Tanto a proposta de lei complementar que regulamenta o IBS, quanto o Projeto de Lei 3.887/2020, atribuem responsabilidades distintas às plataformas, de acordo com a origem da operação intermediada: se a operação for nacional, as plataformas respondem somente se negligenciarem do seu dever de controlar a emissão de notas fiscais; mas se a operação for de importação, as plataformas são solidariamente responsáveis em qualquer situação. É o que está previsto no art. 65, V, do PL 3.887/2020. O art. 14, II, da proposta de lei complementar elaborada pelo Centro de Cidadania Fiscal para regulamentar o IBS, por sua vez, reproduz o modelo sugerido pela OCDE – e adotado na UE – de responsabilização somente quando houver importação "de bem material de pequeno valor, bem imaterial ou serviço realizada por pessoa que não seja sujeito passivo do IBS".[958]

Em síntese, os exemplos apresentados ao longo deste tópico permitem concluir que tanto a União Europeia, quanto o Brasil, estão tentando se alinhar à diretriz da OCDE, que recomenda a responsabilização do intermediário digital pelo IVA devido nas operações de comércio eletrônico. Em ambos os casos, a meta parece ser a atribuição de responsabilidade exclusiva das plataformas, em substituição aos fornecedores de bens e serviços digitais. Não obstante, exceto no que toca aos serviços eletrônicos, os modelos já implementados – na UE, por parte de alguns países membros; e no Brasil, por

---

tributária federal. Autoria do Poder Executivo. Disponível em: https://bit.ly/3iob-2NP Acesso em: 21 jul. 2020.

957. CENTRO DE CIDADANIA FISCAL. Nota técnica - Texto-base da Lei Complementar do IBS. Set. 2020. Disponível em: https://bit.ly/2VZS34H Acesso em: 08 dez. 2020. p. 45.

958. Ibid. loc. cit.

estados isolados – ainda se limitam ao papel dos *marketplaces* como auxiliares da administração. No Brasil, a maior parte dos estados que já legislaram sobre a matéria definiram a responsabilidade subsidiária das plataformas pelo pagamento do ICMS, quando estas falharam no cumprimento da obrigação acessória que lhes foi imposta.

Esta alternativa de responsabilização da plataforma de comércio eletrônico (na condição de intermediária digital) viabiliza a incidência do IVA de forma neutra, na medida em que assegura que todas as operações – tanto internas, quanto internacionais; com bens tangíveis ou intangíveis digitais – sejam tributadas. A responsabilização garante, ainda, a eficiência na arrecadação, ao desonerar as pequenas empresas da obrigação de pagar impostos em localidades remotas. Portanto, a responsabilização exclusiva da intermediária digital parece ser a mais adequada, dentro de um cenário de IVA arrecadado para o estado de destino.

Como exposto a seguir, assim como as plataformas de comércio eletrônico, as plataformas de economia compartilhada também podem exercer papel relevante no auxílio da administração tributária.

## 4.2 Os impactos das plataformas de economia compartilhada no IVA

As plataformas de economia compartilhada alteraram profundamente a forma como se agrega valor à cadeia de consumo de alguns bens e serviços, ao transformar bens que não costumavam ser objeto de exploração econômica em uma fonte de receita para seus proprietários. Por este motivo, Giorgio Beretta entende que as plataformas são as verdadeiras criadoras de valor nestes novos arranjos de consumo, que dificilmente se viabilizariam, não fosse a relação de proximidade estabelecida por estas novas intermediárias digitais.[959] Ou

959. BERETTA, Giorgio. European VAT and the Sharing Economy. *Kluwer International Tax Blog*. 31 out. 2019. Disponível em: https://bit.ly/3xqxpZf Acesso em: 09 mar. 2020.

seja, elas agregam valor a um modelo de negócios preexistente, permitindo que ele adquira uma escala muito maior do que na ausência do intermediário digital.[960]

Parece ser consequência natural do nascimento deste novo arranjo de consumo que novas responsabilidades tributárias sejam estabelecidas. Alguns caminhos que podem ser adotados para assegurar a incidência neutra do IVA são sugeridos em um relatório da OCDE específico sobre as plataformas de economia compartilhada, que aponta semelhanças e diferenças entre estas e as plataformas de comércio eletrônico.[961] A União Europeia também já tem algumas diretrizes. No Brasil, a competência para tributar os serviços prestados através da plataforma usualmente é dos municípios – já que as plataformas mais comuns são as de intermediação de serviços de hospedagem e transporte local.[962] Portanto, impõe-se a análise da legislação atinente à incidência do ISS.

No que toca às plataformas de economia compartilhada, há dois problemas que merecem atenção mais detalhada: 1) a correta classificação do serviço por elas prestado, para fins de definição do critério espacial de cobrança do tributo; e 2) a eventual responsabilização das plataformas de economia compartilhada pelo tributo devido pelo prestador do serviço principal. Passa-se a analisar cada um destes problemas.

### *4.2.1 A classificação dos serviços prestados pelas plataformas de economia compartilhada*

Como indicado no tópico 2.2.3, as plataformas de economia compartilhada operam como intermediárias entre os tomadores e os prestadores de serviços, usualmente nos ramos de transporte de passageiros e hospedagem (ainda que nada

960. Vide o tópico 2.2.3.

961. OCDE. The Impact of the Growth of the Sharing and Gig Economy on VAT/ GST Policy and Administration.

962. Ibid. p. 18.

impeça o desenvolvimento de outras plataformas, destinadas a colocar em contato fornecedores e usuários de outros bens e serviços). Contudo, a própria classificação das plataformas como prestadoras de serviços de *intermediação comercial* pode ser objeto de questionamentos, e estes questionamentos podem alterar o critério espacial do IVA.

Nos estudos da OCDE, esta organização internacional reconhece que as plataformas de economia compartilhada podem tanto estar inseridas na cadeia de circulação do bem ou serviço, assumindo o papel de fornecedoras deste para o usuário final, quanto atuar como meras intermediárias ou agentes na relação comercial.[963] Se as plataformas estiverem inseridas na cadeia de consumo, elas evidentemente assumirão a posição de contribuintes do IVA devido na operação. Por outro lado, se operarem como intermediárias, elas devem pagar o IVA devido pelo serviço de intermediação, e não todo o tributo da operação subjacente.

Para a OCDE, a classificação de uma plataforma como *inserida na cadeia de consumo* ou *mera intermediária* compete a cada país, que deve levar em conta as especificidades de seu sistema jurídico como um todo. Países que reconhecem vínculo empregatício entre os prestadores de serviços e as plataformas, por exemplo, por coerência deverão inseri-las na cadeia de circulação do bem, ao passo que países que não reconhecem este vínculo tenderão a considerar-lhes intermediárias.[964] Neste livro, as plataformas serão consideradas intermediárias, pois este parece ser o arranjo de consumo mais adequado no sistema jurídico brasileiro.

Analisando a tributação das plataformas de economia compartilhada na União Europeia, Giorgio Beretta afirma que elas podem tanto ser classificadas como prestadoras de serviços de intermediação; como "prestadoras de serviços fornecidos

963. OCDE. The Impact of the Growth of the Sharing and Gig Economy on VAT/GST Policy and Administration. p. 29.

964. Ibid. p. 25.

eletronicamente"; ou ainda receber o mesmo tratamento dado ao serviço subjacente, para fins de definição da competência tributária. Cada uma dessas classificações traz consequências distintas, no que toca à definição do local em que ocorre o fato imponível.[965] E, como destacado pelo autor, seja qual for a classificação adotada, ela é simples consequência de uma opção política do legislador da União Europeia, na medida em que é impossível falar na "verdadeira" natureza jurídica dos serviços prestados pelas plataformas de economia compartilhada.[966]

Ou seja, compete ao legislador – *in casu*, aos órgãos responsáveis pelo processo legislativo do bloco europeu – escolher um critério para a classificação das plataformas de economia compartilhada, com a consequente delimitação do critério espacial. Não se tem notícias de que o Conselho ou o Parlamento Europeu já tenham legislado especificamente a respeito. No âmbito de sua competência de orientação, contudo, o Comitê de Imposto sobre Valor Agregado da Comissão Europeia informa que há plataformas de economia compartilhada que estão fora do alcance do IVA, uma vez que não cobram taxas de seus usuários.[967] Em relação às plataformas que cobram pelos seus serviços, o Comitê entende que elas prestam serviços de intermediação, e, em alguns casos, serviços financeiros.[968]

Caso prevaleça a classificação dos serviços prestados pelas plataformas de economia compartilhada como serviços de intermediação, o local de prestação do serviço, para fins de incidência do IVA europeu, será definido de acordo com a natureza jurídica do tomador do serviço. Se o tomador do serviço for contribuinte do IVA, o tributo será devido no local de seu

965. BERETTA. European VAT and the Sharing Economy.

966. Ibid. loc. cit.

967. O estudo menciona as plataformas Streetbank e Blablacar (UNIÃO EUROPEIA. *Working Paper nº 878: VAT treatment of sharing economy*. p. 10).

968. As plataformas prestam serviços financeiros porque processam os pagamentos efetuados pelos consumidores. A classificação como serviços financeiros é relevante, para o IVA europeu, na medida em que estes serviços são isentos do imposto, nos termos do art. 135.1º da Diretiva 2006/112/CE do Conselho (Ibid. p. 10-1).

estabelecimento, na forma do art. 44º da Diretiva IVA. Por outro lado, se ele não for contribuinte, o imposto deverá ser pago para o estado em que ocorrer a prestação do serviço principal, nos termos do art. 46º da mesma Diretiva. Esta duplicidade de critérios pode causar dificuldades na efetiva cobrança do imposto, como bem pontuado por Beretta.[969] Não obstante, no que toca à intermediação de serviços de hospedagem, estes são os critérios adotados no art. 31º do Regulamento de Execução 282/2011 do Conselho, que traça regra geral para os serviços de intermediação de um serviço de alojamento, ainda que não seja específico para intermediação por plataformas.[970] Ou seja, o critério espacial do IVA devido pela intermediação será modificado, a depender se o tomador do serviço de intermediação for ou não contribuinte do IVA.

No Brasil, as plataformas de economia compartilhada também vêm sendo consideradas prestadoras de serviço de intermediação, para fins de incidência do ISS. Sobre o tema, é elucidativo o artigo de Tathiane Piscitelli, em que a autora sustenta que as duas prestações de serviço que ocorrem quando um passageiro contrata serviço de transporte através de um aplicativo são fato gerador de ISS.[971] O serviço de intermediação insere-se no item 10.02 da lista anexa à Lei Complementar 116/2003; e o serviço de transporte, no item 16.02 da mesma lista.

Por consequência, e na ausência de uma regra específica de delimitação da competência tributária, o município competente para cobrar o ISS sobre o serviço de intermediação será aquele em que a plataforma de economia compartilhada estiver estabelecida, nos termos da regra geral do art. 3º da Lei Complementar 116/2003. Caso a plataforma não esteja

---

969. BERETTA. European VAT and the Sharing Economy.

970. UNIÃO EUROPEIA. Regulamento de Execução (UE) nº 282/2011 do Conselho, de 15 mar. 2011. Estabelece medidas de aplicação da Directiva 2006/112/CE relativa ao sistema comum do imposto sobre o valor acrescentado. JO 23 mar. 2011. Disponível em: https://bit.ly/36uC0xL Acesso em: 25 maio 2020.

971. PISCITELLI. Tributação da economia compartilhada: caso das plataformas digitais de transporte e hospedagem sob a perspectiva do ISS.

estabelecida em território nacional, o imposto será devido no local do estabelecimento ou domicílio do tomador do serviço, por força do inciso I do art. 3º.

Evidentemente, estes critérios não se mostram satisfatórios no contexto dos arranjos de consumo do século XXI. A regra geral, de cobrança do imposto no município em que estabelecida a plataforma de economia compartilhada, não guarda nenhuma relação com o local de consumo do serviço.[972] Tomando-se como exemplo as plataformas de intermediação de hospedagem, o serviço final – a hospedagem – é prestado no local onde está o imóvel locado, de modo que seria plausível sustentar a cobrança do imposto naquele local. Na União Europeia, quando o proprietário do imóvel a ser locado não for contribuinte do IVA, já ocorre dessa forma, como exposto acima.

Por outro lado, o serviço de intermediação é prestado tanto para o proprietário do imóvel – pois viabiliza a locação deste – quanto para o tomador do serviço de hospedagem – que não conseguiria acessar o imóvel, não fosse a plataforma.[973] Assim, agrega valor ao serviço final de hospedagem, sendo possível sustentar que o "consumo" do serviço de intermediação ocorre no local de estabelecimento do prestador de serviços de hospedagem, que pode ser diferente do local onde está o imóvel. Essa é a solução dada pelo sistema europeu, quando o prestador do serviço de hospedagem é contribuinte de IVA.

Seja qual for a premissa para definição do critério espacial, não há lógica sistêmica em atribuir a competência tributária para o local de estabelecimento da plataforma de economia compartilhada (tal como ocorre no Brasil), pois não é lá que ocorre o fornecimento do serviço de intermediação. Ademais, este critério tem o condão de concentrar arrecadação no município em que estiver estabelecida a plataforma.

---

972. Remete-se às críticas tecidas no tópico 3.2.3.

973. Vide, sobre o tema: BERETTA, Giorgio. *European VAT and the Sharing Economy*. Netherlands: Kluwer, 2019. § 7.05[3]

Na hipótese de prestação do serviço de intermediação a partir de uma plataforma não estabelecida no Brasil, o potencial para distorção é ainda maior. Sob um ângulo, é possível sustentar que a plataforma não tem estímulo para se estabelecer no Brasil, estando em posição mais confortável no exterior, já que os municípios brasileiros dificilmente têm condições de exercer suas competências tributárias, considerando-se a notória dificuldade de fiscalização das importações de serviços, da qual já se tratou no capítulo 3. Tendo em vista este potencial de evasão fiscal, a OCDE recomenda que os países tenham especial cuidado, ao regulamentar a tributação de plataformas não estabelecidas em seus territórios.[974]

**Figura 10** - prestação de serviço de hospedagem, com plataforma de economia compartilhada estabelecida em país intermediário. IVA de 15% no país do imóvel. ISS de 2% no Brasil. Comissão da plataforma: 10%.

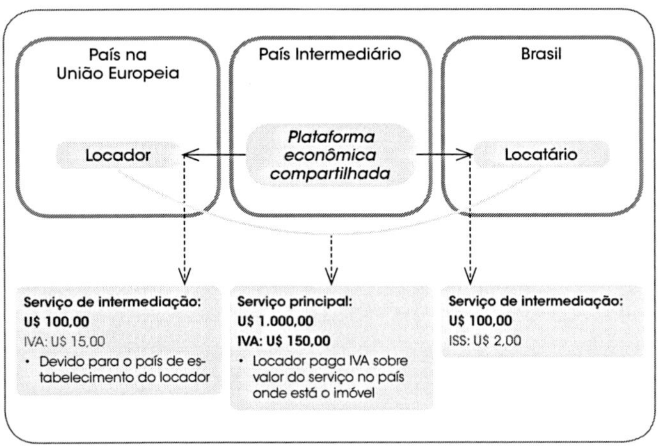


Fonte: a autora (2020).

Sob outro ângulo, o potencial para bitributação nestas operações internacionais parece claro. Imagine-se, mais uma vez, o serviço de intermediação de hospedagem. Contudo,

974. OCDE. The Impact of the Growth of the Sharing and Gig Economy on VAT/GST Policy and Administration. p. 63.

neste exemplo, a plataforma está estabelecida em uma pequena ilha que não cobra IVA, o tomador do serviço reside em um município brasileiro, e o imóvel está em um país da União Europeia. Como visto acima, se o prestador do serviço subjacente for contribuinte de IVA, a União Europeia entende ser devido IVA, pelo serviço de intermediação, para o país onde este estiver estabelecido. No Brasil, por outro lado, o art. 3º, I, da Lei Complementar 116/2003 permite que se defenda que o município onde está domiciliado o tomador do serviço é o competente para cobrar o imposto, pois o serviço de intermediação – que é distinto do serviço de hospedagem – foi prestado para o consumidor final. Nesse singelo exemplo, que pode ser visualizado na Figura 10, nota-se a possibilidade de exigência de dois impostos sobre o consumo em uma operação que, hoje, já se tornou corriqueira entre os usuários de plataformas de economia compartilhada.

Este é mais um exemplo que evidencia que o alinhamento do sistema tributário brasileiro às práticas internacionais de tributação no local de consumo é medida que se impõe, como forma de assegurar a efetiva e adequada tributação dos serviços prestados pelas plataformas de economia compartilhada na esfera internacional.

Ademais, na esfera nacional, considerando-se que as plataformas costumam servir de intermediárias para a prestação de um serviço que tem por base um bem tangível (imóvel ou veículo), parece adequado que o critério espacial seja definido de acordo com o local da prestação do serviço fim, pois é lá que, ao fim e ao cabo, ocorre o "consumo" do serviço de intermediação. Por consequência, caso o serviço fim seja de hospedagem, como no exemplo dado, o critério espacial será definido pelo local em que estiver o imóvel.

Nesse particular, e na linha do sustentado por Beretta,[975] deve ficar claro que a proposta de alinhamento entre o critério espacial do serviço de intermediação e o critério espacial

975. BERETTA. European VAT and the Sharing Economy.

do serviço fim não decorre da natureza jurídica do serviço prestado pelas plataformas de economia compartilhada, mas da busca por uma unidade sistêmica.

Por outro lado, é possível contrapor a esta proposta o fato de que o alinhamento do critério espacial do serviço de intermediação com o critério espacial do serviço subjacente inviabilizaria as atividades das plataformas de economia compartilhada, na medida em que elas passariam a ser responsáveis pelo pagamento de IVA em centenas de países diferentes,[976] submetendo-se a centenas de ordenamentos jurídicos. Não obstante, este custo de conformidade tributária já seria atribuído a estas plataformas, como consequência do que se propõe no tópico 4.2.2.

### *4.2.2 A incidência do IVA sobre serviços prestados com suporte das plataformas de economia compartilhada*

Como demonstrado acima, nas contratações intermediadas pelas plataformas de economia compartilhada há distintas relações negociais: aquela estabelecida entre a plataforma e o prestador do serviço fim, aquela estabelecida entre a plataforma e o consumidor final, e aquela estabelecida entre o prestador do serviço fim e o consumidor final. Esta terceira relação muitas vezes é estabelecida entre dois não contribuintes de IVA (C2C), motivo pelo qual pode ser questionada a incidência do imposto.

Na União Europeia, onde os sujeitos passivos do IVA são definidos de forma ampla, em princípio as operações devem ser tributadas,[977] ainda que existam problemas operacionais de fiscalização e controle para viabilizar a incidência do imposto.[978] Estes problemas operacionais podem recomendar a responsabilização do intermediário digital.

976. E, no particular caso do Brasil, ao pagamento do ISS em mais de cinco mil municípios.

977. TRENTA. European VAT and the digital economy:... p. 128.

978. Em relatório, a Comissão Europeia identifica a dificuldade de apurar o benefício econômico para os envolvidos, especialmente nos casos em que há compartilhamento/permuta de bens, como ocorre quando um usuário da plataforma de economia compartilhada

Com efeito, ainda que as especificidades das plataformas de economia compartilhada não tenham sido objeto do estudo da OCDE analisado no tópico 4.1, muitas das conclusões ali apresentadas foram estendidas a este modelo de negócios pelo relatório de 2021 aqui analisado. Nessa linha, a OCDE entende que as plataformas de economia compartilhada podem facilitar e incrementar a arrecadação do IVA, desde que efetuadas as alterações legislativas pertinentes.[979]

Seguindo a mesma lógica, Márcio Verdi aponta que a solução para os problemas tributários inerentes à pulverização das operações efetuadas com plataformas de economia compartilhada passa pela responsabilização destas.[980] Assim como os *marketplaces*, as plataformas de economia compartilhada podem ser responsabilizadas na condição de meras prestadoras de informações – obrigação que Verdi considera de fácil imposição, tendo em vista a necessidade que as grandes plataformas têm de se proteger de riscos operacionais e reputacionais. Contudo, o autor afirma que o fim último da administração tributária deve ser a introdução de um mecanismo de retenção automática do IVA devido pelo prestador do serviço subjacente, a ser utilizado pelas plataformas.[981]

A Comissão Europeia adota a mesma recomendação, ao sugerir que as plataformas de economia compartilhada cooperem com as autoridades tributárias, criando mecanismos de troca de informações com o fisco, que sejam compatíveis com o Regulamento Geral de Proteção de Dados europeu, de forma a assegurar a proteção dos dados pessoais dos usuários

troca o direito de se hospedar em seu apartamento pela estadia em outro imóvel, por exemplo (UNIÃO EUROPEIA. European Commission. A European agenda for the collaborative economy. 02 jun. 2016. Disponível em: https://eur-lex.europa.eu/legal-content/EN/TXT/PDF/?uri=CELEX:52016DC0356&from=EN Acesso em: 29 maio 2020, p. 14).

979. OCDE. The Impact of the Growth of the Sharing and Gig Economy on VAT/GST Policy and Administration. p. 26.

980. VERDI. Economía Digital y Tributación. p. 51.

981. Ibid. loc. cit.

das plataformas.[982] Da mesma forma, caso o compartilhamento de dados entre plataformas de economia compartilhada e fisco seja adotado no Brasil, ele deverá ser compatível com a Lei Geral de Proteção de Dados Pessoais (LGPD).[983]

Sob o mesmo enfoque, a OCDE recomenda que os países estabeleçam mecanismos de trocas de informação com as plataformas de economia compartilhada, salientando que deve haver coordenação entre as diversas autoridades tributárias, criando-se sistemas que coletem dados úteis aos diversos entes tributantes de um país, e que permitam o cálculo de impostos diretos e indiretos.[984] Esta recomendação é especialmente relevante no contexto brasileiro, onde os municípios, agindo de forma isolada, dificilmente conseguiriam estabelecer o sistema de compartilhamento de informações com as plataformas.

Sob uma ótica de neutralidade, a Comissão Europeia estimula os estados-membros a revisar a legislação tributária, a fim de evitar cargas tributárias distintas sobre a mesma atividade econômica.[985] Isso pode ocorrer caso serviços de hospedagem ofertados por particulares (C2C), e intermediados por plataformas, não paguem IVA, enquanto os serviços de hospedagem tradicionais, na modalidade B2C, paguem. A mesma preocupação é externada pela OCDE.[986] Em tese, a extensão da incidência do IVA às operações C2C poderia ser suficiente para assegurar tributação isonômica. Contudo, a pulverização das operações da economia compartilhada, atrelada ao baixo valor de cada operação individual, pode inviabilizar esta modelagem de tributação.

---

982. UNIÃO EUROPEIA. A European agenda for the collaborative economy. p. 15.

983. BRASIL. Lei 13.709, de 14 de agosto de 2018. Lei Geral de Proteção de Dados Pessoais (LGPD). DOU 15 ago. 2018. Disponível em: https://bit.ly/3BjRnHC Acesso em: 12 jul. 2021.

984. OCDE. The Impact of the Growth of the Sharing and Gig Economy on VAT/GST Policy and Administration. p. 72.

985. UNIÃO EUROPEIA. A European agenda for the collaborative economy. p. 15.

986. OCDE. The Impact of the Growth of the Sharing and Gig Economy on VAT/GST Policy and Administration. p. 44.

Por consequência, pode ser interessante estruturar um mecanismo de cobrança diferenciada – e simplificada – do IVA sobre estas operações. A OCDE propõe diversos modelos, que envolvem desde isenção do IVA para operações de baixo valor, passando por um sistema de registro simplificado destes contribuintes eventuais, até um modelo de créditos presumidos (para evitar a necessidade de contabilidade detalhada por parte do prestador esporádico do serviço subjacente).[987] Estes modelos não são aprofundados no livro, pois o ISS – imposto cobrado no Brasil – não obedece à sistemática da não cumulatividade.

Mas a proposta mais substancial da OCDE, uma vez mais, consiste na responsabilização das plataformas de economia compartilhada pela arrecadação do IVA devido na operação subjacente, como forma de evitar que esta operação não seja tributada, em afronta ao princípio da neutralidade. Esta responsabilidade pode tanto ser solidária com o prestador do serviço subjacente,[988] quanto exclusiva da plataforma.[989]

Sob a perspectiva das plataformas de economia compartilhada, que se preocupam com o custo de conformidade desta responsabilização, McKee afirma que, inicialmente, elas tentaram se eximir da responsabilidade pelo pagamento dos impostos devidos pelo prestador do serviço-fim (o motorista ou o locador do imóvel, nos exemplos mais usuais), afirmando que eram meras intermediárias digitais.[990] Contudo, na medida em que foram pressionadas pelas autoridades tributárias,[991] acabaram começando a recolher e arrecadar os tributos devidos pelo prestador dos serviços.[992]

---

987. OCDE. The Impact of the Growth of the Sharing and Gig Economy on VAT/GST Policy and Administration. p. 44-50.

988. Ibid. p. 74.

989. Ibid. p. 77.

990. McKEE. Peer Platform Markets and Licensing Regimes. p. 22.

991. OCDE. *The Role of Digital Platforms*... p. 17.

992. McKEE. Peer Platform Markets and Licensing Regimes. p. 22.

Ou seja, no entender do autor, caso as plataformas sejam devidamente estimuladas a colaborar com a administração tributária, assumirão seu papel na viabilização da cobrança do IVA devido pelo prestador do serviço subjacente. Nesta linha, a Airbnb traz, no seu sítio eletrônico, informações acerca de suas responsabilidades perante autoridades tributárias em diversos países do mundo. Do texto, se depreende que a empresa arrecada os impostos sobre consumo devidos pelos locadores no Japão, em Taiwan, e na Coreia do Sul.[993]

Contudo, nem todas as plataformas de economia compartilhada terão condições de se responsabilizar pelo IVA devido na operação. Como bem destacado no relatório da OCDE, há situações em que as plataformas não terão os dados necessários para calcular o imposto devido; ou em que não terão como reter o imposto devido do prestador do serviço subjacente, por não operarem o serviço financeiro integrado à plataforma.[994] Nesses casos, um modelo de responsabilidade exclusiva do intermediário digital não é recomendável.

Analisando com um pouco mais de detalhes a situação brasileira, sabe-se que as atividades mais significativas da economia compartilhada – hospedagem e serviço de transporte local – são fato gerador de ISS.[995] Portanto, e considerando-se que o contribuinte do ISS é o prestador do serviço,[996] mesmo quando este não é sua atividade econômica preponderante,[997]

993. AIRBNB. O que é IVA e como ele se aplica a mim? Disponível em: https://bit.ly/3k2gngb . Acesso em: 10 set. 2019.

994. OCDE. The Impact of the Growth of the Sharing and Gig Economy on VAT/GST Policy and Administration. p. 80-1.

995. Discordando desta afirmação, no que toca às plataformas de hospedagem, Daniela Nascimento Dias de Souza afirma que a operação subjacente, neste caso, é de locação de imóveis por temporada – e não de serviço de hospedagem – motivo pelo qual não incidiria o ISS (SOUZA, Daniela Nascimento Dias de. A 4ª Revolução Industrial e a Tributação na Economia Compartilhada. *In:* MATA, Juselder Cordeiro da; BERNARDES, Flávio Couto; LOBATO, Valter de Souza. *Tributação na Sociedade Moderna*. BH: Arraes, 2019. p .309).

996. Art. 5º da Lei Complementar 116/2003.

997. Art. 1º da Lei Complementar 116/2003.

não parece haver dúvidas acerca da incidência de ISS sobre a prestação do serviço subjacente, ainda quando esta ocorre na modalidade C2C. A Lei Complementar 116/2003 também é expressa quanto à possibilidade de responsabilização de terceiro – vinculado ao fato gerador – pelo pagamento do imposto, desde que a responsabilização seja estabelecida em lei municipal, nos exatos termos do art. 6º.

Contudo, apesar da possibilidade de imputação de responsabilidade exclusiva da plataforma de economia compartilhada, não se identificou, nas pesquisas realizadas, legislação municipal que tenha atribuído esta responsabilidade. O que se localizou foi a atribuição de obrigações acessórias às plataformas. Em Porto Alegre, por exemplo, a Lei Municipal 12.162/2016 determina, em seu art. 38, que as plataformas, na condição de "autorizatárias do serviço de transporte motorizado privado e remunerado de passageiros", entreguem à Receita Municipal, mensalmente, as informações sobre os valores recebidos pela prestação do serviço no município.[998] Assim, a legislação municipal estabelece uma nova obrigação acessória para as plataformas de economia compartilhada, ainda que não chegue a lhes atribuir a condição de responsáveis tributárias.

Sob a perspectiva da responsabilidade tributária de terceiros, as plataformas de economia compartilhada, longe de serem uma barreira à incidência tributária, podem ser uma

998. PORTO ALEGRE. Lei Ordinária 12.162, de 09 dez. 2016. Dispõe sobre o serviço de transporte motorizado privado e remunerado de passageiros na categoria Aplicações de Internet. DOPA 13 dez. 2016. Disponível em: https://bit.ly/3wplPwc Acesso em: 09 set. 2019. Esta lei foi objeto da ADI 0314458-46.2017.8.21.7000, em que o Tribunal de Justiça do Estado do Rio Grande do Sul suspendeu a exigibilidade de diversos de seus dispositivos. Contudo, o art. 38 permanece hígido. A decisão da ADI ainda não é definitiva, já que houve a interposição de Recursos Especial e Extraordinário. O Recurso Especial não foi conhecido, e o Recurso Extraordinário está pendente de julgamento no STF (RIO GRANDE DO SUL. Tribunal de Justiça do Estado (Órgão Especial) *ADI 0314458-46.2017.8.21.7000*. Rel. Des. Marilene Bonzanini. Julgado em 24 jun. 2019, DJE 03 set. 2019, por maioria; BRASIL, Supremo Tribunal Federal (Tribunal Pleno). *Recurso Extraordinário com Agravo 1.295.476/RS*, Relator Min. Roberto Barroso.).

forma de viabilizar a arrecadação dos tributos sobre consumo incidentes nas operações feitas por particulares. Se assumirem a condição de responsáveis pelo pagamento do tributo devido pelos prestadores que ofertam seus serviços nas plataformas, elas viabilizarão a incidência de IVA sobre estas operações, evitando o tratamento não uniforme entre operações semelhantes, tais como o transporte de passageiros por táxi ou por aplicativo, por exemplo. Se, por outro lado, o legislador optar por uma responsabilização menos invasiva, pode atribuir às plataformas o papel de colaboradoras para com a administração tributária, impondo-lhes a responsabilidade pela coleta de informações atinentes aos serviços por elas intermediados.

# CONCLUSÕES

Eis que chegamos ao final desta obra, momento de enfrentar o problema proposto lá em seu início: enfim, o IVA está ou não está apto a fazer frente aos arranjos de consumo do século XXI? Após longa e detida análise, é possível responder que o imposto está apto a tributar a economia digital.

Não é o fim do IVA. Este imposto, que ao longo da segunda metade do século XX mostrou todas as suas qualidades de neutralidade e eficiência arrecadatória, apesar de sua notória complexidade de cálculo e custo de *compliance*, continuará tendo espaço no século XXI. Ou, ao menos, no início deste novo milênio.

Mas, para que o IVA esteja apto a incidir de forma neutra e eficiente sobre a economia digital, o imposto precisa se adaptar às particularidades da circulação de intangíveis – da mesma forma como já se adaptou às especificidades da circulação de serviços, lá no seu nascedouro. Propostas como as da OCDE, amplamente analisadas nos capítulos 3 e 4, permitem concluir que há alternativas para resguardar a adequada incidência do IVA, assegurando-lhe a neutralidade que representa sua premissa fundamental.

No Brasil, os desafios são mais extensos, devido ao gradual descolamento do sistema tributário brasileiro das tendências observadas globalmente. Aqui, não basta a adoção das propostas da OCDE, pois muitas delas não se amoldam ao sistema tributário pátrio. Por outro lado, a simples adoção de um IVA de base ampla e com tributação no destino, alinhando o imposto brasileiro aos padrões internacionais, já representaria um grande avanço para o país.

Para se chegar a estas conclusões, partiu-se de vários pressupostos. Como exposto ao longo do capítulo 1, considera-se imposto sobre valor agregado aquele tributo incidente sobre o consumo, que tem como princípios estruturantes:

- a repercussão do encargo econômico, de forma que somente o contribuinte de fato arque com o montante do imposto, que é repassado no preço;
- a incidência plurifásica, para assegurar que o tributo se dilua ao longo da cadeia produtiva, evitando sobrecarregar uma etapa da produção, e diminuindo o risco de inadimplência;
- a não cumulatividade, garantindo-se que o imposto pago em uma etapa da cadeia produtiva seja integralmente creditado na etapa subsequente; e
- a neutralidade, tomando-se as medidas necessárias para que a incidência do tributo não represente um fator de estímulo à alteração do processo produtivo dos contribuintes.

Um imposto com estes princípios estruturantes foi utilizado pela primeira vez na França, rapidamente expandindo-se pela Europa e pela América Latina. Hoje, quase todos os países utilizam esta técnica de tributação, com a notável exceção dos Estados Unidos. Esta ampla adoção da técnica de tributação dos IVAs evidencia sua utilidade: o tributo assegura a arrecadação para os governos, sem impactar em demasia na lógica do processo produtivo, uma vez que o imposto tende à neutralidade.

Analisando-se os IVAs dentro da regra-matriz de incidência tributária, conclui-se que os dois modelos práticos estudados – o IVA europeu e os tributos sobre consumo brasileiros

(ICMS – IPI – ISS, com ênfase no ICMS) – não atendem a todos os requisitos propostos pelos doutrinadores que estudam a tributação sobre o valor agregado. Não obstante, o IVA europeu, o ICMS e o IPI tentam seguir os princípios estruturantes dos IVAs, podendo ser considerados impostos sobre o valor agregado.

Como demonstrado no capítulo 1, a hipótese tributária dos IVAs deve preencher os seguintes requisitos:

- o critério material dos IVAs pode ser, simplesmente, "efetuar operações passíveis de valor agregado". Alternativamente, pode ser definido com base na atividade exercida pelo sujeito passivo, seja ela produzir, vender ou prestar serviços. Tanto o IVA europeu, quanto o ICMS e o IPI, são definidos nesses moldes, ainda que os impostos brasileiros tenham critério material mais fechado, deixando de fora do âmbito de incidência dos impostos diversos fatores de produção, em especial os serviços;
- o critério espacial dos IVAs deve assegurar que a incidência tributária se dê no local onde ocorre o consumo, identificado, na maioria dos casos,[999] como o local de estabelecimento e/ou domicílio do consumidor. O IVA europeu e o ICMS não atendem a este critério em todas as situações, mas vêm sofrendo alterações pontuais, para lhes aproximar deste ideal teórico; e
- o critério temporal ocorre quando se dá a entrega do bem ou a prestação do serviço, fator que é atendido pelos impostos estudados.

999. Na prestação de alguns serviços, tais como hotéis e restaurantes, o local de consumo pode ser absolutamente distinto do local de domicílio do consumidor. Já na aquisição de bens tangíveis, o local de consumo é definido como a localidade onde os bens são entregues ao consumidor.

Em relação ao consequente da norma tributária dos IVAs:

- o sujeito ativo destes impostos – um dos elementos do critério pessoal – deve ser, segundo a doutrina estudada, o estado-nação, pois há dificuldades na implementação dos IVAs no nível subnacional. Estas dificuldades ficam evidentes pela experiência brasileira com o ICMS. Na União Europeia, por outro lado, o grau de integração dos estados-membros está começando a deixar transparecer os problemas de adoção de um IVA em um mercado integrado, pois o imposto configura barreira ao comércio intracomunitário;

- o sujeito passivo, por outro lado, deve ser definido de forma ampla, abrangendo tanto pessoas físicas, quanto jurídicas, sempre que efetuarem operações tributáveis. Assim, assegura-se a neutralidade do imposto. A União Europeia define o IVA nesses moldes, mas o Brasil restringe severamente a sujeição passiva do ICMS, delimitando como contribuintes do imposto somente as pessoas que têm intuito comercial, habitualidade ou volume das operações;

- no critério quantitativo, a base de cálculo dos IVAs usualmente é definida pelo valor da operação de consumo. Contudo, a definição do *quantum* devido pelo contribuinte é atividade complexa nos IVAs, não bastando fazer incidir a alíquota sobre a base de cálculo. Para assegurar a não cumulatividade, a maior parte dos países que utiliza IVAs adota a técnica de subtração, pelo método crédito fiscal, subtraindo o montante de imposto pago na etapa anterior do valor devido pelo sujeito passivo. É o que ocorre tanto na União Europeia, quanto no Brasil; e

- por fim, a alíquota dos IVAs, seguindo o referencial teórico utilizado, deve ser única, especialmente no caso de países desenvolvidos, uma vez que as vantagens da utilização extrafiscal destes impostos não parecem se sobrepor à desvantagem decorrente do custo de conformidade inerente à adoção de alíquotas múltiplas. Não obstante, tanto a União Europeia, quanto o Brasil, permitem a utilização seletiva dos impostos, com gradação das alíquotas de acordo com a essencialidade do bem ou serviço.

Percebe-se, portanto, que há um descolamento entre o ideal teórico e a realidade prática dos impostos em vigor no Brasil e na União Europeia. Algumas dessas diferenças entre a teoria e a prática – tais como a limitação do critério material do ICMS, o estabelecimento de critério espacial distinto do local de consumo, e a limitação do rol de sujeitos passivos – têm impactos na aptidão do IVA para incidir sobre os arranjos de consumo do século XXI.

Isso porque, como descrito no capítulo 2, esses arranjos de consumo são diferentes do padrão de cadeia produtiva que existia há cerca de cem anos, quando os IVAs começaram a ser estruturados. A nova forma de consumir está intrinsecamente relacionada à economia digital, com progressiva virtualização dos bens de consumo e com a aceleração do tráfego de informação. O maior acesso à informação, por sua vez, aumenta a competição entre os distintos fornecedores de bens e serviços, num modelo muito próximo ao de concorrência perfeita, que Rifkin convencionou chamar de "sociedade com custo marginal zero". Aqui se depara com um grande problema para os IVAs: se a concorrência realmente for perfeita, não haverá valor agregado sobre o qual incidir o imposto.

Contudo, partindo-se dos ensinamentos de Schumpeter, é possível refutar este suposto problema. A sociedade está diante de uma "onda de longa duração", que tira do mercado empresas que se tornaram obsoletas, e coloca produtos novos e de melhor qualidade à disposição de mais pessoas. O equilíbrio concorrencial necessariamente passará por mudanças no processo de inovação disruptiva, mudanças que causam desconforto no momento inicial da transição, mas que, ao fim, trazem novos produtos, que circulam e agregam valor em cada etapa do processo produtivo.

No atual estágio, é possível identificar que esses novos arranjos de consumo representam uma acentuada desmaterialização dos bens, tornando-se cada vez mais difícil estabelecer uma fronteira entre entrega de bem e prestação de serviços. Com efeito, os bens da economia digital são intangíveis, não competitivos e não excludentes. Estas três características trazem dificuldades para um sistema tributário que desenvolveu suas técnicas de fiscalização e controle com base na circulação física de bens tangíveis.

Ademais, os novos arranjos de consumo permitem a desintermediação, na medida em que o consumidor final passa, em alguns casos, a ter acesso direto ao fabricante do produto que deseja consumir, seja através de uma plataforma de comércio eletrônico, ou de uma plataforma de economia compartilhada. Em outras situações, o consumidor passa a fabricar este bem, com o apoio de uma impressora 3D. Estas modificações na cadeia produtiva representam um desafio para a tributação com IVA: a lógica de um imposto sobre o valor agregado é o fracionamento da incidência tributária ao longo da cadeia produtiva, com o objetivo de evitar a sobrecarga tributária sobre um único contribuinte. No momento em que a cadeia produtiva deixa de ser tão fragmentada, a tributação acaba se concentrando, o que pode ser prejudicial à eficiência arrecadatória.

Ainda no capítulo 2, identificou-se uma terceira modificação nos arranjos de consumo do século XXI, que é praticamente uma consequência das duas primeiras: a fluidez do valor agregado pela economia digital. Pela intangibilidade, não competitividade e não excludência dos novos bens de consumo, é mais difícil mensurar o valor agregado por eles na cadeia produtiva do que o valor agregado por um bem tangível. Sob a perspectiva econômica, esta característica dos intangíveis pode dificultar o cálculo preciso do valor agregado. Contudo, sob o enfoque jurídico, o impacto negativo desta modificação dos arranjos de consumo sobre o IVA é menor, como demostrado no capítulo 3.

Nos capítulos 3 e 4, cotejaram-se as características dos dois sistemas jurídico-tributários analisados no capítulo 1 – IVA europeu e ICMS brasileiro – com as modificações dos arranjos de consumo apresentadas no capítulo 2. Conclui-se que os IVAs estudados, tal como formatados hoje, não estão preparados para tributar de forma neutra e eficiente os novos arranjos de consumo. Contudo, isso não significa que seja o fim do IVA, mas simplesmente que esta técnica de tributação precisa ser aperfeiçoada.

Como abordado no capítulo 3, o critério material da regra-matriz tributária dos IVAs causa perplexidades, especialmente no sistema tributário brasileiro, em que a exclusão dos serviços da base de incidência do ICMS redunda em um IVA com acentuada cumulatividade residual. Nesse particular, os bens digitais, na condição de intangíveis, não vêm sendo adequadamente tributados no país, especialmente devido à incerteza acerca da incidência de ICMS ou ISS sobre as operações, como demonstrado no tópico 3.1.

Mas as maiores dificuldades identificadas nos IVAs dizem respeito ao critério espacial da hipótese de incidência tributária, já que os intangíveis têm acentuada mobilidade, e não obedecem à lógica de controle alfandegário. Neste particular, considerando-se a diretriz de que o IVA deve incidir no destino, a OCDE recomenda tratamento distinto entre fornecimento de intangíveis para contribuinte do imposto (B2B) e para consumidor final (B2C). Quando o fornecimento internacional for para contribuinte do IVA, o adquirente deve ser responsabilizado pelo pagamento do imposto, e acredita-se que ele efetivamente arrecadará o tributo aos cofres públicos, devido à autorregulação do tributo, inerente ao sistema de não cumulatividade. Tanto o IVA europeu, quanto o ICMS, parecem estar aptos a atender a esta diretriz, ainda que haja insegurança acerca da incidência do ICMS na operação com intangíveis digitais. O ISS, por outro lado, não se beneficia da autorregulação sistêmica, por ser um imposto cumulativo. Assim, caso incida ISS sobre operações internacionais com intangíveis digitais, esta incidência dificilmente trará resultados satisfatórios.

Quando o fornecimento internacional do intangível for para consumidor final, por outro lado, o próprio fornecedor estrangeiro deverá arrecadar o imposto ao país de destino. Para tanto, recomenda-se o estabelecimento de um regime de registro simplificado da empresa estrangeira. Na Europa, este modelo já foi instituído, através do OSS. No Brasil, contudo, a situação é bem mais problemática. Caso se interpretasse que incide ICMS nas operações de fornecimento de intangíveis, deve se rememorar que este tributo é de competência dos estados, de modo que a complexidade inerente à operação de fornecimento internacional de um bem passa a ser ainda mais intricada, pelo fato de que cada estado pode estabelecer regras distintas. Se, por outro lado, se interprete que incide ISS sobre as operações – tal como o fez o STF na ADI 1.945 – a competência dos municípios praticamente inviabiliza a incidência do imposto, na medida em que há 5.570 possíveis sujeitos ativos.

Como demonstrado ao longo do capítulo 3, muitos dos problemas que se apresentam nas operações internacionais ocorrem também em mercados integrados, tais como a União Europeia e o Brasil (na condição de país que tem um IVA subnacional). Para assegurar maior eficiência à arrecadação do imposto neste contexto, o ideal seria permitir que o fornecedor arrecadasse o imposto no estado de origem, destinando o produto da arrecadação ao estado de destino. Contudo, a integração entre as administrações tributárias dos diversos estados/países de um mercado integrado mostra-se historicamente difícil, motivo pelo qual, em algumas situações, o mais simples parece ser reproduzir o modelo apresentado nos parágrafos anteriores, de diferenciação entre fornecimento B2B e B2C.

Acerca da ausência de parâmetros objetivos para mensurar o valor agregado pelos intangíveis digitais na cadeia produtiva, por sua vez, sob a perspectiva jurídica não há grandes problemas. O maior problema para o IVA parece ser a impossibilidade de exigir o imposto no destino, especialmente quando se está diante de operações entre estabelecimentos de uma mesma empresa. Nesses casos, a opção tanto da União Europeia, quanto do Brasil, tem sido a de tributar a operação no local da sede da empresa. Contudo, como visto no tópico 3.3, o mais adequado, a fim de assegurar a neutralidade do imposto, seria exigi-lo em cada estabelecimento da pessoa jurídica, proporcionalmente ao valor consumido em cada local.

No que toca à mobilidade dos bens – tangíveis e intangíveis – nos arranjos de consumo do século XXI, o incremento das operações internacionais trouxe novos desafios. Para fazer frente à dificuldade de fiscalização das operações internacionais, uma alternativa proposta pela OCDE consiste em responsabilizar o intermediário digital – seja ele um *marketplace*, seja uma plataforma de economia compartilhada – pelo pagamento do IVA. Isso porque estes arranjos de consumo importam em grandes dificuldades para a administração tributária, já que a falta de materialidade dos bens intangíveis inviabiliza a fiscalização, nos moldes como tradicionalmente realizada para os bens tangíveis. Por outro lado, o fenômeno dos bens digitais também é distinto da prestação de serviços, já que as relações de consumo do século XXI prescindem da proximidade física que tradicionalmente é associada a esta prestação. Por consequência, as técnicas de fiscalização e controle aplicáveis aos serviços tampouco se mostram satisfatórias nestes casos.

Por consequência, a administração tributária fica na dependência da colaboração das grandes plataformas (seja esta colaboração voluntária, seja imposta por ordem estatal), como se viu em boa parte das propostas debatidas ao longo do capítulo 4. No modelo de responsabilização das plataformas, o intermediário pode tanto ser inserido na cadeia de circulação do bem (respondendo tanto pelo IVA próprio, quanto pelo IVA devido na etapa anterior), quanto responder subsidiária ou solidariamente com o sujeito passivo, especialmente nos casos em que descumprir algum dever de colaboração para com a administração tributária.

A União Europeia, em algumas operações específicas, adota o modelo de inserção do intermediário na cadeia de circulação do bem. No Brasil, por outro lado, alguns estados vêm utilizando o modelo de responsabilização subsidiária ou solidária, com base no art. 128 do Código Tributário Nacional. Contudo, não há tratamento nacional uniforme, o que, sob a perspectiva de custos de conformidade tributária, representa um problema no país.

Feitas todas estas adaptações, conclui-se que o IVA pode ser formatado para incidir sobre os arranjos de consumo do século XXI. Para tanto, seu critério material deve ser definido de forma ampla – "realizar operações passíveis de valor agregado" ou "realizar operações com bens e serviços" – e seu critério espacial deve assegurar a incidência no destino. Nos casos de operação internacionais B2B, o adquirente deve ser o responsável pelo pagamento do imposto; e nas operações internacionais B2C, o fornecedor deve pagar este imposto. Nos casos de operações internas a mercados integrados – interestaduais no Brasil, ou intracomunitárias na UE – é possível e recomendável a integração das administrações tributárias, viabilizando que o fornecedor pague o imposto na origem, mas este seja repassado ao estado/país de destino. Em qualquer circunstância, em situações pontuais, a responsabilização do intermediário digital pode representar uma simplificação do processo de arrecadação tributária, sendo uma boa alternativa para as administrações tributárias.

Ou seja, os arranjos de consumo do século XXI não representam o fim do IVA. A lógica econômica deste imposto, que assegura que ele tenda à neutralidade, e que fomente a autorregulação do mercado, permanece útil às administrações tributárias. Não obstante, várias adaptações no *design* normativo são necessárias, evitando-se as distorções geradas pela intangibilidade da economia digital.

# REFERÊNCIAS

AFONSO, José Roberto R.; PORTO, Lais Khaled. Tributação sem Futuro. In: AFONSO, José Roberto R.; SANTANA, Hadassah Laís. *Tributação 4.0* [recurso eletrônico], SP: Almedina, 2020.

AFONSO, José Roberto R.; SANTANA, Hadassah Laís. *Tributação 4.0* [recurso eletrônico], SP: Almedina, 2020.

AHMAD, Nadim; e SCHREYER, Paul. Are GDP and Productivity Measures Up to the Challenges of the Digital Economy? *International Productivity Monitor*. Canada, n. 30, p. 4-27, spring/2016.

AIRBNB. O que é IVA e como ele se aplica a mim? Disponível em: https://bit.ly/3k2gngb Acesso em: 10 set. 2019.

AIRES, Luís. O labirinto tributário na nova economia: da transformação digital à odisseia fiscal. *Julgar online*, jul-2019. Disponível em: https://bit.ly/3yxfqAn Acesso em: 23 nov. 2020.

ALEMANHA. Bundesministerium der Finanzen. The Federal Financial Equalisation System in Germany. Disponível em: https://bit.ly/2UsJHld Acesso em: 17 abr. 2020.

ALMEIDA, Daniel Freire e. Paradigmas de Formação da Nova Sociedade Digital no Século XXI. *Lawinter Review*. EUA, vol. VII, n. 1, p. 104-158, mai-2016.

ALMEIDA, Patrícia Silva de; MARTINS, Regina Célia de Carvalho; e VITA, Jonathan Barros. Tributação e *Cloud Computing* no Brasil: apontamentos sobre incidência tributária em *software as a service*. *Revista de Direito Tributário Contemporâneo* [recurso eletrônico]. SP: RT, vol. 23, p. 41-61, mar-abr/2020.

ALVES, Paulo Vicente. *Um Século em Quatro Atos* – Uma Projeção do Século XXI. RJ: Alta Books, 2018.

AMARAL, Thiago Abiatar Lopes. *O ICMS e a tributação do download de softwares no Estado de São Paulo*. SP: Almedina, 2018.

AUERBACH, Alan et al. Work Paper 17/01: *Destination-Based Cash Flow Taxation*. Disponível em: https://bit.ly/3iqwcLb Acesso em: 19 jul. 2021.

ÁVILA, Humberto. Imposto sobre a Circulação de Mercadorias – ICMS. Substituição Tributária. Base de Cálculo. Pauta Fiscal. Preço Máximo ao Consumidor. Diferença Constante entre o Preço usualmente Praticado e o Preço Constante da Pauta ou o Preço Máximo ao Consumidor Sugerido pelo Fabricante. Exame de Constitucionalidade. *Revista Dialética de Direito Tributário*. SP, n. 123, p. 122-134, dez/2005.

_____ *Teoria dos Princípios* – da Definição à Aplicação dos Princípios Jurídicos. 19ª ed. SP: Malheiros, 2019.

BAL, Aleksandra. Online Marketplaces and EU VAT: Global Reach but Compliance Still Local. *Kluwer International Tax Blog*. 26 fev. 2020. Disponível em: https://bit.ly/3yE4LnC Acesso em: 09 mar. 2020.

BALEEIRO, Aliomar. *Uma Introdução à Ciência das Finanças*.18ª ed. RJ: Forense, 2012.

BALTHAZAR, Ubaldo Cesar. A gênese do imposto sobre o valor agregado. *Revista Sequência*. Florianópolis: UFSC, nº 56, p. 245-258, jun. 2008.

BARDOPOULOS, Anne Michèle. *eCommerce and the Effects of Technology on Taxation* – Could VAT be the eTax Solution? [recurso eletrônico] Cham: Springer, 2015.

BARRETO, Paulo Ayres. Limites Normativos à Responsabilidade Tributária das Operadoras de *Marketplace*. *Revista Direito Tributário Atual*, n.45. p. 625-650. SP: IBDT, 2º semestre 2020. Quadrimestral.

BASTO, José Xavier de. Livros são papéis pintados com tinta – a propósito de um Acórdão do Tribunal de Justiça da União Europeia. *Revista de Finanças Públicas e Direito Fiscal*. Lisboa: IDEFFF, ano 7, n. 4, p. 21-36, jul-2015.

BATISTA JÚNIOR, Onofre Alves; SILVA, Paulo Roberto Coimbra; e RODRIGUES, Marianne Dolher Souza Becker. A Reforma das Promessas. *In:* SCAFF, Fernando Facury *et al.* *Reformas ou Deformas Tributárias e Financeiras*. Belo Horizonte: Letramento, 2020.

BAUMAN, Zygmunt. *Modernidade líquida* [recurso eletrônico]. RJ: Zahar, 2001.

BAZZANELLA, Eduardo Muxfeldt. *Tributação sobre os vídeos sob demanda: a influência da globalização sobre as normas tributárias*. 2016. Dissertação (Mestrado em Direito) – Faculdade de Direito, Pontifícia Universidade Católica do Rio Grande do Sul, Porto Alegre. 2016.

BEAN, Sir Charles. *Independent review of UK economic statistics*. 2016. Disponível em: https://bit.ly/3qXTkof Acesso em: 13 set. 2019.

BECKER, Alfredo Augusto. *Teoria Geral do Direito Tributário*. 6ª ed. SP: Noeses, 2013.

BELLAN, Daniel. Vitor. Comércio Eletrônico e Responsabilidade Tributária das Administradoras de Cartão de Crédito. *In*: SCHOUERI, Luís Eduardo. *Internet* – O Direito na Era Virtual. 2ª ed. RJ: Forense, 2001.

BENIGER, James R. *The Control Revolution* – Technological and Economic Origins of the Information Society. Cambridge: Harvard University Press. 1986.

BENKLER, Yochai. Law, Innovation, and Collaboration in Networked Economy and Society. *Annual Review of Law and Social Science*. EUA, vol. 13, p. 231-250. 2017.

_____ *The Wealth of Networks* – How Social Production Transforms Markets and Freedom [recurso eletrônico]. EUA: Yale University Press, 2006.

BERETTA, Giorgio. European VAT and the Sharing Economy. *Kluwer International Tax Blog*. 31 out. 2019. Disponível em: https://bit.ly/3xqxpZf Acesso em: 09 mar. 2020.

_____ *European VAT and the Sharing Economy*. Netherlands: Kluwer, 2019.

BERGAMINI, Adolpho. *ICMS* [recurso eletrônico]. 2ª ed. SP: Fiscosoft, 2015.

BERNARDES, Flávio Couto. Conflito de Competência no ICMS: os Convênios, o Princípio da Legalidade e a Reforma Tributária. *In:* SILVA, Paulo Roberto Coimbra; BERNARDES, Flávio Couto; e FONSECA, Maria Juliana. *Tributação sobre o Consumo*. SP: Quartier Latin, 2008.

BONAVIDES, Paulo. *Curso de Direito Constitucional*. 34ª ed. SP: Malheiros. 2019.

BRIGAGÃO, Gustavo. Economia Digital e Tributação: Plano de Ação 1 do Projeto Base Erosion and Profit Shifting (Beps) e o Panorama Brasileiro. *In:* MATA, Juselder Cordeiro da; BERNARDES, Flávio Couto; LOBATO, Valter de Souza. *Tributação na Sociedade Moderna*. BH: Arraes, 2019.

BRYNJOLFSSON, Erik; McAFEE, Andrew. *Race Against the Machine* – How the Digital Revolution is Accelerating Innovation, Driving Productivity, and Irreversibly Transforming Employment and the Economy. EUA: Digital Frontier Press, 2011.

BUDAK, Tamer. The Transformation of International Tax Regime: Digital Economy. *Inonu University Law Review*. Turquia: Inonu University, vol. 8, n. 2, p. 297-330, dez. 2017.

BUFAN, Radu; OPRE, Aurelian. The Principle of Tax Neutrality in the Field of Direct and Indirect Taxation. *In*: LANG, Michael; MELZ, Peter; KRISTOFFERSSON, Eleonor. *Value Added Tax and Direct Taxation* – Similarities and Differences. Amsterdam: IBFD, 2009, p. 231-56.

CALIENDO, Paulo. *Curso de Direito Tributário*. 3ª ed. SP: Saraiva, 2020.

_____ *Estabelecimentos Permanentes em Direito Tributário Internacional*. São Paulo: RT, 2005.

_____ Reforma tributária e a necessária equação da tributação da renda, do patrimônio e do consumo. *In*: SCAFF, Fernando Facury *et al*. *Reformas ou Deformas Tributárias e Financeiras*. Belo Horizonte: Letramento, 2020.

CAMPOS, Carlos Alexandre de Azevedo. Adam Smith. *In*: CAMPOS, Carlos Alexandre de Azevedo; CAVALCANTE, Denise Lucena; e CALIENDO, Paulo. *Leituras Clássicas de Direito Tributário*. Salvador: JusPodivm, 2018.

CAMPOS, Carlos Alexandre de Azevedo; CAVALCANTE, Denise Lucena; e CALIENDO, Paulo. *Leituras Clássicas de Direito Tributário*. Salvador: JusPodivm, 2018.

CANAZARO, Fábio. *Essencialidade Tributária*: Igualdade, Capacidade Contributiva e Extrafiscalidade na Tributação sobre o Consumo. Porto Alegre: Livraria do Advogado, 2015.

CANEN, Doris. Marketplaces: ISS e desafios. *Revista de Direito e as Novas Tecnologias* [recurso eletrônico]. SP:RT, vol. 3, abr-jun/2019.

CAPUTO, Victor. Investimento em fintechs no Brasil aumentou sete vezes em três anos. Época Negócios, 23 jan. 2019. Disponível em: https://glo.bo/3hqFBmL Acesso em: 02 set. 2019.

CARRAZZA, Roque Antonio. *ICMS*. 18.ª ed. SP: Malheiros, 2020.

CARVALHO, Paulo de Barros. *Curso de Direito Tributário*. 30ª ed. SP: Saraiva, 2019.

_____ *Direito Tributário, Linguagem e Método*. SP: Noeses, 2008.

CARVALHO, Paulo de Barros e SOUZA, Priscila de. *Sistema Tributário Brasileiro e a Crise Atual* – VI Congresso Nacional de Estudos Tributários. SP: Noeses/IBET, 2009.

CASTELLO, Melissa Guimarães. *Blockchain*: um ônus ou um bônus para a capacidade arrecadatória dos Estados? *Revista Interesse Público*. Belo Horizonte, ano 20, n. 108, p. 161-174, mar/abr. 2018.

_____ Conceitos jurídicos indeterminados em matéria tributária e o dever de fundamentação das decisões judiciais: uma análise da jurisprudência do Supremo Tribunal Federal que define "Serviços de Qualquer Natureza". *Revista de Direito Tributário Contemporâneo*. SP: RT, vol. 21, p. 15-35, out-dez/2019.

CASTELLS, Manuel. *A Sociedade em Rede* – A Era da Informação: Economia, Sociedade e Cultura. Vol. 1. SP: Paz e Terra. 2010.

CENTRO DE CIDADANIA FISCAL. Nota técnica - Texto-base da Lei Complementar do IBS. Set. 2020. Disponível em: https://bit.ly/3jYsmeJ Acesso em: 08 dez. 2020.

CHARLET, Alain; e HOLMES, David. Determining the Place of Taxation of Transactions under VAT/GST: Can Transfer Pricing Principles Help? *International VAT Monitor*. p. 431-8, nov-dez. 2010.

CHRISTENSEN, Clayton M.; RAYNOR, Michael E.; e McDONALD, Rory. What Is Disruptive Innovation? In: *Harvard Business Review*, EUA, dez. 2015. Disponível em: https://bit.ly/3jZoN82 Acesso em: 06 set. 2019.

CINTRA, Marcos. *A verdade sobre o Imposto Único*. SP: LCTE, 2003.

CNOSSEN, Sijbren. Global Trends and Issues in Value Added Taxation. *International Tax and Public Finance*. Netherlands: Kluwer, nº 5, p. 399-428, 1998.

COÊLHO, Sacha Calmon Navarro. Conflito de competência do ICMS x ISSQN na industrialização por encomenda em etapa intermediária da produção. Materiais fornecidos pelo próprio contratante. Reconhecimento da repercussão geral pelo STF. 26 jun. 2017. Disponível em: https://bit.ly/3k1H8RV Acesso em 04 jun. 2020.

_____ O Imposto sobre Produtos Industrializados e o direito à compensação de créditos presumidos. *In*: COÊLHO, Sacha Calmon Navarro. *Grandes questões atuais do direito tributário*. SP: Dialética, 1998. 2v.

_____ O IVA brasileiro. *In*: SARAIVA FILHO, Oswaldo Othon de Pontes; VASQUES, Sérgio; GUIMARÃES, Vasco Branco. *IVA para o Brasil* – Contributos para a Reforma da Tributação do Consumo. BH: Fórum, 2007.

COINTIMES. O que comprar usando bitcoin? Veja uma lista de opções. 2018. Disponível em: https://bit.ly/3qXcbjk Acesso em 22 set. 2020.

COMELLI, Alberto. *IVA Comunitaria e IVA Nazionale* – Contributo alla teoria generale dell'imposta sul valore aggiunto. Milão: CEDAM, 2000.

_____ *Nuovi profili dell'IVA, verso una disciplina definitiva*. Canterano: Aracne, 2019.

CONTINENTINO, Marcelo Casseb. A Seletividade do ICMS Incidente sobre Energia Elétrica e a Constitucionalidade da Graduação de Alíquotas segundo o Princípio da Capacidade Contributiva. *Revista Dialética de Direito Tributário*. São Paulo, nº 141, junho-2007.

CORKERY, Jim; et. al. Taxes, the Internet and the Digital Economy. *Revenue Law Journal*, vol. 23, n. 1, 2015-2017. Disponível em: https://bit.ly/3hMLavQ Acesso em: 27 jun. 2017.

CORREIA NETO, Celso de Barros; AFONSO, José Roberto R.; FUCK, Luciano Felício. Desafios Tributários na Era Digital. *In*: AFONSO, José Roberto R.; SANTANA, Hadassah Laís. *Tributação 4.0* [recurso eletrônico], SP: Almedina, 2020.

COSTA, Alcides J. Impôsto de Vendas e Consignações: Análise dos Sistemas de Arrecadação. *Revista de Administração de Empresas*. RJ: FGV, vol. 3, n. 6, p. 53-72, jan-mar/1963.

COSTA, Melina. Impressão 3D para as massas, não só para nerds. *Revista Exame*, SP, 19 ago. 2014. Disponível em: https://bit.ly/3ww0pO7 Acesso em: 04 set. 2019.

FERIA, Rita de la. Blueprint for Reform of VAT Rates in Europe. *Intertax*, vol. 43, n. 2, p. 155-172, 2015.

_____ Place where the Supply/Activity is Effectively Carried Out as an Allocation Rule: VAT vs. Direct Taxation. *Oxford University Centre for Business Taxation WP 09/06*. Disponível em: https://bit.ly/3ABP9mo Acesso em: 15 abr. 2020.

_____ The Definitive VAT System: Breaking with Transition. *EC Tax Review*, n. 27 (3), p. 122-126, 2018.

_____ Tributação sobre o Consumo na Experiência Internacional. *Palestra proferida na FGV Direito (SP)*, 09 mar. 2020. 1 vídeo (4 h 33 min 53 seg). Disponível em: https://bit.ly/3hHZnJr. Acesso em: 17 abr. 2020.

FERIA, Rita de la; KREVER, Richard. Ending VAT Exemptions: Towards a Post-Modern VAT. *In*: de la FERIA, Rita (ed) *VAT Exemptions – Consequences and Design Alternatives*. EUCOTAX Series on European Taxation, vol. 37, Netherlands: Kluwer, 2013.

FERIA, Rita de la; WALPOKE, Michael. Options for Taxing Financial Supplies in Value Added Tax: EU VAT and Australian GST Models Compared. *International & Comparative Law Quarterly*. Cambridge: CUP, vol. 58, p. 897-932, out. 2009.

DERZI, Misabel Abreu Machado; SANTIAGO, Igor Mauler. A harmonização dos IVAs do Brasil para o desenvolvimento produtivo. *In*: SARAIVA FILHO, Oswaldo Othon de Pontes; VASQUES, Sérgio; GUIMARÃES, Vasco Branco. *IVA para o Brasil* – Contributos para a Reforma da Tributação do Consumo. BH: Fórum, 2007.

DIEFENTHAELER, Ricardo. Os caminhos do IVA no Brasil. *Direito Tributário em Questão – Revista da FESDT*. POA: FESDT, nº 7, p. 169-90, jan./jun. 2011.

DWORKIN, Ronald. *Taking Rights Seriously*. Londres: Duckworth, 1977.

EBRILL, Liam *et al*. *The Modern VAT*. Washington: IMF, 2001.

ENGLISCH, Joachim. VAT/GST and Direct Taxes: Different Purposes. *In*: LANG, Michael; MELZ, Peter; KRISTOFFERSSON, Eleonor. *Value Added Tax and Direct Taxation* – Similarities and Differences. Amsterdam: IBFD, 2009.

EY Tax Insights. Cross-border intracompany transactions with the EU. Disponível em: https://go.ey.com/3wy6oSi Acesso em 18 jul. 2020.

EY. 3D printing taxation issues and impacts. 2015. Disponível em: https://bit.ly/3ew09s4 Acesso em: 19 jul. 2021.

FALCÃO, Maurin Almeida. Da tributação cumulativa ao Imposto sobre o Valor Agregado: o percurso notável da inovação tributária do século XX. *In*: SARAIVA FILHO, Oswaldo Othon de Pontes; VASQUES, Sérgio; GUIMARÃES, Vasco Branco. *IVA para o Brasil* – Contributos para a Reforma da Tributação do Consumo. BH: Fórum, 2007.

FEITOSA, Maurine Morgan Pimentel. *O Conflito de Competência entre o ICMS e o ISS* – um estudo de casos na era da internet. BH: Fórum, 2018.

FERRAGUT, Maria Rita. *Responsabilidade Tributária*. 4ª ed. SP: Noeses, 2020

FERREIRA. Luiz Guilherme de Medeiros; NOBREGA, Marcos. Tributação na Economia Digital e o Conflito de Competência. *In*: AFONSO, José Roberto R.; SANTANA, Hadassah Laís. *Tributação 4.0* [recurso eletrônico], SP: Almedina, 2020.

FORBES MAGAZINE. *Amazon*. Disponível em: https://bit.ly/3e3ue25 Acesso em: 03 set. 2019.

_____ *The World's Most Valuable Brands*. Disponível em: https://bit.ly/3k0k4mt Acesso em: 12 jun. 2019.

FRATTARI, Rafhael; RIBEIRO, Fernanda Prata Moreira. Exportação de Serviços e Isenção Tributária. *In*: MATA, Juselder Cordeiro da; BERNARDES, Flávio Couto; LOBATO, Valter de Souza. *Tributação na Sociedade Moderna*. BH: Arraes, 2019.

FREEDMAN, Judith. Improving (Not Perfecting) Tax Legislation: Rules and Principles Revisited. *British Tax Review*, London: Sweet & Maxwell, n. 6, p. 717-736, 2010.

FREEMAN, Christopher. Schumpeter's Business Cycles Revisited. *In* HEERTJE, Arnold; e PERLMAN, Mark (eds). *Evolving Technology and Market Structure* – Studies in Schumpeterian Economics. EUA: The University of Michigan Press, p. 17-38, 1990.

FUKUYAMA, Francis. The End of History? *The National Interest*. nº 16, p. 3-18, summer 1989.

G1. *Facebook completa 15 anos com 2,3 bilhões de usuários*. Disponível em: https://glo.bo/2UDSvEP Acesso em: 12 jun. 2019.

GALLO, Franco. Nuovi profili dell'imposta sul valore aggiunto. *In*: COMELLI, Alberto. *Nuovi profili dell'IVA, verso una disciplina definitiva*. Canterano: Aracne, 2019.

GINTIS, Herbert. Why Schumpeter got it Wrong in Capitalism, Socialism, and Democracy. *Challenge Magazine*, 1990. Disponível em: https://bit.ly/3wsCmzw Acesso em: 29 abr. 2019.

GONZÁLEZ, Dario. Impuesto sobre Servicios Digitales «Digital Services Tax». *In:* Centro Interamericano de Administraciones Tributarias. Disponível em: https://bit.ly/36qZ9Ry Acesso em: 07 ago. 2020.

GOOLSBEE, Austan; CHEVALIER, Judith. *National Bureau of Economic Research Working Paper n. 9085* - Measuring Prices and Price Competition Online: Amazon and Barnes and Noble, jul. 2002. Disponível em: https://bit.ly/3hNu5Rs Acesso em: 04 jun. 2019.

GOUVEIA, Evaristo Paulo. *Imposto sobre o Valor Agregado.* SP: José Bushatsky, 1976.

GRAPPIOLO, Roberta. *Recenti sviluppi del sistema europeo dell'IVA. In*: COMELLI, Alberto. *Nuovi profili dell'IVA, verso una disciplina definitiva.* Canterano: Aracne, 2019.

GRECO, Marco Aurélio. Aspectos Tributários do Comércio Eletrônico. *In:* UCKMAR, Victor; et al. (coords.). *Impuestos sobre el Comercio Internacional.* Buenos Aires: Ábaco de Rodolfo de Palma S.R.L., 2003.

____ *Internet e Direito.* 2ª ed. SP: Dialética, 2000.

GREGORIO, Rafael. Bitcoin poderá ser usado para compras no iFood, Evino e Rappi. 29 ago. 2020. Disponível em: https://glo.bo/3yLGCM7 Acesso em: 22 set. 2020.

GRUPENMACHER, Betina Treiger. Emenda que Disciplina a Incidência do ICMS sobre Operações Interestaduais. *Consultor Jurídico*, São Paulo, 23 abr. 2015. Disponível em: https://bit.ly/3hStJJg Acesso em: 03 set. 2019.

____ Tributação de Streaming e Serviços Over the Top. *In:* MATA, Juselder Cordeiro da; BERNARDES, Flávio Couto; LOBATO, Valter de Souza. *Tributação na Sociedade Moderna.* BH: Arraes, 2019.

GRUPENMACHER, Betina Treiger; RODRIGUES, Matheus Schwertner Ziccarelli. A Reforma Tributária – Breves Considerações. *In:* SCAFF, Fernando Facury *et al. Reformas ou Deformas Tributárias e Financeiras.* Belo Horizonte: Letramento, 2020.

GUIMARÃES, Vasco Branco. A tributação do consumo no Brasil: uma visão europeia. *In*: SARAIVA FILHO, Oswaldo Othon de Pontes; VASQUES, Sérgio; GUIMARÃES, Vasco Branco. *IVA para o Brasil* – Contributos para a Reforma da Tributação do Consumo. BH: Fórum, 2007.

____ A Tributação Face ao Desafio Digital. *In*: AFONSO, José Roberto R.; SANTANA, Hadassah Laís. *Tributação 4.0* [recurso eletrônico], SP: Almedina, 2020.

HARADA, Kiyoshi. *ICMS* – Doutrina e Prática [recurso eletrônico]. 2ª ed. SP: Atlas, 2019.

HASKEL, Jonathan; e WESTLAKE, Stian. *Capitalism without Capital* – the rise of the intangible economy [recurso eletrônico]. EUA: Princeton University Press, 2018.

HEERTJE, Arnold; e PERLMAN, Mark (eds). *Evolving Technology and Market Structure* – Studies in Schumpeterian Economics. EUA: The University of Michigan Press, 1990.

HELLERSTEIN, Walter. Taxing Remote Sales in the Digital Age: a Global Perspective. *American University Law Review*. Washington: American University Washington College of Law, vol. 65, p. 1195-1239, 2016.

INDIA GST. Disponível em: https://bit.ly/3qRdccH Acesso em: 16 mar. 2020.

Indirect taxation on 3D printing – A new challenge for the European Union. *Unio – EU Law Journal*. 17 dez. 2018. Disponível em: https://bit.ly/3wB2I2s Acesso em: 25 abr. 2020.

JESUS, Fernando Bonfá de. *ICMS* – Aspectos Pontuais. SP: Quartier Latin, 2007.

JONES, John Avery. Tax Law: Rules or Principles? *Fiscal Studies*. London, vol. 17, n. 3, p. 63-89, 1996.

KAPLAN, Saul. *Business model innovation factory*: how to stay relevant when the world is changing. Hoboken: John Wiley & Sons, 2012.

KOLOZS. Borbála. Neutrality in VAT. *In*: LANG, Michael; MELZ, Peter; KRISTOFFERSSON, Eleonor. *Value Added Tax and Direct Taxation* – Similarities and Differences. Amsterdam: IBFD, 2009.

LACKS, Larissa. O Princípio da territorialidade tributária e o debate acerca da incidência do imposto sobre serviços de qualquer natureza nas importações de serviços. *Revista Tributária e de Finanças Públicas* [recurso eletrônico]. SP: RT, vol. 129, p. 121-40, jul-ago/2016.

LAMENSCH, Marie. Are 'reverse charging' and the 'one-stop-scheme' efficient ways to collect VAT on digital supplies? *World Journal of VAT/GST Law*, vol. 1, n. 1, p. 1-20, 2012.

LAMENSCH, Marie; TRAVERSA, Edoardo; e VAN THIEL, Servaas (eds.). *Value Added Tax and the Digital Economy* – The 2015 EU Rules and Broader Issues. Holanda: Wolters Kluwer, 2015.

LASMAR JR., Eduardo Lúcio *et. al.* Novos Modelos de Negócios e a Economia Compartilhada: Impactos e Desafios para a Indústria Tradicional de Automóveis. *In*: *XX SemeAd – Seminário de Administração*, 2017, São Paulo. Disponível em: https://bit.ly/36naban Acesso em: 10 set. 2019.

LAURÉ, Maurice. *La Taxe sur la Valeur Ajoutée*. Paris: Librairie du Recueil Sirey, 1953.

LAZZARI, Aline de Geroni Roncato. *As Narrativas de Mudança no Contexto da Economia Compartilhada*. 2019. Dissertação (Mestrado em Administração e Negócios) – Escola de Negócios, Pontifícia Universidade Católica do Rio Grande do Sul, Porto Alegre, 2019.

LEDERMAN, Leandra. "Stranger than Fiction": Taxing Virtual Worlds. Research Paper Number 76. *New York University Law Review*, n. 82, p. 1620-72, dez. 2007.

LEJEUNE, Ine; e CLAESSENS, Sophie. The VAT One Stop Shop System: An Efficient Way to Collect VAT on Digital Supplies into the EU Consumer Market? In: LAMENSCH, Marie; TRAVERSA, Edoardo; e VAN THIEL, Servaas (eds.). *Value Added Tax and the Digital Economy* – The 2015 EU Rules and Broader Issues. Holanda: Wolters Kluwer, 2015.

LIMA, Paulo Cunha; SANTOS, João Amadeus; e CORDEIRO, João Gabriel. Lei Complementar 175/2020 apresenta alteração no recolhimento do ISS. *Consultor Jurídico*, São Paulo, 02 nov. 2020. Disponível em: https://bit.ly/3hUcTcX Acesso em: 02 dez. 2020.

LOCHAGIN, Gabriel Loretto. A Aplicabilidade dos Acordos de Bitributação ao ISS sobre a Importação de Serviços do

Exterior. *Revista Tributária das Américas* [recurso eletrônico]. SP: RT, vol. 8, p. 19-38, jul-dez/2013.

LOESCH, Stefan. *A guide to financial regulation for fintech entrepreneurs*. Reino Unido: Wiley, 2018.

LOPES, Ana Teresa Lima Rosa. Tributação do *software* no Brasil. Mercadoria ou serviço? *Revista Tributária e de Finanças Públicas* [recurso eletrônico]. SP: RT, vol. 127/2016, p. 165-186, mar-abr/2016.

LUCIANO, Edimara Mezzomo. *Consolidação de Componentes de Modelos de Negócios para o Comércio Eletrônico de Produtos Virtuais*. 2004. Tese (Doutorado em Administração) – Faculdade de Administração, Universidade Federal do Estado do Rio Grande do Sul, Porto Alegre. 2004.

LUKIC, Melina Rocha. Análise e proposta do fato gerador do IBS na reforma tributária do Brasil. *JotaInfo*. São Paulo, 15 maio 2020. Disponível em: https://bit.ly/3xTtEvs Acesso em: 19 jul. 2021.

_____ Economia Digital e Iva em Países Federativos: os Desafios do Caso Canadense. In: AFONSO, José Roberto R.; SANTANA, Hadassah Laís. *Tributação 4.0* [recurso eletrônico], SP: Almedina, 2020.

_____ Economia Digital e IVA em países federativos: os desafios do caso canadense. *JotaInfo*. São Paulo, 13 dez. 2019. Disponível em: https://bit.ly/3yHaTLP Acesso em: 28 maio 2020

_____ Tributação da economia digital por meio de IVA/IBS: desafios e soluções. *JotaInfo*. São Paulo, 30 jun. 2020. Disponível em: https://bit.ly/3r3wR9d Acesso em: 06 jul. 2020.

LULL, James. Culture-on-demand: communication in a crisis world. Malden: Blackwell Publisher, 2007.

MACEDO, Alberto. Impressão 3D e a tributação do consumo no Brasil. *In:* PISCITELLI, Tathiane. *Tributação da economia digital* [recurso eletrônico]. SP: RT, 2018.

MACHADO, Hugo de Brito. O ICMS no Fornecimento de Energia Elétrica: Questões da Seletividade e da Demanda Contratada. *Revista Dialética de Direito Tributário*. São Paulo, nº 155, agosto-2008.

MACIEL, Everardo. Insensatez não é opção válida no sistema tributário brasileiro 2019. *Consultor Jurídico*, São Paulo, 24 maio 2019. Disponível em: https://bit.ly/3wWSdqo Acesso em: 19 jul. 2021.

MAKELA, Finn; McKEE, Derek; e SCASSA, Teresa. The "Sharing Economy" through the Lens of Law. *In* McKEE; MAKELA; e SCASSA (eds.). *Law and the "Sharing Economy"*- Regulating Online Market Platforms. Canadá: University of Ottawa Press, p. 1-13, 2018.

MANSELL, Robin. The life and times of the information society. *Prometheus*, vol. 28, n. 2, p. 165-186, 2010.

MARTINS, Vinícius Alves Portela. ISS sobre Vídeo por Demanda Programado (Netflix): é Possível? *Revista Tributária e de Finanças Públicas*, São Paulo: RT, vol. 126/2016, p. 145-163, Jan-Fev/2016.

MARX, Karl. *O Capital* – Crítica da Economia política [obra completa – recurso eletrônico].

MASUKO, Ana Clarissa. O Conceito de Serviço como "Obrigação de Fazer" no Direito Tributário Brasileiro, seus Reflexos para a Reforma Tributária e Economia Digital. *In*: AFONSO, José Roberto R.; SANTANA, Hadassah Laís. *Tributação 4.0* [recurso eletrônico], SP: Almedina, 2020.

MATA, Juselder Cordeiro da; BERNARDES, Flávio Couto; LOBATO, Valter de Souza. *Tributação na Sociedade Moderna*. BH: Arraes, 2019.

MAXIMILIANO, Carlos. *Hermenêutica e Aplicação do Direito*. 20ª ed. RJ: Forense, 2011.

McKEE, Derek. Peer Platform Markets and Licensing Regimes. *In* McKEE; MAKELA; SCASSA (eds.). *Law and the*

*"Sharing Economy"*- Regulating Online Market Platforms. Canadá: University of Ottawa Press, p. 17-53, 2018.

McKEE; MAKELA; SCASSA (eds.). *Law and the "Sharing Economy"*- Regulating Online Market Platforms. Canadá: University of Ottawa Press, 2018.

MELO, José Eduardo Soares de. *ICMS* – Teoria e Prática. 15ª ed. POA: Livraria do Advogado, 2019.

MERRIAM-WEBSTER Dictionary. Disponível em: https://bit.ly/2TLqz1J Acesso em: 26 abr. 2020

MIGUEL, Luciano Garcia. Impressão em 3D: um novo desafio para o ICMS? *In*: PISCITELLI, Tathiane. *Tributação da economia digital* [recurso eletrônico]. SP: RT, 2021.

MIGUEL, Luciano Garcia; e OZAI, Ivan Ozawa. ICMS e a tributação das mercadorias digitais. *Revista de Direito Tributário* [recurso eletrônico]. SP: RT, vol. 1/2016, p. 237-262, jul-ago/2016.

MILL, John Stuart. *Principles of Political Economy*. 1885. Disponível em: https://bit.ly/36hoMV5 Acesso em: 09 mar. 2020.

MOREIRA, André Mendes. Não-cumulatividade tributária no Brasil e no mundo: origens, conceito e pressupostos. *In*: CARVALHO, Paulo de Barros e SOUZA, Priscila de. *Sistema Tributário Brasileiro e a Crise Atual* – VI Congresso Nacional de Estudos Tributários. SP: Noeses/IBET, 2009.

_____ *Neutralidade, Valor Acrescido e Tributação*. BH: Fórum, 2019.

MUKHOPADHYAY, Sukumar. VAT: a Closer Look. *Economic and Political Weekly*, Mumbai, vol. 36, n. 7, p. 522-524, 17-23 fev. 2001.

NUSDEO, Fábio. *Curso de Economia* – Introdução ao Direito Econômico [recurso eletrônico]. SP: RT, 2016.

OLIVEIRA, Maria Odete. Livros digitais vs. Livros em papel. O dilema do IVA comunitário: *a book is a book no matter what its form is*? É a forma ou o conteúdo que relevam na definição de um livro? *Revista da Faculdade de Direito e Ciência Política*. Porto: Universidade Lusófona. n. 10, p. 81-94, 2017.

OLIVEIRA, Maria Odete; RUÃO, Joana Bourbon Aguiar Branco. A Tributação do Consumo no Comércio Internacional: da Falta de Coesão à Necessidade de Concertação. *Revista da Faculdade de Direito da Universidade Lusófona do Porto*. v. 7, n. 7, p. 68-100, 2015.

OLIVON, Beatriz. Estados responsabilizam plataformas on-line por inadimplência de lojistas. *Valor Econômico*. 27 abr. 2020. Disponível em: https://glo.bo/3hXY6y5 Acesso em: 27 abr. 2020.

PADILHA, Maria Ângela Lopes Paulino. *Tributação de Software: exame da constitucionalidade da incidência do ISS e do ICMS-Mercadoria sobre a licença de uso de programa de computador disponibilizado eletronicamente*. 2016. Tese (Doutorado em Direito) – Faculdade de Direito, Pontifícia Universidade Católica de São Paulo, São Paulo. 2016.

PALMA, Clotilde Celorico. A harmonização comunitária do Imposto sobre o Valor Acrescentado: *quo vadis*? *In*: SARAIVA FILHO, Oswaldo Othon de Pontes; VASQUES, Sérgio; GUIMARÃES, Vasco Branco. *IVA para o Brasil* – Contributos para a Reforma da Tributação do Consumo. BH: Fórum, 2007.

_____ A recente comunicação da Comissão sobre o futuro do IVA. *Revista TOC*. Ano XII, p. 48-55, mar-2012. Disponível em: https://bit.ly/2UsvRPN Acesso em: 24 nov. 2020.

_____ A tributação da economia digital e a evolução recente na União Europeia. *In:* PISCITELLI, Tathiane. *Tributação da economia digital* [recurso eletrônico]. SP: RT, 2021.

_____ *Estudos de IVA V*. Coimbra: Almedina, 2020.

PAPIS-ALMANSA, Marta. VAT and electronic commerce: the new rules as a means for simplification, combatting fraud and creating a more level playing field? *ERA Forum* [recurso eletrônico]. v. 20, p. 201–223, out. 2019. Disponível em: https://bit.ly/3yHlsi5 Acesso em: 03 jul. 2020.

PARO, Giácomo. A tributação no marketplace digital. *JotaInfo*. São Paulo, 03 mar. 2018. Disponível em: https://bit.ly/3yF6fOn Acesso em: 30 abr. 2020.

PAULSEN, Leandro. *Curso de Direito Tributário Completo.* 11ª ed. SP: Saraiva, 2020.

PAULSEN, Leandro; e MELO, José Eduardo Soares de. *Impostos federais, estaduais e municipais.* 11ª ed. SP: Saraiva, 2018.

PINTO, Rodrigo Alexandre Lazaro. A Tributação na Importação de Arquivos de Modelos para Impressoras 3D. *Revista Direito Tributário Internacional Atual*, SP: IBDT, v. 4, p. 200-22, 2018.

PISCITELLI, Tathiane. Ainda sobre benefícios fiscais aos livros: ricos consomem mais? Disponível em: https://bit.ly/3wOg9w0 Acesso em: 12 jul. 2021.

_____ Responsabilidade tributária dos marketplaces. *Resenha de Notícias Fiscais.* 26 jun. 2020. Disponível em: https://bit.ly/3hSiVuA Acesso em: 27 jun. 2020.

_____ Tributação da economia compartilhada: caso das plataformas digitais de transporte e hospedagem sob a perspectiva do ISS. *In:* PISCITELLI, Tathiane. *Tributação da economia digital* [recurso eletrônico]. SP: RT, 2018.

_____ *Tributação da economia digital* [recurso eletrônico]. SP: RT, 2021.

PORTO, Roseli Morena. Varejo multicanal. *Revista GV Executivo*, São Paulo, v. 5, n. 1, p. 61-5, fev-abr/2006.

REGAN, Tom. VAT is GCC countries' preparation for the future. In: *TheArabWeekly*, 2019. Disponível em: Disponível em: https://bit.ly/3k6sYPF Acesso em: 26 ago. 2019.

REZENDE, Fernando. A Revolução Digital e a Reforma Tributária. *In*: AFONSO, José Roberto R.; SANTANA, Hadassah Laís. *Tributação 4.0* [recurso eletrônico], SP: Almedina, 2020.

RIBEIRO, Ricardo Lodi. Legalidade Tributária, Tipicidade Aberta, Conceitos Indeterminados e Cláusulas Gerais Tributárias. *Revista de Direito Administrativo*, RJ: FGV, n. 229, p. 313-333, jul-set/2002.

_____ Reforma tributária simplifica, mas tem efeitos regressivos e centralizadores. *Consultor Jurídico*, 2019. Disponível em: https://bit.ly/3BjBT6a Acesso em: 19 jul. 2021.

RICHTER, Felix. The Streaming Takeover. *Statista*, Alemanha, 05 mar. 2021. Disponível em: https://bit.ly/3jZgAk6 Acesso em: 12 jul. 2021.

RIFKIN, Jeremy. *Sociedade com Custo Marginal Zero* – A Internet das Coisas, os Bens Comuns Colaborativos e o Ecplipse do Capitalismo. SP: M Books, 2016.

ROCHA, Sérgio André. *Política Fiscal Internacional Brasileira*. RJ: Lumen Juris, 2017. *Tributação Internacional*. SP: Quartier Latin, 2013.

RONZANI, Guilherme Della Garza. Princípios da Tributação na Origem e da Tributação no Destino no Contexto da "Guerra Fiscal". *In:* SILVA, Paulo Roberto Coimbra; BERNARDES, Flávio Couto; e FONSECA, Maria Juliana. *Tributação sobre o Consumo*. SP: Quartier Latin, 2008.

ROSENBLATT, Paulo; e LUDMER, Beatriz Pessoa. O Comércio Eletrônico Audiovisual Via *Streaming* e o ICMS-Comunicação: Uma Proposta de Superação Jurisprudencial para Adequar a Tributação à Economia Digital Global. *In:* MATA, Juselder Cordeiro da; BERNARDES, Flávio Couto; LOBATO, Valter de Souza. *Tributação na Sociedade Moderna*. BH: Arraes, 2019.

ROSER, Max; e RITCHIE Hannah. Technological Progress – empirical view. Disponível em: https://bit.ly/3hHO03W Acesso em: 12 jun. 2019.

RUBINSTAIN, Flávio. *In*: A Maior Live de Administração Tributária do Mundo, 2020. 1 vídeo (11:55h). Publicado pelo canal Stael Freire. Disponível em: https://bit.ly/3wAOkas Acesso em: 07 ago. 2020.

SARLET, Ingo Wolfgang; e MOLINARO, Carlos Alberto. Sociedade da Informação – Inquietudes e Desafios. *Revista de Estudos e Pesquisas Avançadas do Terceiro Setor*. Brasília, v. 4, n. 1, p. 440-480, jan-jun/2017.

SCAFF, Fernando Facury *et al*. *Reformas ou Deformas Tributárias e Financeiras*. Belo Horizonte: Letramento, 2020.

SCARCELLA, Luisa. E-commerce and effective VAT/GST enforcement: Can online platforms play a valuable role? *Computer Law & Security Review*. Amsterdã: Elsevier. vol. 36, abr/2020. Disponível em: https://bit.ly/3xzmD2T Acesso em: 21 jun. 2020.

SCHOUERI, Luís Eduardo. *Internet* – O Direito na Era Virtual. 2ª ed. RJ: Forense, 2001.

SCHUMPETER, Joseph A. *Business Cycles* – A Theoretical, Historical, and Statistical Analysis of the Capitalist Process. Vol. I, EUA: McGraw-Hill, 1923.

_____ *Capitalismo, Socialismo e Democracia* [recurso eletrônico]. SP: Unesp Digital, 2017.

_____ *Teoria do Desenvolvimento Econômico*. SP: Nova Cultura, 1997.

SILVA, Paulo Roberto Coimbra; BERNARDES, Flávio Couto; e FONSECA, Maria Juliana. *Tributação sobre o Consumo*. SP: Quartier Latin, 2008.

SILVA, Paulo Roberto Coimbra; e MINEIRO, Pedro Henrique Alves. Tributação sobre o Consumo no *Marketplace* Digital e o Novo Conceito de Serviços na Jurisprudência do STF. *In:* MATA, Juselder Cordeiro da; BERNARDES, Flávio Couto; LOBATO, Valter de Souza. *Tributação na Sociedade Moderna*. BH: Arraes, 2019.

SILVA NETO, Antônio Carlos da. *Substituição Tributária Progressiva no ICMS* – Fundamentos e Controvérsias. POA: Sérgio Fabris, 2019.

SIMONE, Diego Caldas Rivas de; PIAZZA, Beatriz Antunes. A indevida responsabilização tributária das empresas de marketplace. *JotaInfo*. São Paulo, 08 jun. 2020. Disponível em: https://bit.ly/3k5Qwnw Acesso em: 27 jun. 2020.

SMITH, Adam. *An Inquiry into the Nature and Causes of the Wealth of Nations* [recurso eletrônico]. 1776. Disponível em: https://bit.ly/3rjcOni Acesso em: 19 jul. 2021.

SOUZA, Daniela Nascimento Dias de. A 4ª Revolução Industrial e a Tributação na Economia Compartilhada. *In:* MATA, Juselder Cordeiro da; BERNARDES, Flávio Couto; LOBATO, Valter de Souza. *Tributação na Sociedade Moderna*. BH: Arraes, 2019.

SOUSA, Rubens Gomes de. *Compêndio de Legislação Tributária*. SP: Resenha Tributária, 1975.

_____ Os Impostos sobre o Valor Acrescido no Sistema Tributário. *Revista de Direito Administrativo*. RJ: FGV, nº 110, p. 17-26, out/dez. 1972.

SWAN, Melanie. *Blockchain: Blueprint for a New Economy*. Sebastopol: O´Really Media, 2015.

SZELBRACIKOWSKI, Daniel Corrêa. Novas Tecnologias e a Necessidade de Reforma Tributária. *In*: AFONSO, José Roberto R.; SANTANA, Hadassah Laís. *Tributação 4.0* [recurso eletrônico], SP: Almedina, 2020.

TAIT, Alan A. *Value Added Tax* – International Practice and Problems [recurso eletrônico]. Washington: IMF, 1988.

TAPSCOTT, Don; TAPSCOTT, Alex. *Blockchain Revolution* – How the Technology Behind Bitcoin is Changing Money, Business and the World [recurso eletrônico]. Nova Iorque: Penguin, 2016.

TAVARES, Eduardo Sobral. Considerações sobre o Aspecto Espacial do ISS e Análise de Constitucionalidade da Lei Complementar n. 157/2016. *Revista Direito Tributário Atual*. SP: IBDT. vol. 41, p. 176-200, 2019.

TEODOROVICZ, Jeferson. Políticas Públicas (Tributárias), o Imposto sobre o Valor Agregado na Experiência Estrangeira e Perspectivas de Implantação do IVA na Realidade Brasileira. *Revista de Direito Internacional Econômico e Tributário*, Brasília, V. 13, nº 1, p. 150–208, Jan-Jun/2018.

TILEY, John. *Revenue Law*. 5ª ed. Portland: Hart Publishing, 2005.

TIPKE, Klaus; LANG, Joachim. *Direito Tributário* (Steuerrecht). Vol. I, 18ª ed, POA: Sergio Antonio Fabris Editor, 2008.

TIROLE, Jean. *Economia do Bem Comum*. RJ: Zahar, 2020.

TORRES, Heleno Taveira. O papel do Senado na regulação de alíquotas de ICMS. *Consultor Jurídico*, São Paulo, 19 jun. 2013. Disponível em: https://bit.ly/2V1Ubsg Acesso em: 19 jul. 2021.

TORRES, Heleno Taveira; CALIENDO, Paulo. Regime tributário do comércio eletrônico no Brasil. *Interesse Público* [recurso eletrônico]. BH: Fórum, ano 7, n. 33, set-out/2005.

TORRES, Ricardo Lobo. É possível a criação do IVA no Brasil? *In*: SARAIVA FILHO, Oswaldo Othon de Pontes; VASQUES, Sérgio; GUIMARÃES, Vasco Branco. *IVA para o Brasil* – Contributos para a Reforma da Tributação do Consumo. BH: Fórum, 2007. p. 19-36.

_____ *Tratado de Direito Constitucional Financeiro e Tributário*. vol. I. RJ: Renovar, 2009.

_____ *Tratado de Direito Constitucional Financeiro e Tributário*. vol. II. RJ: Renovar, 2014.

_____ *Tratado de Direito Constitucional Financeiro e Tributário*. v. IV, RJ: Renovar, 2007.

TRENTA, Cristina. European VAT and the digital economy: recent developments. *eJournal of Tax Research*. Sydney: University of New South Wales, vol. 17, n. 1, p. 118-133, 2019.

_____ Internet Search Engines: A VAT Analysis. *In:* LAMENSCH, Marie; TRAVERSA, Edoardo; e VAN THIEL, Servaas (eds.). *Value Added Tax and the Digital Economy* – The 2015 EU Rules and Broader Issues. Holanda: Wolters Kluwer, 2015.

UCKMAR, Victor; et al. (coords.). *Impuestos sobre el Comercio Internacional*. Buenos Aires: Ábaco de Rodolfo de Palma S.R.L., 2003.

UHDRE, Dayana. Pontos Polêmicos da Tributação de Data Center no Brasil. *Revista de Direito Tributário Contemporâneo* [recurso eletrônico]. SP:RT, vol. 16/2019, p. 177-197, jan-fev/2019.

VAGETTI, Daniel Piga; e SEPULCRI, Nayara Tataren. Análise crítica da EC 87/2015 e seus reflexos na denominada guerra fiscal de ICMS. *Revista de Direito Tributário Contemporâneo* [recurso eletrônico]. v. 3, SP: RT, nov-dez. 2016.

VALADÃO, Marcos. Comparative analysis of the Value Added Tax (VAT) and Retail Sales Tax (RST): a contribution to tax reform studies in the U.S. *In*: SARAIVA FILHO, Oswaldo Othon de Pontes; VASQUES, Sérgio; GUIMARÃES, Vasco Branco. *IVA para o Brasil* – Contributos para a Reforma da Tributação do Consumo. BH: Fórum, 2007.

VARIAN, Hal. R. *Microeconomia*: conceitos básicos. RJ: Elsevier, 2006.

VARSANO, Ricardo. A tributação do valor adicionado, o ICMS e as reformas necessárias para conformá-lo às melhores práticas internacionais. *Documento para Discussão # IDB-DP-335*, fev. 2014. Disponível em: https://bit.ly/3ADoFkx Acesso em: 26 nov. 2019.

VASCONCELLOS, Mônica Pereira Coelho de. *ICMS* – Distorções e Medidas de Reforma. SP: Quartier Latin, 2014.

VEITZMAN, Flávio. Impressão 3D e sistema tributário disfuncional. *In:* PISCITELLI, Tathiane. *Tributação da economia digital* [recurso eletrônico]. SP: RT, 2021.

VELLOSO, Andrei Pitten. *Constituição Tributária Interpretada*. 3ª ed. POA: Livraria do Advogado, 2016.

VERDI, Márcio F. Economía Digital y Tributación. *In*: AFONSO, José Roberto R.; SANTANA, Hadassah Laís. *Tributação 4.0* [recurso eletrônico], SP: Almedina, 2020.

VITA, Jonathan Barros. *Preços de transferência* [recurso eletrônico]. SP: Fiscosoft, 2013.

VSNU. *The Digital Society* - The Netherlands and its universities: international pioneers in human-centered information technology. Set. 2016. Disponível em: https://bit.ly/2UoGqmN Acesso em: 06 jun. 2019.

WEBSTER, Frank. *Theories of the Information Society*. 3ª ed. London: Routledge. 2006.

XAVIER, Alberto. *Direito Tributário Internacional do Brasil*. 6ª ed. RJ: Forense, 2004.

## Legislação, Relatórios Oficiais e Jurisprudência

BAHIA. Lei nº 7.014, de 12 de dezembro de 1996 [versão consolidada]. Trata do Imposto sobre Operações Relativas à Circulação de Mercadorias e sobre Prestações de Serviços de Transporte Interestadual e Intermunicipal e de Comunicação (ICMS), e dá outras providências. DOE: 5 dez. 1996.

BRASIL, Conselho Nacional de Política Fazendária. Convênio ICMS nº 106, de 29 de setembro de 2017. Disciplina os procedimentos de cobrança do ICMS incidente nas operações com bens e mercadorias digitais comercializadas por meio de transferência eletrônica de dados e concede isenção nas saídas anteriores à saída destinada ao consumidor final. D.O.U.: 05 out. 2017.

_____ Convênio ICMS nº 93, de 17 de setembro de 2015. Dispõe sobre os procedimentos a serem observados nas operações e prestações que destinem bens e serviços a consumidor final não contribuinte do ICMS, localizado em outra unidade federada. D.O.U.: 11 mar. 2016.

BRASIL. Senado Federal. *Projeto de Lei Complementar nº 32/2021*. Altera a Lei Complementar nº 87, de 13 de setembro de 1996, que dispõe sobre o imposto dos Estados e do Distrito Federal sobre operações relativas à circulação de mercadorias e sobre prestações de serviços de transporte interestadual e intermunicipal e de comunicação, e dá outras providências. Disponível em: https://bit.ly/2TjEWtY Acesso em: 19 jul. 2021

_____ Resolução nº 22, de 1989. Estabelece alíquotas do Imposto sobre Operações Relativas a Circulação de Mercadorias e sobre Prestação de Serviços de Transporte Interestadual e Intermunicipal e de Comunicação, nas operações e prestações interestaduais. DOU 22 maio1989. Disponível em: https://bit.ly/3xw7rn9 Acesso em: 19 abr. 2020.

BRASIL, Superior Tribunal de Justiça (1ª Seção). *Embargos de Divergência em Recurso Especial nº 456.650/PR*, Relator Min. José Delgado, Rel. p/ Acórdão Min. Franciulli Netto, Julgado em 11 maio 2005, DJ 20 mar. 2006, p. 181.

_____ (1ª Seção). *Súmula nº 166*. "Não constitui fato gerador do ICMS o simples deslocamento de mercadoria de um para outro estabelecimento do mesmo contribuinte.".14 ago. 1996, DJe 23 ago. 1996.

_____ (1ª Seção). *Súmula n° 649*. "Não incide ICMS sobre o serviço de transporte interestadual de mercadorias destinadas ao exterior". Julgado em 28 abr. 2021, DJe 03 maio 2021.

_____ (1ª Turma). *Recurso Especial nº 55.346/RJ*, Relator(a) Min. Milton Luiz Pereira. Julgado em 25 out. 1995, DJ 12 fev. 1996.

_____ (2ª Turma) *Recurso Especial nº 710.774/MG*, Relatora Min. Eliana Calmon, Julgado em 07 fev. 2006, DJ 06 mar. 2006, p. 332.

_____ (2ª Turma). *AgRg no REsp nº 1.228.786/SP*, Relator Min. Castro Meira, julgado em 21 ago. 2012, DJe 29 ago. 2012.

_____ (2ª Turma). *Recurso Especial nº 1.497.364/GO*, Relator Min. Humberto Martins, Julgado em 03 set. 2015, DJe 14 set. 2015.

_____ *Súmula n° 334*. O ICMS não incide no serviço dos provedores de acesso à Internet. Julgado em 13/12/2006, DJ 14/02/2007, p. 246.

BRASIL, Supremo Tribunal Federal (1ª Turma). *Recurso Extraordinário nº 176.626-3/SP*, Relator(a) Min. Sepúlveda Pertence. Julgado em 10 nov. 1998, DJ 11 dez. 1998.

_____ (Tribunal Pleno). *Ação Direta de Inconstitucionalidade nº 1.945*, Relator(a) Min. Cármen Lúcia, Relator(a) p/ Acórdão Min. Dias Toffoli. Julgado em 03 mar. 2021. DJe 20 maio 2021.

_____ (Tribunal Pleno). *Ação Direta de Inconstitucionalidade nº 5.469*, Rel. Min. Dias Toffoli. Julgado em 24 fev. 2021, DJe 03 mar. 2021.

_____ (Tribunal Pleno). *Ação Direta de Inconstitucionalidade nº 5.659*, Rel. Min. Dias Toffoli. Julgado em 03 mar. 2021, DJe 20 maio 2021

_____ (Tribunal Pleno). *Decisão Monocrática em Ação Direta de Inconstitucionalidade nº 5.958/DF*, Relatora Min. Cármen Lúcia. DJe 08 mar. 2021.

_____ (Tribunal Pleno). *Decisão Monocrática em Ação Direta de Inconstitucionalidade nº 5.835*, Relator(a) Min. Alexandre de Moraes. Julgado em 23 mar. 2018, DJe 04 abr. 2018.

_____ (Tribunal Pleno). *Decisão Monocrática em Ação Direta de Inconstitucionalidade nº 5.464*, Min. Dias Toffoli, julgado em 12 fev. 2016, DJe 19 fev. 2016.

_____ (Tribunal Pleno). *Medida Cautelar em Ação Direta de Inconstitucionalidade nº 1.945*, Relator(a) Min. Octavio Gallotti, Relator(a) p/ Acórdão Min. Gilmar Mendes. Julgado em 26 maio 2010, DJe 14 mar. 2011.

_____ (Tribunal Pleno). *Medida Cautelar em Ação Direta de Inconstitucionalidade nº 4.389/DF*, Relator Min. Joaquim Barbosa, julgado em 13 abr. 2011, DJe 25 maio 2011, unânime.

_____ (Tribunal Pleno). *Recurso Extraordinário com Agravo nº 1.295.476/RS*, Relator Min. Roberto Barroso.

_____ (Tribunal Pleno). *Recurso Extraordinário nº 330.817*, Relator(a) Min. Dias Toffoli. Julgado em 08 mar. 2017, DJe 31 ago. 2017.

_____ (Tribunal Pleno). *Recurso Extraordinário nº 572.020*, Relator Min.Marco Aurélio, Rel. p/ Acórdão Min. Luiz Fux, Julgado em 06 fev. 2014, DJe 10 out. 2014.

_____ (Tribunal Pleno). *Recurso Extraordinário nº 603.191/ MT*, Relatora Min. Ellen Gracie, julgado em 01 ago. 2011, DJe 02 set. 2011, por maioria.

_____ (Tribunal Pleno). *Recurso Extraordinário nº 651.703/PR*, Relator Min. Luiz Fux, julgado em 29 set. 2016, DJe 26 abr. 2017, por maioria.

_____ (Tribunal Pleno). *Súmula Vinculante nº 31*. "É inconstitucional a incidência do imposto sobre serviços de qualquer natureza - ISS sobre operações de locação de bens móveis". 04 fev. 2010, DJe 17 fev. 2010.

_____ (Tribunal Pleno). *Súmula Vinculante nº* 57. "A imunidade tributária constante do art. 150, VI, d, da CF/88 aplica-se à importação e comercialização, no mercado interno, do livro eletrônico (e-book) e dos suportes exclusivamente utilizados para fixá-los, como leitores de livros eletrônicos (e-readers), ainda que possuam funcionalidades acessórias".15 abr. 2020, DJe 24 abr. 2020.

BRASIL. [Constituição (1946)]. *Constituição dos Estados Unidos do Brasil (de 18 de setembro de 1946)*. Disponível em: https://bit.ly/3dSYH2A Acesso em: 23 nov. 2020.

BRASIL. [Constituição (1946)]. Emenda Constitucional nº 18, de 1º de dezembro de 1965. Reforma do Sistema Tributário. DOU: 06 dez. 1965. Disponível em: https://bit.ly/36k7vui Acesso em: 17 mar. 2020.

BRASIL. [Constituição (1967)]. *Constituição da República Federativa do Brasil de 1967*. Disponível em: https://bit.ly/3xBxtoU Acesso em: 23 nov. 2020.

BRASIL. [Constituição (1988)]. *Constituição da República Federativa do Brasil de 1988*. Texto consolidado até a Emenda Constitucional nº 107 de 02 jul. 2020. Disponível em: https://bit.ly/3hpv2R0 Acesso em: 26 nov. 2020.

BRASIL. Câmara dos Deputados. *Projeto de Lei nº 3.887/2020*. Institui a Contribuição Social sobre Operações com Bens e Serviços - CBS, e altera a legislação tributária federal. Autoria do Poder Executivo. Disponível em: Acesso em: 21 jul. 2020. Acesso em: 21 jul. 2020

_____ *Proposta de Emenda à Constituição nº 45/2019*. Altera o Sistema Tributário Nacional e dá outras providências. Autoria do Deputado Baleia Rossi (MDB/SP). Disponível em: https://bit.ly/3yDC8XT Acesso em: 27 maio 2020.

BRASIL. Decreto nº 9.580, de 22 de novembro de 2018. Regulamenta a tributação, a fiscalização, a arrecadação e a administração do Imposto sobre a Renda e Proventos de Qualquer Natureza. DOU 23 nov. 2018. Disponível em: https://bit.ly/3wuuhKw Acesso em: 22 maio 2020.

BRASIL. Decreto-Lei nº 406, de 31 de dezembro de 1968. Estabelece normas gerais de direito financeiro, aplicáveis aos impostos sôbre operações relativas à circulação de mercadorias e sôbre serviços de qualquer natureza, e dá outras providências. DOU 31 dez. 1968. Disponível em: https://bit.ly/3wpuoqV Acesso em: 21 maio 2020.

BRASIL. Lei nº 13.709, de 14 de agosto de 2018. Lei Geral de Proteção de Dados Pessoais (LGPD). DOU 15 ago. 2018. Disponível em: https://bit.ly/3BjRnHC Acesso em: 12 jul. 2021.

BRASIL. Lei Complementar nº 116, de 31 de julho de 2003. Dispõe sobre o Imposto Sobre Serviços de Qualquer Natureza, de competência dos Municípios e do Distrito Federal, e dá outras providências. DOU 1º ago. 2003. Disponível em: https://bit.ly/2VsehMo Acesso em: 20 abr. 2020.

BRASIL. Lei Complementar nº 157, de 29 de dezembro de 2016. Altera a Lei Complementar nº 116, de 31 de julho de

2003, que dispõe sobre o Imposto Sobre Serviços de Qualquer Natureza..., e dá outras providências. DOU 1º jun. 2017. Disponível em: https://bit.ly/2TSIR1f Acesso em: 17 maio 2020.

BRASIL. Lei Complementar nº 175, de 23 de setembro de 2020. Dispõe sobre o padrão nacional de obrigação acessória do Imposto Sobre Serviços de Qualquer Natureza (ISSQN), de competência dos Municípios e do Distrito Federal, incidente sobre os serviços previstos nos subitens 4.22, 4.23, 5.09, 15.01 e 15.09 da lista de serviços anexa à Lei Complementar nº 116, de 31 de julho de 2003; altera dispositivos da referida Lei Complementar; prevê regra de transição para a partilha do produto da arrecadação do ISSQN entre o Município do local do estabelecimento prestador e o Município do domicílio do tomador relativamente aos serviços de que trata; e dá outras providências. DOU 24 set. 2020. Disponível em: https://bit.ly/3k2uUZa Acesso em: 24 set. 2020.

BRASIL. Lei Complementar nº 87, de 13 de setembro de 1996. Dispõe sobre o imposto dos Estados e do Distrito Federal sobre operações relativas à circulação de mercadorias e sobre prestações de serviços de transporte interestadual e intermunicipal e de comunicação, e dá outras providências. (LEI KANDIR). DOU 13 set. 1996. Disponível em: https://bit.ly/36hxylX Acesso em: 27 mar. 2020.

BRASIL. Lei nº 2.974, de 26 de novembro de 1956. Altera disposições do Decreto nº 26.149, de 5 de janeiro de 1949 (Consolidação das Leis do Imposto de Consumo), e dá outras providências. DOU: 26 nov. 1956. Disponível em: https://bit.ly/2UsvZ1J Acesso em: 17 mar. 2020.

BRASIL. Lei Nº 5.172, de 25 de outubro de 1966. Dispõe sobre o Sistema Tributário Nacional e institui normas gerais de direito tributário aplicáveis à União, Estados e Municípios. DOU: 27 out. 1966. Disponível em: https://bit.ly/3hISmI7 Acesso em: 17 mar. 2020.

BRASIL. Senado Federal. *Proposta de Emenda à Constituição nº 110/2019*. Altera o Sistema Tributário Nacional e dá outras providências. Autoria do Senador Davi Alcolumbre (DEM/AP). Disponível em: https://bit.ly/3qR1hve Acesso em: 27 maio 2020.

CEARÁ. Lei nº 12.607, de 27 de dezembro de 1996 [versão consolidada]. Dispõe acerca do Imposto sobre Operações relativas à Circulação de Mercadorias e sobre Prestações de Serviços de Transporte Interestadual e Intermunicipal e de Comunicação - ICMS, e dá outras providências. DOE: 30 dez. 1996.

DISTRITO FEDERAL, solução de consulta nº 5/2017, DODF1 12.04.2017, p. 8. Disponível em: http://www.dodf.df.gov.br/index/visualizar-arquivo/?pasta=2017/04_Abril/DODF%20071%2012-04-2017&arquivo=DODF%20071%2012-04-2017%20INTEGRA.pdf. Acesso em: 11 set. 2019.

EUROSTAT. *ESA 2010* – European System of Accounts. Disponível em: https://bit.ly/3xwGBv4 Acesso em: 06 out. 2019.

INSTITUTO BRASILEIRO DE GEOGRAFIA E ESTATÍSTICA – IBGE. *Pesquisa Anual do Comércio* – tabela 1406. Disponível em: https://bit.ly/3AGWn8V Acesso em: 17 jun. 2020.

INTERNATIONAL MONETARY FUND. Disponível em: https://bit.ly/3yxEZkZ Acesso em: 16 mar. 2020. MATO GROSSO. Lei nº 7.098, de 30 de dezembro de 1996 [versão consolidada]. Consolida normas referentes ao Imposto sobre Operações relativas à Circulação de Mercadorias e sobre Prestações de Serviços de Transporte Interestadual e Intermunicipal e de Comunicação - ICMS. DOE: 30 dez. 1996.

ORGANIZATION FOR ECONOMIC CO-OPERATION AND DEVELOPMENT (OCDE). Action 1 Tax Challenges Arising from Digitalisation. Disponível em: https://bit.ly/3wAQYwU Acesso em: 29 abr. 2020.

_____ Committee on Fiscal Affairs. *Electronic Commerce: Taxation Framework Conditions*. Paris, 1998. Disponível em: https://bit.ly/3yyPXqe Acesso em: 30 abr. 2020.

_____ Committee on Fiscal Affairs. *Mechanisms for the Effective Collection of VAT/GST* – Where the Supplier is not Located in the Jurisdiction of Taxation. Paris, 2017.

_____. Committee on Fiscal Affairs. *OECD International VAT/GST Guidelines on Neutrality*. 28 jun. 2011. Disponível em: https://bit.ly/2SSleVZ Acesso em: 20 abr. 2020.

_____ *E-commerce in the time of COVID-19*. 07 out. 2020. Disponível em: https://bit.ly/3hsX1Pq Acesso em: 28 maio 2021.

_____ *Handbook on Measuring Digital Trade* – Version 1 (OECD, WTO and IMF). 2020. Disponível em: https://bit.ly/3qTVFk6 Acesso em: 22 abr. 2020

_____ *International VAT/GST Guidelines*. Paris: OECD Publishing, 2017.

_____ Nominal GDP forecast. Disponível em: https://bit.ly/3dXXneX Acesso em: 28 maio 2021.

_____. *OECD Economic Outlook*. Vol. 2019, 1ª ed (versão preliminar). Disponível em: https://bit.ly/3xQyWYP Acesso em: 19 jul. 2021.

_____ Result of the 2018 WPTGS Stocktaking Questionnaire. 28 fev. 2018. Disponível em: https://bit.ly/3yC9Pc5 Acesso em: 04 jun. 2018. ww

_____ The Impact of the Growth of the Sharing and Gig Economy on VAT/GST Policy and Administration. Paris: OECD, 2021. Disponível em: https://bit.ly/3wtJzza Acesso em: 08 jun. 2021.

_____ *The Role of Digital Platforms in the Collection of VAT/GST on Online Sales*. Paris: OECD, 2019.

_____ What is BEPS? Disponível em: https://bit.ly/3htAG4D Acesso em: 28 abr. 2020.

PARAÍBA. Lei nº 6.379, de 03 de dezembro de 1996 [versão consolidada]. Trata do Imposto sobre Operações Relativas à Circulação de Mercadorias e sobre Prestações de Serviços de Transporte Interestadual e Intermunicipal e de Comunicação (ICMS), e dá outras providências. DOE: 3 dez. 1996.

PORTO ALEGRE. Lei Ordinária nº 12.162, de 09 dez. 2016. Dispõe sobre o serviço de transporte motorizado privado e remunerado de passageiros na categoria Aplicações de Internet. DOPA 13 dez. 2016. Disponível em: https://bit.ly/3wplPwc Acesso em: 09 set. 2019.

RIO DE JANEIRO. Lei nº 2.657, de 26 de dezembro de 1996. Dispõe sobre o Imposto Sobre Circulação de Mercadorias e Serviços. DOE: 27 dez. 1996.

____ Lei nº 8.795, de 17 de abril de 2020. Altera a Lei nº 2.657, de 26 de dezembro de 1996, para disciplinar a sujeição passiva nas hipóteses de operações com bens e mercadorias digitais e não digitais e de prestações de serviço de comunicação realizadas por pessoa jurídica detentora de site ou de plataforma eletrônica. DOE: 20 abr. 2020.

RIO DE JANEIRO. Tribunal de Justiça do Estado (Órgão Especial) *ADI nº 0040214-33.2020.8.19.0000*. Rel. Des. Leila Maria Rodrigues Pinto de Carvalho e Albuquerque

RIO GRANDE DO SUL. *Reforma RS – Reforma Tributária do Estado*. Jul-2020. Disponível em: https://bit.ly/3hpKRqK Acesso em: 14 jul. 2020.

RIO GRANDE DO SUL. Tribunal de Justiça do Estado (Órgão Especial) *ADI nº 0314458-46.2017.8.21.7000*. Rel. Des. Marilene Bonzanini. Julgado em 24 jun. 2019, DJE 03 set. 2019, por maioria.

SÃO PAULO. Lei nº 6.374, de 01 de março de 1989 [versão consolidada]. Dispõe sobre a instituição do ICMS. DOE: 1 mar. 1989.

____ Decreto nº 57.608, de 12 de dezembro de 2011 [versão consolidada]. Disciplina a concessão de regime especial para atribuição da condição de substituto tributário às empresas varejistas que realizem operações com mercadorias por meio de centros de distribuição localizados neste Estado, para fins de retenção e recolhimento do ICMS incidente sobre as saídas subsequentes. DOE: 13 dez. 2011.

____ Portaria CAT nº 31, de 18 de junho de 2019 [versão consolidada]. Dispõe sobre as atividades dos operadores logísticos para o armazenamento de mercadorias pertencentes a terceiros contribuintes do ICMS. DOE: 19 jun. 2019.

_____ *Solução de Consulta SF/DEJUG nº 13*. 14 maio 2018. ISS. Subitens 10.05 e 17.24 da Lista de Serviços da Lei nº 13.701, de 24 de dezembro de 2003. Inserção de textos, desenhos e outros materiais de propaganda e publicidade. Agenciamento, corretagem ou intermediação de bens móveis ou imóveis, não abrangidos em outros itens ou subitens. Disponível em: https://bit.ly/3hRCJy7 Acesso em: 20 abr. 2020.

UNIÃO EUROPEIA. Comissão Europeia. Comunicação da Comissão ao Conselho, ao Parlamento Europeu e ao Comité Económico e Social Europeu - Balanço e actualização das prioridades da estratégia em termos de IVA. COM/2003/0614. Disponível em: https://bit.ly/3dSR6kM Acesso em: 26 mar. 2020.

_____ Directiva 2006/112/CE do Conselho, de 28 nov. 2006 [versão consolidada até 01 jan. 2020]. Relativa ao sistema comum do imposto sobre o valor acrescentado. JO 11 dez. 2006. Disponível em: https://bit.ly/3wiAn0A Acesso em: 09 mar. 2020.

_____ Diretiva 2017/2455 do Conselho, de 05 dez. 2017. Altera a Diretiva 2006/112/CE e a Diretiva 2009/132/CE no que diz respeito a determinadas obrigações relativas ao imposto sobre o valor acrescentado para as prestações de serviços e as vendas à distância de bens. JO 29 dez. 2017. Disponível em: https://bit.ly/3e2oCoH Acesso em: 29 maio 2020.

_____ European Commission. A European agenda for the collaborative economy. 02 jun. 2016. Disponível em: https://eur-lex.europa.eu/legal-content/EN/TXT/PDF/?uri=CELEX:52016DC0356&from=EN Acesso em: 29 maio 2020.

_____ European Commission. Green Paper on the future of VAT - Towards a simpler, more robust and efficient VAT system. Bruxelas. 2010. Disponível em: https://bit.ly/2STUxAh Acesso em: 19 abr. 2020.

_____ European Commission. Modernising VAT for cross-border e-commerce. Disponível em: https://bit.ly/3kftoDp Acesso em: 15 abr. 2020.

_____ European Commission. Proposals for a Council Directive, a Council Implementing Regulation and a Council Regulation on Modernising VAT for cross-border B2C e-Commerce. 01 dez. 2016. Disponível em: https://bit.ly/3e3vkdZ Acesso em: 29 jun. 2020.

_____ European Commission. The Mini One Stop Shop. Disponível em: https://bit.ly/36ieqEn Acesso em: 15 abr. 2020.

_____ IVA sobre os serviços digitais (regime MOSS). Disponível em: https://bit.ly/3r72HSI Acesso em: 11 jun. 2020.

_____ Modernising VAT for cross-border e-commerce. Disponível em: https://bit.ly/3wyskgp Acesso em: 07 jun. 2020.

_____ O IVA nas transações transnacionais. Abr. 2018. Disponível em: https://bit.ly/3hu0FIX Acesso em: 29 maio 2020.

_____ O sistema comum do imposto sobre o valor acrescentado (IVA) da União Europeia. Disponível em: https://bit.ly/36khvUm Acesso em: 13 abr. 2020.

_____ Primeira Directiva 67/227/CEE do Conselho, de 11 abr. 1967. Relativa à harmonização das legislações dos Estados-Membros respeitantes aos impostos sobre o volume de negócios. JO 11 abr. 1967. Disponível em: https://bit.ly/3htfITv Acesso em: 17 nov. 2020.

_____ Regulamento de Execução (UE) Nº 1042/2013 do Conselho, de 07 out. 2013. Altera o Regulamento de Execução (UE) n.o 282/2011 no que diz respeito ao lugar das prestações de serviços. JO 26 out. 2013. Disponível em: https://bit.ly/3yFTIdB Acesso em: 03 jul. 2020.

_____ Regulamento de Execução (UE) Nº 282/2011 do Conselho, de 15 mar. 2011. Estabelece medidas de aplicação da Directiva 2006/112/CE relativa ao sistema comum do imposto sobre o valor acrescentado. JO 23 mar. 2011. Disponível em: https://bit.ly/36uC0xL Acesso em: 25 maio 2020.

_____ Segunda Directiva 67/228/CEE do Conselho, de 11 abr. 1967. Relativa à harmonização das legislações dos Estados-membros respeitantes aos impostos sobre o volume de negócios - estrutura e modalidades de aplicação do sistema comum de imposto sobre o valor acrescentado. JO 11 abr. 1967. Disponível em: https://bit.ly/3yvT4zb Acesso em: 17 nov. 2020.

_____ Sexta Directiva 77/388/CEE do Conselho, de 17 maio 1977. Relativa à harmonização das legislações dos Estados-Membros respeitantes aos impostos sobre o volume de negócios - sistema comum do imposto sobre o valor acrescentado: matéria colectável uniforme. JO 13 jun. 1977. Disponível em: https://bit.ly/36j8LxJ Acesso em: 13 abr. 2020.

_____ Tribunal de Justiça Europeu. Acórdão da Segunda Secção no caso C-210/04. Julgado em 23 mar. 2006. Disponível em: http://curia.europa.eu/juris/document/document.jsf?text=&docid=57830&pageIndex=0&doclang=pt&mode=lst&dir=&occ=first&part=1&cid=7594884. Acesso em: 26 abr. 2020).

_____ Value Added Tax Committee. *Working Paper nº 878: VAT treatment of sharing economy*. 22 set. 2015. Disponível em: https://bit.ly/3xt68We Acesso em: 25 maio 2020.

UNITED NATIONS Conference on Trade and Development. *Technical Notes on ICT for Development n. 6* - In search of cross-border e-commerce trade data. Abr-2016. Disponível em: https://bit.ly/3hpDT4U Acesso em: 04 jun. 2018.

_____ *Technical Notes on ICT for Development nº 18* – Estimates of Global E-Commerce 2019 and Preliminary Assessment of Covid-19 Impact on Online Retail 2020. Disponível em: https://bit.ly/3AC7xvz Acesso em: 28 maio 2021.

Impressão e acabamento
psi7 psi7.com.br | book7 book7.com.br